딱! 한권

JLPT N5

실전문제편

저자 JLPT연구모임

고쿠쇼 카즈미 国生和美
학력_ 동국대학교 대학원 일어일문학과 박사
　　　수료
경력_ 동국대학교 일본학과 조교수
전공_ 일본어교육, 사회언어학

유예진 劉藝眞
학력_ 한양대학교 대학원 일어일문학과 일본
　　　어학전공(문학박사)
경력_ 삼육대학교 일본어학과 교수
전공_ 화용론, 한일어대조연구

이상이 李相怡
학력_ 동국대학교 대학원 일어일문학과 일어
　　　학전공(문학박사)
경력_ 동국대학교 강사, 명지전문대학 초빙교수
전공_ 일본어음운사

남득현 南得鉉
학력_ 히로시마대학 대학원 문학연구과 언어
　　　학전공(문학(언어학)박사)
경력_ 명지전문대학 일본어과 교수
전공_ 한일언어대조연구

이미정 李美正
학력_ 히로시마대학 대학원 교육학연구과 일
　　　본어교육학전공(학술박사)
경력_ 한국외국어대학교 강사, 명지전문대학
　　　초빙교수
전공_ 일본근대문학

일 본 어 능 력 시 험

실전문제편

초판발행	2021년 6월 12일
1판 2쇄	2023년 8월 17일
저자	고쿠쇼 카즈미, 남득현, 유예진, 이미정, 이상이
책임 편집	조은형, 김성은, 오은정, 무라야마 토시오
펴낸이	엄태상
디자인	권진희
조판	김성은
콘텐츠 제작	김선웅, 장형진
마케팅	이승욱, 왕성석, 노원준, 조성민, 이선민
경영기획	조성근, 최성훈, 김다미, 최수진, 오희연
물류	정종진, 윤덕현, 신승진, 구윤주
펴낸곳	시사일본어사(시사북스)
주소	서울시 종로구 자하문로 300 시사빌딩
주문 및 교재 문의	1588-1582
팩스	0502-989-9592
홈페이지	www.sisabooks.com
이메일	book_japanese@sisadream.com
등록일자	1977년 12월 24일
등록번호	제300-2014-92호

ISBN 978-89-402-9329-4 (13730)

머리말

일본어를 전공하지 않은 학습자가 일본어의 문자와 문장을 쉽게 이해하고 일본어능력시험을 통해 언어 능력의 기초를 다질 수 있도록 본 교재를 개발하였습니다. 아울러 일본의 월별 주요 문화 행사 및 일본의 직장 문화와 관련된 코너를 마련하여 언어 학습과 병행하면서 일본 문화를 함께 이해할 수 있도록 하였습니다. 일본어 문자, 일본어능력시험, 일본 문화를 함께 이해할 수 있도록 구성된 교재는 국내에서 최초로 출판되는 것이며 학습자들에게 큰 만족을 드릴 수 있을 것으로 기대하고 있습니다.

본 교재는 학습자가 기초적인 일본어의 문자와 문장을 이해할 수 있도록 문자표와 활용표를 제시하고 일본어능력시험 N5 수준의 어휘 목록, 문법 목록을 실어 놓았습니다. 이를 참고하며 실제 일본어능력시험 언어지식 파트 20회의 실전문제를 풀며 일본어의 기초를 확실하게 다질 수 있도록 구성하였습니다. 또한 독해 능력 향상과 청해 문제에 대한 이해를 높이기 위해 독해 및 청해 문제를 별도로 수록하였으며, 실제 일본어능력시험을 체험할 수 있도록 모의테스트 2회분을 제공합니다.

저자 일동은 일본어 능력 향상을 바라는 학습자들의 일본어 능력 향상을 위해 쉽게 일본어능력시험 레벨을 높여갈 수 있는 유익한 교재를 개발할 수 있도록 지속적으로 노력해 나가고자 합니다.

저자 일동

학습 방법

본 교재는 일본어 문자, 일본어능력시험, 일본 문화를 동시에 이해할 수 있도록 제작한 교재이며, 〈실전문제편〉과 〈이론편〉으로 나뉘어 있습니다.

1단계

JLPT N5를 위한 일본어 입문 '기초 다지기'

본격적으로 N5를 들어가기 전에 기초적인 일본어의 문자와 문장을 이해할 수 있도록 문자 활용표를 실어 놓았습니다.

2단계

JLPT N5 실전문제 '도약하기' 언어지식

기초를 확실하게 다질 수 있도록 일본어능력시험과 동일한 형태의 문제를 다량 수록해 놓았습니다.
언어지식(문자/어휘/문법)은 총 20회로 구성되어 있으며, 〈이론편〉의 N5 필수 문자·어휘와 N5 필수 문법을 함께 학습하면서 실전문제를 풀면 효과적입니다.

쉬어가기
일본 문화 읽기

실전문제 중간에 쉬어가는 코너를 만들어 일본 문화에 관한 정보를 실어 놓았습니다. 일본어능력시험도 준비하면서 자연스럽게 문화도 익힐 수 있습니다.

독해와 청해

언어지식(문자/어휘/문법)을 바탕으로 읽기와 듣기 능력을 향상시킬 수 있도록 독해와 청해 문제를 실어 놓았고, 모든 영역을 골고루 학습할 수 있도록 하였습니다.

3단계

JLPT N5 모의테스트 2회분 '실전에 대비하기'

기출문제를 분석하여 실제 일본어능력시험과 동일한 난이도의 모의테스트 2회분을 수록하였고, 실전에 철저히 대비할 수 있도록 하였습니다.

JLPT N5 개요

1 N5 레벨

읽기	히라가나와 가타카나, 일상생활에서 사용되는 기본적인 한자로 쓰인 정형적인 어구나 글, 문장을 읽고 이해할 수 있다.
듣기	교실이나 주변 등, 일상생활 속에서 자주 만나는 장면에서 천천히 말하는 짧은 회화라면 필요한 정보를 얻을 수 있다.

2 시험과목과 시험시간

과목	언어지식 (문자·어휘)	언어지식 (문법)·독해	청해
시간	20분	40분	35분

3 합격점수와 합격 기준점

	언어지식·독해 (문자·어휘·문법)	청해	종합점수	합격점수
점수 범위	0~120점	0~60점	0~180점	80점
합격 기준점	38점	19점		

＊합격 기준점에 도달하지 못하면, 종합점수에 관계없이 불합격됩니다.

4 문제 유형

		큰 문제	문항 수	문제내용
언어지식 (20분)	문자	1. 한자읽기	12	한자 읽기 문제
		2. 표기	8	올바른 한자 찾는 문제
	어휘	3. 문맥규정	10	문맥에 맞는 적절한 어휘를 고르는 문제
		4. 유의 표현	5	주어진 어휘와 비슷한 의미의 어휘를 찾는 문제
언어지식·독해 (40분)	문법	1. 문장의 문법1 (문법형식 판단)	16	문장의 내용에 맞는 문형 표현 즉 기능어를 찾아서 넣는 문제
		2. 문장의 문법2 (문장 만들기)	5	나열된 단어를 의미에 맞게 조합하는 문제
		3. 글의 문법	5	글의 흐름에 맞는 문법을 찾아내는 문제
	독해	4. 내용이해(단문)	3	80자 정도의 지문을 읽고 내용을 이해하기
		5. 내용이해(중문)	2	250자 정도의 지문을 읽고 내용을 이해하기
		6. 정보검색	1	250자 정도의 글을 읽고 필요한 정보 찾기
청해 (35분)		1. 과제이해	7	과제 해결에 필요한 정보를 듣고 나서 무엇을 해야 하는지 찾아내기
		2. 포인트이해	6	대화나 혼자 말하는 내용을 듣고 포인트 파악하기
		3. 발화표현	5	그림을 보면서 상황 설명을 듣고 화살표가 가리키는 인물의 대답 찾기
		4. 즉시응답	6	짧은 문장을 듣고 그에 맞는 적절한 응답 찾기

목차

- 머리말   3
- 학습 방법   4
- JLPT N5 개요   5
- 목차   6

제1장   JLPT N5를 위한 일본어 입문   7
     ① 일본어의 문자   8
     ② 일본어의 문장   16

제2장   JLPT N5 실전문제   25
     ① 언어지식 실전문제   26
     제1회 실전문제   26
     제2회 실전문제   30
     제3회 실전문제   34
     제4회 실전문제   38
     * 일본 문화 읽기(1) *   42

     제5회 실전문제   44
     제6회 실전문제   48
     제7회 실전문제   52
     제8회 실전문제   56
     * 일본 문화 읽기(2) *   60

     제9회 실전문제   62
     제10회 실전문제   66
     제11회 실전문제   70
     제12회 실전문제   74
     * 일본 문화 읽기(3) *   78

     제13회 실전문제   80
     제14회 실전문제   84
     제15회 실전문제   88
     제16회 실전문제   92
     * 일본 문화 읽기(4) *   96

     제17회 실전문제   98
     제18회 실전문제   102
     제19회 실전문제   106
     제20회 실전문제   110
     * 일본 문화 읽기(5) *   114

     ② 독해 실전문제   116
     ③ 청해 실전문제   122

제3장   제1회 모의테스트   125
제4장   제2회 모의테스트   169

★ 청해 음성 MP3 파일은 www.sisabook.com에서 다운로드 할 수 있습니다.
★ 실전문제와 모의테스트의 정답 및 해석은 〈이론편〉에 있습니다.

제**1**장

JLPT N5를 위한 일본어 입문

① 일본어의 문자
② 일본어의 문장

(1) ひらがな 🎧01

	行(행) 같은 자음			
a	ka	sa	ta	na
あ	か	さ	た	な
i	ki	shi	chi	ni
い	き	し	ち	に
	kya	sha	cha	nya
	きゃ	しゃ	ちゃ	にゃ
	kyu	shu	chu	nyu
	きゅ	しゅ	ちゅ	にゅ
	kyo	sho	cho	nyo
	きょ	しょ	ちょ	にょ
u	ku	su	tsu	nu
う	く	す	つ	ぬ
e	ke	se	te	ne
え	け	せ	て	ね
o	ko	so	to	no
お	こ	そ	と	の

段(단) 같은 모음

	行(행) 같은 자음			
ha	ma	ya	ra	wa
は	ま	や	ら	わ
hi	mi		ri	
ひ	み		り	
hya	mya		rya	
ひゃ	みゃ		りゃ	
hyu	myu		ryu	
ひゅ	みゅ		りゅ	
hyo	myo		ryo	
ひょ	みょ		りょ	
hu	mu	yu	ru	
ふ	む	ゆ	る	
he	me		re	
へ	め		れ	
ho	mo	yo	ro	wo
ほ	も	よ	ろ	を

段(단) 같은 모음

N
ん

● 다음 단어들의 발음을 로마자로 쓰고 읽어 보세요.

あし	かお	さけ	たてもの

なつ	はさみ	まえ	やきゅう

» 히라가나_청음

  일본에서 사용되는 문자에는 히라가나, 가타카나, 한자가 있고 여기에 로마자와 숫자도 사용 됩니다. 히라가나와 가타카나는 우리나라의 한글과 같이 일본에서 만들어진 고유 문자이고 한자는 중국 문자를 가져와서 사용하고 있습니다. 문자의 형태가 중국의 문자와 다르고 일본에서 새롭게 만든 문자도 있어 일본에서 사용되는 일본어로서의 한자는 중국의 한자와 다른 것으로 생각하고 공부하는 것이 좋습니다.

  현대 일본어에서 사용되는 히라가나는 기본적으로 46개가 있고, 이 46개의 각각의 문자는 자음과 모음의 결합으로 완전한 발음이 가능하며 하나하나의 문자에 의미가 있고 문자와 문자의 결합을 통해서 수많은 어휘를 생산해낼 수 있습니다. 또한 이 문자를 작게 표기해서 사용하거나 작아진 문자가 다른 문자에 붙거나 문자에 다른 부호를 붙이거나 하는 과정을 통해서 여러 발음들이 추가로 발생하게 됩니다. 하지만 문자의 기본 형태는 46개가 전부이며 이 46개를 우선 암기해야 합니다.

  왼쪽에 보이는 표에서 굵게 표시된 문자가 46개의 히라가나입니다. 그중에 보라색으로 표시된 부분이 모음 [i]가 포함된 히라가나에 우리말의 '야, 유, 요' 발음인 문자를 작게 표기해서 하나의 문자처럼 사용한 것으로 요음이라고 합니다. 왼쪽 문자보다 오른쪽 문자가 'ゃ, ゅ, ょ'로 작게 표시되어 있는 것을 알 수 있습니다.

● 다음 단어들의 뜻을 확인하고 빈칸에 써 보세요.

あし 발	かお 얼굴	さけ 술	たてもの 건물

なつ 여름	はさみ 가위	まえ 앞, 전	やきゅう 야구

(2) カタカナ 🎧02

行(행) 같은 자음				
a	ka	sa	ta	na
ア	カ	サ	タ	ナ
i	ki	shi	chi	ni
イ	キ	シ	チ	ニ
	kya	sha	cha	nya
	キャ	シャ	チャ	ニャ
	kyu	shu	chu	nyu
	キュ	シュ	チュ	ニュ
	kyo	sho	cho	nyo
	キョ	ショ	チョ	ニョ
u	ku	su	tsu	nu
ウ	ク	ス	ツ	ヌ
e	ke	se	te	ne
エ	ケ	セ	テ	ネ
o	ko	so	to	no
オ	コ	ソ	ト	ノ

段(단) 같은 모음

行(행) 같은 자음				
ha	ma	ya	ra	wa
ハ	マ	ヤ	ラ	ワ
hi	mi		ri	
ヒ	ミ		リ	
hya	mya		rya	
ヒャ	ミャ		リャ	
hyu	myu		ryu	
ヒュ	ミュ		リュ	
hyo	myo		ryo	
ヒョ	ミョ		リョ	
hu	mu	yu	ru	
フ	ム	ユ	ル	
he	me		re	
ヘ	メ		レ	
ho	mo	yo	ro	wo
ホ	モ	ヨ	ロ	ヲ

段(단) 같은 모음

장음
ー

N
ン

● 다음 단어들의 발음을 로마자로 쓰고 읽어 보세요.

アニメ	カメラ	セーター	タクシー

ノート	ハンカチ	メール	ラーメン

» 가타카나_청음

　앞서 설명한 일본어의 문자 히라가나 외에 가타카나라고 하는 일본 고유의 문자가 있습니다. 히라가나는 일반적으로 일본어를 표기하는데 사용하지만, 가타카나는 외래어나 외국의 지명, 외국인의 이름을 표기하거나 강조하고 싶은 단어, 긴 단어를 축약해서 표기하고자 할 때, 그리고 일부 의성어나 의태어를 표기하는 데 제한적으로 사용됩니다. 하지만, 최근 들어 외래어 사용이 늘고 젊은이들이 축약형 단어를 많이 사용하게 되면서 서적이나 웹사이트 등에서 가타카나의 사용 비중이 늘고 있습니다. 그렇기 때문에 각별히 신경을 써서 암기해 둬야 합니다.

　일본어에서 사용되는 가타카나도 히라가나와 마찬가지로 기본적으로 46개가 있고 이 46개의 각각의 문자는 히라가나와 동일한 발음을 합니다. 즉 문자의 개수는 히라가나와 가타카나 각각 46개씩 총 92개지만, 발음 자체는 46개로 변화가 없습니다. 표기상으로 사용하는 용도가 다를 뿐 발음은 46개가 되는 것입니다. 히라가나와 가타카나의 가장 큰 차이점이라면 'ー' 표시를 통해 길게 발음해야 하는 장음을 표시한다는 점이며 외래어의 원래 발음에 가까운 발음이 되도록 'ア, イ, ウ, エ, オ'를 작게 표기해서 다른 문자에 붙여 사용하기도 한다는 점입니다. 또한 [v]와 [b]의 발음을 구분하기 위해 [va]는 'ヴァ', [ba]는 'バ'와 같이 구분해서 표기하는 경우도 있으므로 유의해야 합니다.

● 다음 단어들의 뜻을 확인하고 빈칸에 써 보세요.

| アニメ | カメラ | セーター | タクシー |
| 애니메이션 | 카메라 | 스웨터 | 택시 |

| ノート | ハンカチ | メール | ラーメン |
| 노트 | 손수건 | 메일, 전자 메일 | 라면 |

(3) 濁音・半濁音・促音・撥音 🎧03

	行(행) 같은 자음				
	ga が	za ざ	da だ	ba ば	pa ぱ
	gi ぎ	ji じ	ji ぢ	bi び	pi ぴ
	gya ぎゃ	zya じゃ	zya ぢゃ	bya びゃ	pya ぴゃ
段 (단) 같은 모음	gyu ぎゅ	zyu じゅ	zyu ぢゅ	byu びゅ	pyu ぴゅ
	gyo ぎょ	zyo じょ	zyo ぢょ	byo びょ	pyo ぴょ
	gu ぐ	zu ず	zu づ	bu ぶ	pu ぷ
	ge げ	ze ぜ	de で	be べ	pe ぺ
	go ご	zo ぞ	do ど	bo ぼ	po ぽ

	行(행) 같은 자음				
	ga ガ	za ザ	da ダ	ba バ	pa パ
	gi ギ	ji ジ	ji ヂ	bi ビ	pi ピ
	gya ギャ	zya ジャ	zya ヂャ	bya ビャ	pya ピャ
段 (단) 같은 모음	gyu ギュ	zyu ジュ	zyu ヂュ	byu ビュ	pyu ピュ
	gyo ギョ	zyo ジョ	zyo ヂョ	byo ビョ	pyo ピョ
	gu グ	zu ズ	zu ヅ	bu ブ	pu プ
	ge ゲ	ze ゼ	de デ	be ベ	pe ペ
	go ゴ	zo ゾ	do ド	bo ボ	po ポ

발음	촉음
ん	っ

발음	촉음
ン	ッ

● 다음 단어들의 뜻을 확인하고 빈칸에 써 보세요.

ギター	チーズ	サッカー	プール

がっこう	さんぽ	ぎんこう	どうぶつ

>> 탁음 · 반탁음 · 촉음 · 발음

　일본어 문자 히라가나와 가타카나에는 문자를 작게 표기해서 사용하거나 문자에 다른 부호를 붙이는 과정을 통해서 추가적으로 여러 발음들을 가능하게 하는 탁음, 반탁음, 촉음, 발음 등이 있습니다. 탁음은 히라가나, 가타카나 오른쪽 윗부분에 ' ゛ '와 같이 탁음 부호를 붙이고, 반탁음은 히라가나, 가타카나 오른쪽 윗부분에 ' ゜ '와 같이 반탁음 부호를 붙여 사용합니다. 히라가나, 가타카나의 'つ, ッ'는 그 크기를 작게 하여 'っ, ッ'와 같이 사용할 수 있는데 우리말의 받침과 유사한 쓰임을 합니다. 이것을 촉음이라고 부릅니다. 그리고 일본어의 'ん · ン'도 우리말의 받침과 같은 역할을 하며, 뒤에 오는 글자에 따라 발음이 달라집니다.

　탁음은 탁하게 발음하고 반탁음은 우리말의 'ㅍ'처럼 발음하면 되는데 일본인들은 강한 발음도 강하게 숨을 내쉬지 않고 발음하기 때문에 'ぱ, ぴ, ぷ, ぺ, ぽ'를 발음 연습할 때 얇은 종이를 입에 대고 종이가 입김에 움직이지 않게 발음하는 연습을 하는 것이 중요합니다.

　촉음은 'っ, ッ' 뒤에 오는 자음에 따라 그 발음이 달라집니다. 예를 들어, 'っ, ッ' 뒤에 자음 [k]가 오면 우리말의 'ㅋ'으로, [p]가 오면 'ㅍ'으로, [t]가 오면 'ㅌ'으로, [s]가 오면 'ㅅ' 받침처럼 발음하면 됩니다. 단, 이 경우에 'いっさい'라는 발음을 [잇사이]와 같이 두 개의 음절로 발음하지 않고 세 음절처럼 [이읏사이]와 같은 식으로 하나하나의 문자에 같은 박자를 두는 느낌으로 발음하는 것이 중요합니다.

　발음은 'ん · ン' 뒤에 'ま행, ば행, ぱ행'이 오면 'かんぱい[kampai]'와 같이 우리말의 'ㅁ' 받침으로, 'か행, が행'이 오면 'かんこく[kaŋkoku]'와 같이 'ㅇ' 받침으로 발음하면 됩니다. 또한 'でんわ[deNwa]'와 같이 뒤에 'あ행, や행, わ행'이 오거나, 'ん · ン'으로 끝나는 경우에는 콧소리가 강한 발음이 납니다. 그 외 'さ행, た행'이 오면 'せんせい[sensei]'와 같이 'ㄴ' 받침으로 발음하면 됩니다.

● 다음 단어들의 뜻을 확인하고 빈칸에 써 보세요.

ギター 기타	チーズ 치즈	サッカー 축구	プール 수영장
がっこう 학교	さんぽ 산책	ぎんこう 은행	どうぶつ 동물

(4) 漢字・ローマ字 🎧04

● 다음 단어들의 읽기 구성을 이해하고 써 봅시다.

❶ 音(음) + 音(음)

家族 (か ぞく)	か 가 ぞく 족	牛乳 (ぎゅうにゅう)	ぎゅう 우 にゅう 유

❷ 音(음) + 訓(훈)

本屋 (ほん や)	ほん 본 や 집	台所 (だいどころ)	だい 대 どころ 곳, 장소

❸ 訓(훈) + 音(음)

場所 (ば しょ)	ば 곳 しょ 소	朝晩 (あさばん)	あさ 아침 ばん 만

❹ 訓(훈) + 訓(훈)

建物 (たてもの)	たてる 세우다 もの 물건	名前 (な まえ)	な 이름 まえ 앞

» 한자 · 로마자

한자를 읽는 방식은 중국인의 발음을 흉내내서 표기하는 방식의 음독과 한자의 뜻으로 읽는 훈독이 있습니다. 한자의 뜻으로 읽어 사용하는 단어를 고유어라고 합니다. '國'은 우리말로 '국', '明'은 '명', '行'은 '행'으로 음독할 수 있고 일본어에서는 '国'는 'こく', '明'는 'めい', '行'는 'こう'와 같이 표기하며, 의미상 '나라·밝다·가다'처럼 'くに·あかるい·いく'는 훈독에 해당합니다. 특히 일본어의 경우 훈독 표기에도 '国·明るい·行く'와 같이 한자를 사용하기 때문에 유의할 필요가 있습니다. 또한 한국어에서는 한자 두 자로 단어를 구성할 때, 앞 한자와 뒤 한자의 읽기는 '음독+음독'의 형식을 취하는 경우가 보통이지만, 일본어에서는 '음독+음독', '음독+훈독', '훈독+음독', '훈독+훈독'과 같이 네 가지의 한자 읽는 방식이 존재합니다.

일본의 거리를 거닐다 보면 도로 표식이나 안내판 등의 지명 등이 'OKINAWA(오키나와)', 'HIROSHIMA(히로시마)'와 같이 로마자로 표기된 것을 흔히 볼 수 있습니다. 일본어의 음절은 대부분이 모음 단독 또는 자음과 모음 구조이기 때문에 로마자를 표기대로 쉽게 발음할 수 있습니다.

● 다음 단어들의 뜻을 확인하세요.

❶ 音(음) + 音(음)

| かぞく
家族 | 가족 | ぎゅうにゅう
牛乳 | 우유 |

❷ 音(음) + 訓(훈)

| ほんや
本屋 | 책방, 서점 | だいどころ
台所 | 부엌 |

❸ 訓(훈) + 音(음)

| ばしょ
場所 | 장소 | あさばん
朝晩 | 아침저녁 |

❹ 訓(훈) + 訓(훈)

| たてもの
建物 | 건물 | なまえ
名前 | 이름 |

(1) 名詞文

あ　れ　は　え　い　ご　の　ほ　ん　で　す。
저것은 영어 책입니다.

あれ　は　えいご　の　ほん　です。

あれは　えいごの　ほんです。

あれは　英語の　本です。

あれは英語の本です。

あの本は英語の本です。

です　　→　　だ

↓　　　　　　↓

でした　　→　　だった

これは英語の本ですか。

はい、それは英語の本です。

いいえ、それは英語の本ではありません。

» 명사문

　명사문은 명사에 조사를 붙여 사용하거나 명사에 영어의 be동사에 해당하는 조동사 'だ(이다), です(입니다)'를 붙여 문장을 맺는 문형을 말합니다. 일본어 문장의 가장 큰 특징은 해석 방향이 좌에서 우로 향하는 우리말과 같은 방식이라는 점입니다. 명사문의 활용 방식은 아래와 같습니다.

	현재형	과거형	의문형
보통형	私(わたし)は学生(がくせい)だ。 나는 학생이다.		お前(まえ)は学生(がくせい)か。 너는 학생인가?
보통형		私(わたし)は学生(がくせい)だった。 나는 학생이었다.	あなたは学生(がくせい)だったか。 당신은 학생이었는가?
정중형	私(わたし)は学生(がくせい)です。 저는 학생입니다.		あなたは学生(がくせい)ですか。 당신은 학생입니까?
정중형		私(わたし)は学生(がくせい)でした。 저는 학생이었습니다.	あなたは学生(がくせい)でしたか。 당신은 학생이었습니까?

	현재부정형	과거부정형	부정의문형
보통형	私(わたし)は外国人(がいこくじん)では(じゃ)ない。 나는 외국인이 아니다.		お前(まえ)は外国人(がいこくじん)ではないか。 너는 외국인이 아닌가?
보통형		私(わたし)は外国人(がいこくじん)ではなかった。 나는 외국인이 아니었다.	あなたは外国人(がいこくじん)ではなかったか。 당신은 외국인이 아니었는가?
정중형	私(わたし)は外国人(がいこくじん)ではありません。 私(わたし)は外国人(がいこくじん)ではないです。 저는 외국인이 아닙니다.		あなたは外国人(がいこくじん)ではありませんか。 あなたは外国人(がいこくじん)ではないですか。 당신은 외국인이 아닙니까?
정중형		私(わたし)は外国人(がいこくじん)では ありませんでした。 私(わたし)は外国人(がいこくじん)ではなかったです。 저는 외국인이 아니었습니다.	あなたは外国人(がいこくじん)ではありませんで したか。 あなたは外国人(がいこくじん)ではなかったですか。 당신은 외국인이 아니었습니까?

	근칭	중칭	원칭	부정칭
사물	これ	それ	あれ	どれ
장소	ここ	そこ	あそこ	どこ
방향	こちら	そちら	あちら	どちら
명사 수식	この ＋ 명사	その ＋ 명사	あの ＋ 명사	どの ＋ 명사

(2) 形容詞文 1

それ は あ た ら し い ペ ン で す。
그것은 새 펜입니다.

それ は あたらしい ペン です。

それは あたらしい ペンです。

それは 新しい ペンです。

それは新しいです。

これは新しくて、あれは古い。

あれは新しくありません。

日本はあつかったです。

韓国はあつかったですか。

はい、あつかったです。

いいえ、あつくありませんでした。

≫ 형용사문 1

형용사는 생명체가 느끼는 오감, 즉 시각, 청각, 후각, 미각, 촉각 등을 통해 말하는 사람이 직접적으로 느낀 상태를 나타낼 때 사용합니다. 형태적으로 명사를 수식할 때, 끝이 'い'가 되는 문형 특징 때문에 'い형용사'라고 불립니다. 이 책에서는 이것을 형용사문1로 부르기로 합니다. 형용사문1의 활용 방식은 아래와 같습니다.

	현재형	과거형	의문형
보통형	この部屋は広い。 이 방은 넓다.		この部屋は広いか。 이 방은 넓은가?
보통형		この部屋は広かった。 이 방은 넓었다.	この部屋は広かったか。 이 방은 넓었는가?
정중형	この部屋は広いです。 이 방은 넓습니다.		この部屋は広いですか。 이 방은 넓습니까?
정중형		この部屋は広かったです。 이 방은 넓었습니다.	この部屋は広かったですか。 이 방은 넓었습니까?

	현재부정형	과거부정형	부정의문형
보통형	この部屋は広くない。 이 방은 넓지 않다.		この部屋は広くないか。 이 방은 넓지 않은가?
보통형		この部屋は広くなかった。 이 방은 넓지 않았다.	この部屋は広くなかったか。 이 방은 넓지 않았는가?
정중형	この部屋は広くありません。 この部屋は広くないです。 이 방은 넓지 않습니다.		この部屋は広くありませんか。 [この部屋は広くないですか。] 이 방은 넓지 않습니까?
정중형		この部屋は広くありませんでした。 この部屋は広くなかったです。 이 방은 넓지 않았습니다.	この部屋は広くありませんでしたか。 この部屋は広くなかったですか。 이 방은 넓지 않았습니까?

	현재형	과거형
접속형	空は高くて青い。 하늘은 높고 푸르다. [空は高い。 空は青い。] 하늘은 높다. 하늘은 푸르다. 空は高くて青いです。 하늘은 높고 푸릅니다. [空は高いです。 空は青いです。] 하늘은 높습니다. 하늘은 푸릅니다.	空は高くて青かった。 하늘은 높고 푸르렀다. [空は高かった。 空は青かった。] 하늘은 높았다. 하늘은 푸르렀다. 空は高くて青かったです。 하늘은 높고 푸르렀습니다. [空は高かったです。 空は青かったです。] 하늘은 높았습니다. 하늘은 푸르렀습니다.
연체형	これは安いかばんです。 이것은 싼 가방입니다.	これは安かったかばんです。 이것은 쌌던 가방입니다.

(3) 形容詞文 2

スミスさんはしんせつなひとです。
스미스 씨는 친절한 사람입니다.

スミスさん　は　しんせつな　ひと　です。

スミスさんは　しんせつな　ひとです。

スミスさんは　親切な　人です。

スミスさんは親切な人です。

スミスさんは親切だ。

このまちはしずかで、きれいです。

このまちはにぎやかではありません。

スミスさんは親切でした。

ジョンさんも親切でしたか。

はい、親切でした。

いいえ、親切ではありませんでした。

≫ 형용사문 2

형용사문2에서 학습할 형용사는 명사를 수식할 때, 끝이 'な'로 바뀌는 특징 때문에 'な형용사'라고 불리며, 시각적으로 느낀 사물 또는 상황의 상태를 정신적, 감정적 사고(思考) 과정으로 판단할 경우에 사용하는 형용사입니다. 형용사문2의 활용 방식은 아래와 같습니다.

	현재형	과거형	의문형
보통형	このこうえんはしずか<u>だ</u>。 이 공원은 조용하다.		このこうえんはしずか<u>か</u>。 이 공원은 조용한가?
보통형		このこうえんはしずか<u>だった</u>。 이 공원은 조용했다.	このこうえんはしずか<u>だったか</u>。 이 공원은 조용했나?
정중형	このこうえんはしずか<u>です</u>。 이 공원은 조용합니다.		このこうえんはしずか<u>ですか</u>。 이 공원은 조용합니까?
정중형		このこうえんはしずか<u>でした</u>。 このこうえんはしずか<u>だったです</u>。 이 공원은 조용했습니다.	このこうえんはしずか<u>でしたか</u>。 このこうえんはしずか<u>だったですか</u>。 이 공원은 조용했습니까?

	현재부정형	과거부정형	부정의문형
보통형	このこうえんはしずか<u>ではない</u>。 이 공원은 조용하지 않다.		このこうえんはしずか<u>ではないか</u>。 이 공원은 조용하지 않은가?
보통형		このこうえんは しずか<u>ではなかった</u>。 이 공원은 조용하지 않았다.	このこうえんはしずか<u>では</u> <u>なかったか</u>。 이 공원은 조용하지 않았나?
정중형	このこうえんはしずか<u>では</u> <u>ありません</u>。 このこうえんはしずか<u>では</u> <u>ないです</u>。 이 공원은 조용하지 않습니다.		このこうえんはしずか<u>では</u> <u>ありませんか</u>。 このこうえんはしずか<u>では</u> <u>ないですか</u>。 이 공원은 조용하지 않습니까?
정중형		このこうえんはしずか<u>では</u> <u>ありませんでした</u>。 このこうえんはしずか<u>では</u> <u>なかったです</u>。 이 공원은 조용하지 않았습니다.	このこうえんはしずか<u>では</u> <u>ありませんでしたか</u>。 このこうえんは<u>しずかでは</u> <u>なかったですか</u>。 이 공원은 조용하지 않았습니까?

	현재형	과거형
접속형	このこうえんはしずか<u>で</u>、きれいだ。 이 공원은 조용하고 깨끗하다. このこうえんはしずか<u>で</u>、きれいです。 공원은 조용하고 깨끗합니다.	このこうえんはしずか<u>で</u>、きれいだった。 이 공원은 조용하고 깨끗했다. このこうえんはしずか<u>で</u>、きれいでした。 이 공원은 조용하고 깨끗했습니다.
연체형	ここは<u>しずかなこうえん</u>です。 여기는 조용한 공원입니다.	ここは<u>しずかだったこうえん</u>です。 여기는 조용했던 공원입니다.

(4) 動詞文

猫が　テーブルの　下に　いる。

고양이가 테이블 아래에 있다.

猫がテーブルの下にいる。

猫がテーブルの下にいます。

パンを食べる。

パンを食べます。

パンを食べて　います。

昨日まで雨が降っていました。

今は雨が降っていません。

明日学校へ行きますか。

はい、行きます。

いいえ、行きません。

» 동사문

동사문은 움직임이나 사물의 상태를 나타낼 때 사용하는 동사가 사용된 문형을 말합니다. 일본어의 모든 동사는 단어의 사전형 끝이 모음 [u]가 들어가 있으며, 활용하는 방식에 따라 '1그룹 동사', '2그룹 동사', '3그룹 동사'의 세 그룹으로 나뉩니다. 특히 '1그룹 동사'는 음편형이라는 특수한 활용을 하기 때문에 각별히 유의해서 공부해야 합니다.

먼저 '1그룹 동사'에는 '書く(쓰다)', 'およぐ(헤엄치다)', '買う(사다)', '待つ(기다리다)', '終わる(끝나다)', '読む(읽다)', '死ぬ(죽다)', 'あそぶ(놀다)', '話す(말하다)'와 같은 동사들이 있고, '2그룹 동사'에는 '起きる(일어나다)', '食べる(먹다)'와 같은 동사가 있으며, '3그룹 동사'에는 'する(하다)'와 '来る(오다)' 두 동사만이 존재합니다. 형태적으로 '1그룹 동사'와 '2그룹 동사'를 구분하는 방법은 '2그룹 동사'는 사전형의 형태가 반드시 'る'로 끝나며, 그 앞에 오는 문자가 반드시 [i]나 [e]가 들어간 문자라는 점입니다. 또한 우리말의 '~하고', '~해서'의 의미를 나타내고자 할 때 붙이는 'て(で)'는 '1그룹 동사'의 경우, 동사의 끝이 'く·ぐ', 'う·つ·る', 'ぬ·ぶ·む'가 되면, 끝을 'い·っ·ん'로 바꾸고 'て(で)'를 접속시키는데, 이를 음편형(音便形)이라고 합니다. '2그룹 동사'는 단어의 끝에 오는 'る'를 없애고 'て'만 붙이면 손쉽게 접속의 의미를 나타낼 수 있게 됩니다. '3그룹 동사'의 경우는 'する'는 'して', '来る'는 '来て'와 같이 활용되며 1그룹에 속하는 '話す'의 경우는 별도의 음편형 없이 '話して'와 같이 활용됩니다.

동사분류	사전형(원형)		ます형	부정(ない)형	중지형	て형
1그룹	書く	쓰다	書き	書か	書き	書いて*
	およぐ	헤엄치다	およぎ	およが	およぎ	およいで*
	買う	사다	買い	買わ	買い	買って*
	待つ	기다리다	待ち	待た	待ち	待って*
	終わる	끝나다	終わり	終わら	終わり	終わって*
	死ぬ	죽다	死に	死な	死に	死んで*
	あそぶ	놀다	あそび	あそば	あそび	あそんで*
	読む	읽다	読み	読ま	読み	読んで*
	話す	이야기하다	話し	話さ	話し	話して
음편형 예외	行く	가다	行き	行か	行き	行って*
2그룹	起きる	일어나다	起き	起き	起き	起きて
	食べる	먹다	食べ	食べ	食べ	食べて
3그룹	する	하다	し	し	し	して
	来る	오다	来	来	来	来て

* '1그룹 동사'는 음편형(音便形)이라는 특수한 활용을 하여, 사전형 끝이 'く·ぐ → いて·いで', 'う·つ·る → って', 'ぬ·ぶ·む → んで'로 바뀝니다.

제2장

JLPT N5
실전문제

언어지식 실전문제
독해 실전문제
청해 실전문제

＊정답 및 해석은 〈이론편〉에 있습니다.

∞ 문자 · 어휘

☑ 한자 읽기와 한자(가타카나) 표기 문제입니다. 보기에서 가장 알맞은 것을 고르세요.

1 これが たむらさんの 住所ですか。
　　1　じゅしょ　　2　じゅうしょう 3　じゅしょう　4　じゅうしょ

2 あしたの 天気は どうですか。
　　1　てんき　　　2　てんぎ　　　　3　でんき　　　　4　でんぎ

3 これは 両親の しゃしんです。
　　1　りょしん　　2　りょうしん　　3　りょちん　　　4　りょうちん

4 きょうの おべんとうは カレーです。
　　1　弁頭　　　　2　弁当　　　　　3　便頭　　　　　4　便当

5 これは らいねんの かれんだーです。
　　1　カレンダー　2　ケレンダー　　3　ケレンダー　　4　カレンダー

☑ (   ) 안에는 문맥에 맞는 어휘를 선택하고, 밑줄 친 문장은 유의 표현을 고르세요.

6　(   ) も　うちの　かぞくです。
　　1　ペット　　　　2　ポスト　　　　3　パーティー　　4　カレー

7　ぞうの（   ）は　どうして　ながいですか。
　　1　め　　　　　　2　みみ　　　　　3　はな　　　　　4　て

8　(   ) の　そばは　あたたかいです。
　　1　ストーブ　　　2　アルバイト　　3　ノート　　　　4　ビール

9　この（   ）は　ふるいですが、べんりな　ところに　あります。
　　1　エレベーター　2　アパート　　　3　ギター　　　　4　サンドイッチ

10　キムさんは　きむらさんの　おくさんです。
　　1　きむらさんと　キムさんは　かぞくです。
　　2　きむらさんと　キムさんは　ともだちです。
　　3　きむらさんと　キムさんは　かぞくではありません。
　　4　きむらさんと　キムさんは　ともだちではありません。

☑ ( ) 안에는 문장의 내용에 맞는 표현을 선택하고, 문장 만들기 문제는 보기를 배열하여
___★___에 들어갈 것을 고르세요.

11 いもうとは　へや（　　　）そうじを　しました。
　　1　に　　　　　2　が　　　　　3　の　　　　　4　を

12 わたしは　かいしゃいんの　いもうと（　　　）おとうとが　います。
　　1　も　　　　　2　で　　　　　3　が　　　　　4　と

13 この　ちかくに　びょういん（　　　）ありますか。
　　1　の　　　　　2　で　　　　　3　は　　　　　4　を

14 友だちと　_____ _____ ___★___ _____ です。
　　1　とても　　　2　楽しい　　　3　するのは　　　4　かいものを

15 あの　_____ _____ ___★___ _____ なんですか。
　　1　しごと　　　2　は　　　　　3　の　　　　　4　ひと

☑ 글의 의미를 생각하여 16 에서 20 에 들어갈 가장 적당한 것을 하나 고르세요.

せんしゅうの　金よう日に　友だち　二人と　三人で　しんじゅくへ
16 　行きました。しんじゅく駅　17 　でんしゃで　さんじかんぐらい
かかりました。わたしたちは　まず　えいがを　見ました。日本の　アニメ
でした。みじかかったですが、とても　おもしろかったです。　18
ひるごはんを　食べに　レストランへ　行きました。食べたい　ものは　たく
さん　ありましたが、わたしは　パスタを　食べました。とても　おいし
かったです。ひるごはんを　19 、しんじゅく駅の　ちかくで　かいも
のを　20 　家へ　かえりました。

16　1　あそぶに　　　2　あそびに　　　3　あそんで　　　4　あそび

17　1　からは　　　　2　までは　　　　3　つもり　　　　4　ぐらい

18　1　それで　　　　2　それでは　　　3　それから　　　4　そこまで

19　1　食べた　あと　2　食べる　あと　3　食べて　あと　4　食べ　あと

20　1　したから　　　2　してから　　　3　するから　　　4　しから

∞ 문자 · 어휘

☑ 한자 읽기와 한자 표기 문제입니다. 보기에서 가장 알맞은 것을 고르세요.

1 <u>大きい</u>　かばんですね。
　　1　だいきい　　2　たいきい　　3　おきい　　　4　おおきい

2 あなたは　なんにん　<u>兄弟</u>ですか。
　　1　ぎょうだい　2　きょうだい　3　ぎょだい　　4　きょだい

3 にほんの　くるまは　<u>高い</u>です。
　　1　もとい　　　2　ことい　　　3　なかい　　　4　たかい

4 サッカーの　<u>しあい</u>は　なんじからですか。
　　1　誌合　　　　2　試合　　　　3　誌会　　　　4　試会

5 あの　<u>たてもの</u>は　なんですか。
　　1　立物　　　　2　建物　　　　3　健物　　　　4　見物

☑ (　　　) 안에는 문맥에 맞는 어휘를 선택하고, 밑줄 친 문장은 유의 표현을 고르세요.

6 インターネットで（　　　）を　します。
　　1　ストーブ　　2　シャワー　　3　カレンダー　　4　ゲーム

7 ともだちと　おいしい（　　　）を　つくります。
　　1　メール　　2　カレー　　3　プール　　4　スーツ

8 ほんやは　パンやの（　　　）となりに　あります。
　　1　なに　　2　すぐ　　3　どこ　　4　だれ

9 あの　ひとは（　　　）が　ながいです。
　　1　くち　　2　おなか　　3　せ　　4　かみ

10 ディーンさんは　たなかさんの　ごしゅじんです。
　　1　たなかさんは　ディーンさんの　おくさんです。
　　2　たなかさんは　ディーンさんの　おじさんです。
　　3　たなかさんは　ディーンさんの　おとうさんです。
　　4　たなかさんは　ディーンさんの　おきゃくさんです。

☑ (　　　) 안에는 문장의 내용에 맞는 표현을 선택하고, 문장 만들기 문제는 보기를 배열하여
　___★___에 들어갈 것을 고르세요.

11 わたしは　がっこうまで　バス（　　　）行きます。

　　1　で　　　　　　2　に　　　　　　3　が　　　　　4　も

12 あの　スーパー（　　　）どんな　ものを　売って　いますか。

　　1　には　　　　　2　では　　　　　3　とは　　　　4　もは

13 きのうから　いそがしくて　どこ（　　　）行きませんでした。

　　1　まで　　　　　2　から　　　　　3　へも　　　　4　とは

14 あの　_____　_____　___★___　_____　でしょう。

　　1　高い　　　　　2　は　　　　　　3　車　　　　　4　すてきな

15 わたしは　きょう　_____　_____　___★___　_____　会社員です。

　　1　なく　　　　　2　がくせい　　　3　から　　　　4　では

☑ 글의 의미를 생각하여 16 에서 20 에 들어갈 가장 적당한 것을 하나 고르세요.

わたしの 部屋には つくえと いすと ベッド などが 16 。まどの 近くには テレビも あります。弟の 部屋より せまいですが、弟の 部屋には テレビが ありません。それで 17 弟が わたしの 部屋で テレビを 見たいと 言います。わたしは 弟の きもちが 18 わかるため、弟に わたしの 部屋で 19 と 言いました。
　わたしの つくえの 上には いつも 英語の かいわの 本が あります。英語を べんきょうして 20 アメリカへ りゅうがくに 行きたい と 思って います。それで 毎日 英語の べんきょうを して います。

16　1　おきて あります　　　　　2　おいて います
　　3　おいて あります　　　　　4　おきて います

17　1　だんだん　　2　ときどき　　3　それから　　4　ぜんぜん

18　1　よく　　　　2　ちかく　　　3　とおく　　　4　かく

19　1　見ても いけない　　　　　2　見ては いけない
　　3　見ては いい　　　　　　　4　見ても いい

20　1　から　　　　2　のに　　　　3　つもり　　　4　だけ

∞ 문자 · 어휘

☑ 한자 읽기와 한자 표기 문제입니다. 보기에서 가장 알맞은 것을 고르세요.

1   この　ワインは　安くて　おいしいです。
　　1　ながくて　　2　かるくて　　3　さむくて　　4　やすくて

2   わたしは　さくらの　花が　好きです。
　　1　すき　　　　2　かき　　　　3　いき　　　　4　おき

3   元気な　こどもですね。
　　1　がんぎ　　2　げんぎ　　3　がんき　　4　げんき

4   この　けいたいでんわは　べんりです。
　　1　弁利　　　　2　勉利　　　　3　便利　　　　4　便理

5   この　じしょは　かるいですね。
　　1　重い　　　　2　丸い　　　　3　多い　　　　4　軽い

☑ ( ) 안에는 문맥에 맞는 어휘를 선택하고, 밑줄 친 문장은 유의 표현을 고르세요.

6 にほんの くがつは（ ）ですね。
1 いたい 2 おおい 3 あまい 4 あつい

7 せんせいは（ ）きびしいです。
1 なんにも 2 とても 3 はじめに 4 あまり

8 きのうは そらが ほんとうに（ ）ですね。
1 みじかかった 2 あおかった 3 かるかった 4 はやかった

9 これが きのう かった（ ）じてんしゃですか。
1 おいしい 2 たのしい 3 むずかしい 4 あたらしい

10 ことしの ふゆは あまり さむく ないですね。
1 ことしの ふゆは とても さむいですね。
2 ことしの ふゆは すこし さむいですね。
3 ことしの ふゆは すこし たいへんですね。
4 ことしの ふゆは とても たいへんですね。

∞ 문법

☑ (　　　) 안에는 문장의 내용에 맞는 표현을 선택하고, 문장 만들기 문제는 보기를 배열하여
　　___★___ 에 들어갈 것을 고르세요.

11　おなかが　いたくて　きのうの　夜から（　　　）食べる　ことが　でき
　　ませんでした。

　　1　なにか　　　2　なにも　　　3　なには　　　4　なにを

12　わたしの　弟は　日本語（　　　）じょうずです。

　　1　で　　　　2　の　　　　3　を　　　　4　が

13　もう　すこし　大きい　声（　　　）話して　ください。

　　1　も　　　　2　で　　　　3　が　　　　4　を

14　妹　_____　_____　___★___　_____　かいしゃいんです。

　　1　では　　　2　先生　　　3　は　　　　4　なくて

15　わたしの　_____　_____　___★___　_____　です。

　　1　イタリア　　2　すきな　　3　は　　　　4　くに

36

☑ 글의 의미를 생각하여 [16]에서 [20]에 들어갈 가장 적당한 것을 하나 고르세요.

　　私の　かぞくは　5人です。父と　母、あねと　あにと　私です。父は
びょういん　[16]　はたらいて　いて、あねと　あには　かいしゃいん
です。母は　家の　しごとを　して　います。母は　まいにち　かぞく
[17]　ごはんを　[18]　そうじを　したり　します。そんな　母に　父と
あねは　[19]　「ありがとう」と　言いますが、私と　あには　母に
「ありがとう」と　[20]　ことが　いちども　ありません。ことしの　母の
たんじょうびには　「ありがとう」と　言う　つもりです。

---

[16]　1　に　　　　　2　から　　　　　3　で　　　　　4　を

[17]　1　ので　　　　2　も　　　　　3　から　　　　4　に

[18]　1　つくった　　2　つくったり　3　つくりに　　4　つくるには

[19]　1　はじめて　　2　そして　　　3　ちょっと　　4　いつも

[20]　1　言う　　　　2　言った　　　3　言い　　　　4　言って

∞ 문자 · 어휘

☑ 한자 읽기와 한자 표기 문제입니다. 보기에서 가장 알맞은 것을 고르세요.

1 わたしには　姉が　います。
　　1　あに　　　　2　あね　　　　3　あの　　　　4　あれ

2 いまから　いえに　帰りますか。
　　1　かえり　　　2　がえり　　　3　かわり　　　4　がわり

3 おとうとは　いえを　出て　としょかんに　いきました。
　　1　きて　　　　2　でて　　　　3　みて　　　　4　して

4 ふゆに　なると　さむく　なります。
　　1　冬　　　　　2　夏　　　　　3　雪　　　　　4　春

5 わたしの　めを　みて　はなして　ください。
　　1　耳　　　　　2　日　　　　　3　目　　　　　4　口

☑ (　　　) 안에는 문맥에 맞는 어휘를 선택하고, 밑줄 친 문장은 유의 표현을 고르세요.

6　たべものの　なかで　なにが（　　　）すきですか。
　　1　いちばん　　　2　さんばん　　　3　よんばん　　　4　ろくばん

7　あしたは　テストだから　きょうは（　　　）ねます。
　　1　あつく　　　　2　はやく　　　　3　あまく　　　　4　さむく

8　さとうさんに　でんわを（　　　）。
　　1　たちます　　　2　かけます　　　3　おわります　　4　すみます

9　はなは（　　　）のが　きれいです。
　　1　あまい　　　　2　ひろい　　　　3　あかい　　　　4　せまい

10　きのう　いった　だいがくは　せまかったです。
　　1　きのう　いった　だいがくは　ひろく　ないです。
　　2　きのう　いった　だいがくは　せまく　ないです。
　　3　きのう　いった　だいがくは　おおく　ないです。
　　4　きのう　いった　だいがくは　ながく　ないです。

☑ (   ) 안에는 문장의 내용에 맞는 표현을 선택하고, 문장 만들기 문제는 보기를 배열하여
___★___에 들어갈 것을 고르세요.

11 わたしは　こうちゃ（　　　）します。

1　に　　　　　2　で　　　　　3　を　　　　　4　が

12 ねる（　　　）シャワーを　します。

1　まえに　　　2　あとに　　　3　まえで　　　4　あとで

13 上田さんの　かさは（　　　）ですか。

1　どの　　　　2　どんな　　　3　どれ　　　　4　どなた

14 どんな＿＿＿＿＿＿＿＿＿＿＿★＿＿＿＿＿＿か。

1　いちばん　　2　料理　　　　3　好きです　　4　が

15 安くて＿＿＿＿＿＿＿＿＿＿★＿＿＿＿＿ですか。

1　どれ　　　　2　は　　　　　3　おいしい　　4　果物

☑ 글의 의미를 생각하여 16 에서 20 에 들어갈 가장 적당한 것을 하나 고르세요.

きょうは　とても　 16 　。

16 　友だちと　いっしょに　プールに　行きました。

プールには　 18 　人が　いました。

暑いから　みんな　プールに　 19 　いると　思いました。

私は　友だちと　 20 　アイスクリームを　食べたり　しました。

とても　きもち　よくて　たのしい　一日でした。

16　1　あつかったです　　　　　2　あついでした

　　3　あつくてです　　　　　　4　あついだった

17　1　そして　　　2　それでは　　　3　それで　　　4　しかし

18　1　ぜんぜんの　　2　あまりの　　　3　おおぜいの　　4　おおいの

19　1　きた　　　　2　きて　　　　3　くた　　　　4　くて

20　1　およいたり　　2　およいだり　　3　およぎたり　　4　およぎだり

일본 문화 읽기(1)

一月（いちがつ） : おせちりょうり

'오세치 요리'는 가족의 행복과 건강을 바라는 마음이 담긴 음식입니다. 직접 만드는 가정도 있지만 요즘은 오세치 요리를 만드는 곳에서 주문해서 먹는 집이 많습니다. 정사각형 모양의 칸마다 각종 요리가 들어 있습니다. 오세치 요리에는 각각의 의미가 담겨져 있습니다. 새우는 허리가 구부러질 때까지 장수하라는 의미가 있고 '구로마메'라고 하는 검은콩 요리는 건강과 성실함의 의미, 밤은 금전운의 의미가 담겨 있습니다. 새해에는 가족과 함께 오세치 요리를 먹으며 건강과 행복을 기원합니다.

검은콩: 건강, 성실함

밤: 금전운

새우: 장수

二月（にがつ） : せつぶん

'세츠분'이란 원래 계절의 변화를 나타내는 말로서 춘하추동 각각의 계절이 시작되는 날(입춘·입하·입추·입동)의 전날을 가리킵니다. 세츠분은 '계절을 나눈다'는 의미가 있습니다.

에도시대 이후 특히 입춘(2월 4일) 전날을 세츠분으로 지키고 있습니다. 예로부터 일본에서는 계절이 바뀌는 시기에 악한 기운이 생긴다고 여겨 왔습니다. 그 악한 기운을 없애고 복을 부르기 위해 행해 오던 것이 콩 뿌리기(마메마키)입니다. 일반 가정이나 각 지역에서 도깨비 분장을 한 사람을 향해 '복은 안으로, 귀신은 밖으로(福（ふく）は内（うち）、鬼（おに）は外（そと）)'라는 구호를 외치며 콩을 뿌리는 광경을 볼 수 있습니다. 마메마키를 끝내고 나서 자신의 나이와 같거나 하나 더 많은 수의 콩을 먹으면 일 년간의 액운이 없어져 병에 걸리지 않는다고 합니다.

三月(さんがつ) : ひなまつり

'히나마츠리'는 여자 어린이의 성장을 축하하는 일본의 전통축제입니다. 원래 음력 3월 3일 '모모노셋쿠'에 지내던 행사였으나 서양 달력의 영향으로 양력 3월 3일에 치러지게 되었습니다. 이날에는 '히나닌교'라고 불리는 인형들을 붉은 천을 깐 단 위에 장식하는 풍습이 있으며 단술, 즉 단맛이 나는 술과 음식으로 축제를 치릅니다.

四月(しがつ) : はなみ

'하나미'는 벚꽃놀이를 말하며, 벚꽃 개화기 예보는 일본 기상청의 가장 중요한 일입니다. 가족과 연인은 물론이고 각 회사는 부서별로 각종 모임별로 거의 모든 사람들이 하나미 명소로 몰려듭니다.
하나미에서 즐기는 것 중 하나가 삼색 하나미 경단입니다. '꽃보다 경단(금강산도 식후경)'이라는 속담도 여기에서 나왔다고 합니다. 벚꽃놀이는 일본에서 매우 친숙한 행사이며, 이 시기가 되면 뉴스에서 지역별 개화 시기를 방송하여 명소에 가지 않아도 벚꽃의 아름다움을 즐길 수 있습니다.

∞ 문자 · 어휘

☑ 한자 읽기와 한자 표기 문제입니다. 보기에서 가장 알맞은 것을 고르세요.

1 おんがくの　先生に　あいました。
　　1　せんぜい　　　2　せんせえ　　　3　せんぜえ　　　4　せんせい

2 漢字は　とても　むずかしいですね。
　　1　かんじ　　　　2　がんじ　　　　3　かんぢ　　　　4　がんぢ

3 りんごは　やすい　ものも　高い　ものも　あります。
　　1　ひくい　　　　2　たかい　　　　3　くらい　　　　4　ちかい

4 アメリカの　なつは　ほんとうに　あついですね。
　　1　痛い　　　　　2　寒い　　　　　3　熱い　　　　　4　暑い

5 わたしは　あかい　ケースが　いいです。
　　1　白い　　　　　2　青い　　　　　3　赤い　　　　　4　黒い

✅ (　　　) 안에는 문맥에 맞는 어휘를 선택하고, 밑줄 친 문장은 유의 표현을 고르세요.

6　おとうとと　おおさかへ（　　　）に　いきました。
　　1　おわり　　　2　よみ　　　　3　あそび　　　4　わかり

7　にほんの　ともだちに（　　　）を　おくりました。
　　1　スポーツ　　2　テニス　　　3　アルバイト　4　メール

8　わたしは（　　　）いろの　くつが　すきです。
　　1　おいしい　　2　からい　　　3　おおきい　　4　あかるい

9　なつやすみには　うみで（　　　）ことが　たのしみです。
　　1　つかう　　　2　つく　　　　3　およぐ　　　4　でる

10　この　もんだいは　たいへん　むずかしいです。
　　1　この　もんだいは　少しむずかしいです。
　　2　この　もんだいは　なにも　むずかしいです。
　　3　この　もんだいは　なんで　むずかしいです。
　　4　この　もんだいは　とても　むずかしいです。

∞ 문법

☑ (   ) 안에는 문장의 내용에 맞는 표현을 선택하고, 문장 만들기 문제는 보기를 배열하여 _____★_____에 들어갈 것을 고르세요.

11 あしたから　テスト（　　　）おそくまで　べんきょうします。

　　1　のに　　　　　2　なのに　　　　　3　ので　　　　　4　なので

12 しゅくだいを　して（　　　）友^{とも}だちと　あそびます。

　　1　まえ　　　　　2　あと　　　　　3　ので　　　　　4　から

13 チンさんは（　　　）スポーツが　好^すきですか。

　　1　なにも　　　　2　なにか　　　　3　どれ　　　　　4　どんな

14 バナナと　_____　_____　_____★_____　_____　好^すきですか。

　　1　と　　　　　　2　が　　　　　　3　どちら　　　　4　りんご

15 うちには　_____　_____　_____★_____　_____。

　　1　しか　　　　　2　ねこが　　　　3　いっぴき　　　4　いません

46

☑ 글의 의미를 생각하여 16 에서 20 에 들어갈 가장 적당한 것을 하나 고르세요.

かんこくの イーさんは 学校の じゅぎょうで 「わたしの 行きたい ところ」を しょうかいします。

わたしは まだ 日本語 16 へたですが、よろしく おねがいします。

わたしの いちばん 行きたい ところは 日本の しんじゅくです。しんじゅくには わかい 人が たくさん 17 くると 聞きました。しんじゅくに 行って 友だちを たくさん 作りたいです。友だちを 作って 日本語で 話したいからです。日本人が わたしの 日本語 を 聞いて 18 しんぱいですが、日本語で 19 話して みます。日本語が はやく 20 なりたいと 思います。

みなさん、わたしと いっしょに 日本へ あそびに いきましょう。

---

16 1 を   2 が   3 も   4 か

17 1 あそび   2 あそんで   3 あそんだり   4 あそびに

18 1 わかるか わからないか   2 わかったか わからなかったか
    3 わかったり わからなかったり   4 わかって わからなくて

19 1 いろいろな   2 いろいろに   3 いろいろ   4 いろいろで

20 1 げんきに   2 じょうずに   3 きれいに   4 まじめに

∞ 문자 · 어휘

☑ 한자 읽기와 한자 표기 문제입니다. 보기에서 가장 알맞은 것을 고르세요.

1 大きな　くるまを　かいました。
　　1　だいきな　　　2　たいきな　　　3　おおきな　　　4　おきな

2 ひこうきは　速いです。
　　1　はやい　　　2　はよい　　　3　たかい　　　4　たこい

3 きのうは　早く　おきて　へやの　そうじを　しました。
　　1　すぼく　　　2　すばく　　　3　はやく　　　4　はよく

4 あおい　うみが　すきです。
　　1　青い　　　2　赤い　　　3　白い　　　4　黒い

5 その　ケーキは　やすくて　おいしいです。
　　1　軽くて　　　2　安くて　　　3　多くて　　　4　少なくて

☑ (   ) 안에는 문맥에 맞는 어휘를 선택하고, 밑줄 친 문장은 유의 표현을 고르세요.

6　ごごには　あめが　(　　　)と　ききました。
　　1　おちる　　　2　ふる　　　　3　ふく　　　　4　うたう

7　ゆうびんきょくで　きってを　(　　　)。
　　1　かります　　2　かいます　　3　けします　　4　さきます

8　きれいな　(　　　)を　きて　パーティーに　いきました。
　　1　ぼうし　　　2　ふく　　　　3　にもつ　　　4　しょくじ

9　きょうは　(　　　)にも　あいません。
　　1　なに　　　　2　だれ　　　　3　どれ　　　　4　どこ

10　ここは　びょういんです。
　　1　ここでは　くすりを　もらいます。
　　2　ここでは　ケーキを　もらいます。
　　3　ここでは　おかねを　もらいます。
　　4　ここでは　ノートを　もらいます。

∞ 문법

☑ (   ) 안에는 문장의 내용에 맞는 표현을 선택하고, 문장 만들기 문제는 보기를 배열하여
   ___★___에 들어갈 것을 고르세요.

11　がっこうの　まえには　ほん屋（　　　）くつ屋　などが　あります。
　　　1　で　　　　　　2　や　　　　　3　の　　　　　4　を

12　さとうさんより　やまださん（　　　）が　せが　ひくいです。
　　　1　もほう　　　　2　なほう　　　　3　のほう　　　　4　かほう

13　好き（　　　）りょうりは　なんですか。
　　　1　に　　　　　　2　の　　　　　　3　な　　　　　4　だ

14　えきの　_____　_____　___★___　_____。
　　　1　ありません　2　には　　　　　3　ちかく　　　　4　びょういんが

15　そぼに　_____　_____、___★___　_____　東京に　行きました。
　　　1　ため　　　　　2　のって　　　　3　会う　　　　　4　ひこうきに

50

☑ 글의 의미를 생각하여 16 에서 20 에 들어갈 가장 적당한 것을 하나 고르세요.

来週から 夏休みです。夏休みの 16 一週間 日本へ 旅行 17 行きます。父と 母、妹と 私 4人 18 行きます。明日は 母と デパートへ 行って 買い物を します。私は 新しい 服を 買う つもりです。父は 新しい くつ 19 と 言いました。母と 妹は きれいな かばんが ほしいと 話して いました。 20 の 日本旅行が 楽しみです。

16　1　あいだに　　2　くらいに　　3　つもりに　　4　よていに

17　1　に　　　　　2　が　　　　　3　の　　　　　4　は

18　1　も　　　　　2　を　　　　　3　の　　　　　4　で

19　1　が　ほしい　2　を　たい　　3　を　ほしい　4　が　たい

20　1　はじめた　　2　はじめて　　3　はじめる　　4　はじめ

∞ 문자 · 어휘

☑ 한자 읽기와 한자 표기 문제입니다. 보기에서 가장 알맞은 것을 고르세요.

1 先週　おとうとが　うまれました。
　　1　ぜんしゅう　2　ぜんしゅ　　3　せんしゅう　4　せんしゅ

2 きょうは　先に　ねます。
　　1　さき　　　　2　せき　　　　3　せん　　　4　さぎ

3 この　かみに　名前を　かいて　ください。
　　1　なまえ　　　2　なまい　　　3　おなめ　　　4　おなみ

4 そとは　ゆきが　ふって　います。
　　1　前　　　　2　後　　　　3　外　　　　4　中

5 ともだちに　てがみを　おくります。
　　1　手紙　　　2　手前　　　3　手首　　　4　手足

☑ (   ) 안에는 문맥에 맞는 어휘를 선택하고, 밑줄 친 문장은 유의 표현을 고르세요.

6　ここで　たばこを（　　　）は　いけません。
　　1　よんで　　　2　うたって　　　3　きいて　　　4　すって

7　すみませんが、ちょっと（　　　）ください。
　　1　でかけて　　2　おいしくて　　3　むずかしくて　4　てつだって

8　かいしゃまで　ちかてつに（　　　）いきます。
　　1　あるいて　　2　かりて　　　3　のって　　　4　なって

9　（　　　）が　つよく　ふいて　いて　でかけませんでした。
　　1　あめ　　　　2　ゆき　　　　3　かぜ　　　　4　じしん

10　はこの　なかに　ほんを　いれました。
　　1　はこの　なかに　ほんが　ぬいで　います。
　　2　はこの　なかに　ほんが　おぼえて　います。
　　3　はこの　なかに　ほんが　はいって　います。
　　4　はこの　なかに　ほんが　はたらいて　います。

☑ (　　) 안에는 문장의 내용에 맞는 표현을 선택하고, 문장 만들기 문제는 보기를 배열하여 ＿＿＿★＿＿ 에 들어갈 것을 고르세요.

11 きのう　先生（　　　）会いましたか。
　　1　に　　　　　2　を　　　　　3　の　　　　　4　から

12 手を　きれい（　　　）洗いましょう。
　　1　な　　　　　2　に　　　　　3　で　　　　　4　の

13 たなかさん、きょう　元気（　　　）ありませんね。
　　1　に　　　　　2　な　　　　　3　が　　　　　4　の

14 せんしゅう、＿＿＿＿＿ ＿＿＿＿＿ ＿＿★＿＿ ＿＿＿＿＿。
　　1　買いに　　　2　日本語の　　3　本を　　　　4　行きました

15 あした ＿＿＿＿＿ ＿＿＿＿＿ ＿＿★＿＿ ＿＿＿＿＿ します。
　　1　の　　　　　2　でんわ　　　3　そふに　　　4　国

☑ 글의 의미를 생각하여 16 에서 20 에 들어갈 가장 적당한 것을 하나 고르세요.

みなさんは　しゅ味が　ありますか。好きな　ものは　ありますか。
私は　音楽を　聞く　16　好きです。家に　いる　ときは　いつも
音楽を　聞いて　います。勉強して　いる　ときも、家　17　出て
学校へ　行く　ときも　聞いて　います。電車　18　乗って　いる　と
きも　聞いて　います。音楽の　中では　ロックが　いちばん　好きです。
もっと　音楽の　勉強を　して　ミュージシャン　19　です。でも、歩
きながら　イヤホンを　使って　聞いて　いると　他の　音も　声も　聞
こえない　20　あぶないですね。

16　1　ことが　　　　2　ことを　　　　3　ことの　　　　4　ことに

17　1　が　　　　　　2　で　　　　　　3　へ　　　　　　4　を

18　1　が　　　　　　2　で　　　　　　3　に　　　　　　4　を

19　1　を　なりたい　2　に　なりたい　3　が　なりたい　4　で　なりたい

20　1　から　　　　　2　まで　　　　　3　あと　　　　　4　した

∞ 문자 · 어휘

☑ 한자 읽기와 한자 표기 문제입니다. 보기에서 가장 알맞은 것을 고르세요.

1　この　人形は　とても　かわいいです。
　　1　じんぎょ　　2　じんぎょう　　3　にんぎょう　　4　にんぎょ

2　今週の　土よう日に　どうぶつえんへ　あそびに　いきます。
　　1　きんしゅう　　2　きんしゅ　　　3　こんしゅう　　4　こんしゅ

3　せんせいは　いま　料理の　ほんを　コピーして　います。
　　1　ようり　　　　2　りょうり　　　3　りょり　　　　4　より

4　わたしは　まいにち　しんぶんを　よみます。
　　1　新門　　　　　2　新問　　　　　3　新聞　　　　　4　新文

5　なつやすみには　うみへ　あそびに　いきます。
　　1　春休み　　　2　夏休み　　　　3　秋休み　　　　4　冬休み

☑ (　　　) 안에는 문맥에 맞는 어휘를 선택하고, 밑줄 친 문장은 유의 표현을 고르세요.

6 さむいので ストーブを（　　　）。
1 つきます　　2 つけます　　3 たちます　　4 もちます

7 としょかんで しりょうを（　　　）。
1 ちがいます　2 でかけます　3 しらべます　4 のぼります

8 あしたは ゆきが（　　　）。
1 もちます　　2 おります　　3 あります　　4 ふります

9 まるい（　　　）を おして ください。
1 ボタン　　　2 キロ　　　　3 コピー　　　4 ナイフ

10 ここは かいぎしつです。
1 ここでは こどもが あそびます。
2 ここでは ともだちが うたいます。
3 ここでは さかなが およぎます。
4 ここでは かいしゃいんが はなします。

∞ 문법

☑ (　　　) 안에는 문장의 내용에 맞는 표현을 선택하고, 문장 만들기 문제는 보기를 배열하여 ＿＿＿＿★＿＿＿에 들어갈 것을 고르세요.

11　わたしは　どれ（　　　）いいです。

　　1　か　　　　　　2　でも　　　　　　3　が　　　　　　4　にも

12　学校の　じゅぎょうは　9時から　12時（　　　）です。

　　1　までに　　　　2　まで　　　　　3　くらい　　　　4　ぐらい

13　学校に　べんとうを（　　　）いきます。

　　1　もって　　　　2　もて　　　　　3　もいて　　　　4　もんで

14　らいしゅうの　＿＿＿＿＿　＿＿＿＿＿　＿＿★＿＿　＿＿＿＿＿、休む　ひまが　ありません。

　　1　試合は　　　　2　だいじ　　　　3　なので　　　　4　とても

15　ふゆに　なって　寒く　なりましたので、＿＿＿＿＿　＿＿＿＿＿　＿＿★＿＿　＿＿＿＿＿。

　　1　つけて　　　　2　ください　　　3　気を　　　　　4　かぜに

58

☑ 글의 의미를 생각하여 [16] 에서 [20] 에 들어갈 가장 적당한 것을 하나 고르세요.

きのう　大学の　せんぱい　[16]　会った。ひさしぶりに　会って　たくさん　話して　とても　[17]　時間だった。せんぱいは　大学を　そつぎょうする　前から　会社が　きまって　いた。私も　そろそろ　会社に　入るじゅんびを　[18]　。「会社の　説明会にも　[19]　」と　せんぱいが　言った。でも　何が　したいのか、どんな　仕事が　したいのか、どんな　会社に　入りたいのか　[20]　わからない。

---

[16]　1　も　　　　　2　を　　　　　3　に　　　　　4　が

[17]　1　楽しい　　　2　楽しく　　　3　楽しいくて　　4　楽しんで

[18]　1　しなくても　いい　　　　　　2　しなければ　いい
　　　3　しなくても　ならない　　　　4　しなければ　ならない

[19]　1　行った　ほうが　いいよ　　　2　行った　だけが　いいよ
　　　3　行った　くらいが　いいよ　　4　行った　つもりが　いいよ

[20]　1　いま　　　　　2　さっき　　　3　まだ　　　　4　ゆっくり

五月 : ゴールデン・ウィーク

'골든 위크'란 대형 연휴 혹은 Golden Week를 줄여 GW라고 하며 4월 29일부터 5월 초순에 걸친 약 1주일의 긴 연휴를 말합니다. 4월 29일은 쇼와 일왕의 생일을 기념한 쇼와의 날로 공휴일이며 5월 3일은 헌법기념일, 5월 4일은 초록의 날(みどりの日), 5월 5일은 어린이 날로 3일 연휴가 이어집니다. 여기에 토요일과 일요일이 겹쳐져 대형 연휴가 되는 것입니다. 이 기간에 많은 일본인이 국내 여행 혹은 한국 등의 해외 여행에 나서기도 합니다.

六月 : つゆいり

'츠유이리'란 5월부터 7월 사이에 찾아오는 일본의 장마철의 시작을 의미합니다. 츠유(장마)의 시작은 '츠유이리', 츠유의 끝은 '츠유아케'라고 하며 매년 그 시기는 조금씩 차이가 있어 일본 기상청의 기상 정보를 토대로 츠유이리와 츠유아케의 날짜를 발표합니다. 츠유는 남쪽 지역에서 시작하여 북쪽으로 진행하는데 예를 들면, 일본에서 가장 남쪽에 있는 오키나와에선 평균 5월 초 츠유이리가 되고 6월 23일경 츠유아케가 됩니다. 참고로 일본의 가장 북쪽에 있는 홋카이도는 츠유가 없습니다.

七月 : たなばた
_{しちがつ}

'다나바타'는 일본에서 계절의 변화를 기념하는 다섯 가지 풍습 중 하나입니다. 사람들은 자신들의 소원을 가늘고 긴 종이(단자쿠)에 적어 화려하게 치장된 대나무 대에 묶어 그 소원이 이루어지기를 바랍니다. 각 지역은 고유의 다나바타 풍습이 있어 다양한 축제를 경험할 수 있습니다.

八月 : おぼん
_{はちがつ}

'오봉'은 양력 8월 15일을 중심으로 치러지는 일본 추석 명절을 말합니다. 오봉은 조상을 기리는 행사라는 점에서 한국의 추석과 비슷하지만 지역마다 오봉을 지내는 날짜가 모두 달라서 보통 8월 15일을 기준으로 8월13일부터 8월 16일 사이에 쉬는 경우가 많습니다. 이때 많은 사람들이 성묘(하카마이리)를 갑니다.

∞ 문자 · 어휘

☑ 한자 읽기와 한자(가타카나) 표기 문제입니다. 보기에서 가장 알맞은 것을 고르세요.

[1] にほんも　かんこくも　なつは　<u>本当</u>に　あついですね。
　　1　ほんとう　　　2　ほんどう　　　3　ほんてい　　　4　ほんでい

[2] ちゅうごくも　かんこくも　いちがつは　<u>寒い</u>ですね。
　　1　こわい　　　　2　うすい　　　　3　さむい　　　　4　あつい

[3] <u>黒い</u>　セーターが　すきです。
　　1　くらい　　　2　ぐらい　　　3　くろい　　　4　ぐろい

[4] おとといは　テレビを　みて　<u>おそく</u>　ねました。
　　1　遅く　　　　2　速く　　　　3　早く　　　　4　痛く

[5] きょうは　<u>けーき</u>を　つくりました。
　　1　ケース　　　2　ケーカ　　　3　ケーサ　　　4　ケーキ

☑ (   ) 안에는 문맥에 맞는 어휘를 선택하고, 밑줄 친 문장은 유의 표현을 고르세요.

6 きょうは あたたかいから コートを（   ）。
1 はきます　　2 ぬぎます　　3 とります　　4 みせます

7 あの かばんは やすいですが、（   ）です。
1 じょうず　　2 じょうぶ　　3 たのしみ　　4 にぎやか

8 テーブルの うえに パソコンを（   ）。
1 おきました　2 はりました　3 とりました　4 ひきました

9 にほんの ラーメンは（   ）おいしいです。
1 くらくて　　2 かるくて　　3 さむくて　　4 やすくて

10 わたしは らいしゅう ちゅうごくを りょこうします。
1 わたしは らいしゅう ちゅうごくで しごとを します。
2 わたしは らいしゅう ちゅうごくで かいぎを します。
3 わたしは らいしゅう ちゅうごくで かいものを します。
4 わたしは らいしゅう ちゅうごくで しゅくだいを します。

∞ 문법

☑ ( ) 안에는 문장의 내용에 맞는 표현을 선택하고, 문장 만들기 문제는 보기를 배열하여 _____★에 들어갈 것을 고르세요.

11 わたしは　いもうと（　　　　）本を　もらいました。

    1　から　　　　　2　まで　　　　　3　が　　　　　4　より

12 わたしは　9時（　　　　）家を　出ます。

    1　で　　　　　2　まで　　　　　3　に　　　　　4　へ

13 つくえの　上には（　　　　）ありません。

    1　なにも　　　2　なにで　　　3　なにが　　　4　なにを

14 せんしゅうの　日よう日 _____ _____ ___★___ _____
行きませんでした。

    1　へ　　　　　2　どこ　　　　　3　も　　　　　4　は

15 きのう _____ _____ ___★___ _____ 高かったです。

    1　は　　　　　2　少し　　　　　3　りょうり　　　4　食べた

☑ 글의 의미를 생각하여 16 에서 20 에 들어갈 가장 적당한 것을 하나 고르세요.

下に ふたつの ぶんしょうが あります。

---

(1)

私が 住んで いる 町は とても しずかで きれいな ところです。だけど、地下てつが 16 不便です。会社から 遠い 所でも 広い 家に 17 、せまくても 近い 家に 住むかを 決める とき、遠くても 広い 家に しました。

(2)

おとといから 寒く なりました。きのうは 一日 18 天気が よく ありませんでした。ゆうべからは 雪が 19 。今も 降りつづいて います。ごごからは 20 と 言って いました。

16　1　ないか　　　　2　なぜか　　　　3　ないで　　　　4　なくて

17　1　住まいか　　　2　住みますか　　3　住もうか　　　4　住むか

18　1　じゅう　　　　2　ちゅう　　　　3　しゅう　　　　4　ぢゅう

19　1　ふりはじめました　　　　　　　2　ふりはじめでした
　　3　ふりからです　　　　　　　　　4　ふりそうです

20　1　はれやすい　　2　はれにくい　　3　はれる　　　　4　はれるはじめる

∞ 문자 · 어휘

☑ 한자 읽기와 한자(가타카나) 표기 문제입니다. 보기에서 가장 알맞은 것을 고르세요.

1 動物えんで　おおきい　ぞうを　みました。
　　1　とうぶつ　　2　とうもつ　　3　どうぶつ　　4　どうもつ

2 いもうとは　まいにち　牛肉を　たべて　います。
　　1　ぎゅにく　　2　ぎゅにゅく　　3　ぎゅうにく　　4　ぎゅうにゅく

3 この　店の　そばは　おいしい。
　　1　てん　　　　2　でん　　　　3　みせ　　　　4　みぜ

4 でんしゃは　バスより　はやいです。
　　1　暑い　　　　2　高い　　　　3　多い　　　　4　速い

5 いまから　こんびにに　いきましょう。
　　1　コソビナ　　2　コソビニ　　3　コンパニ　　4　コンビニ

☑ (   ) 안에는 문맥에 맞는 어휘를 선택하고, 밑줄 친 문장은 유의 표현을 고르세요.

6 ふゆの　かぜは（　　　）です。
　　1　からい　　　2　あつい　　　3　あおい　　　4　つめたい

7 びょういんに　いる　ちちが　とても（　　　）です。
　　1　へた　　　　2　しんぱい　　3　きもちわるい 4　にぎやか

8 せんたくを　して　シャツが（　　　）なりました。
　　1　わかく　　　2　きれいに　　3　せまく　　　4　ゆうめいに

9 ここに　なまえを（　　　）かいて　ください。
　　1　すくなく　　2　いたく　　　3　あつく　　　4　おおきく

10 おととしの　なつやすみに　そふの　いえへ　いきました。
　　1　にねんまえに　ははの　ちちの　いえへ　いきました。
　　2　にねんまえに　ちちの　ははの　いえへ　いきました。
　　3　いちねんまえに　ははの　ちちの　いえへ　いきました。
　　4　いちねんまえに　ちちの　ははの　いえへ　いきました。

☑ (　　　) 안에는 문장의 내용에 맞는 표현을 선택하고, 문장 만들기 문제는 보기를 배열하여
＿＿★＿＿에 들어갈 것을 고르세요.

11 しごとが（　　　）まだ　ごはんを　食^たべて　いません。
　　1　いそがしかって　　　　　　　2　いそがしくて
　　3　いそがしい　　　　　　　　　4　いそがしくは

12 きのうの　テストは（　　　）。
　　1　むずかしかったです　　　　　2　むずかしいでした
　　3　むずかしいです　　　　　　　4　むずかしくでした

13 おなか（　　　）すいて　ごはんを　食^たべました。
　　1　を　　　　　　2　が　　　　　3　の　　　　　4　は

14 いえの　＿＿＿＿＿　＿＿＿＿＿　＿★＿＿　＿＿＿＿＿　だれですか。
　　1　たっている　2　まえに　　　　3　は　　　　　4　ひと

15 日^{にち}よう日^びに　＿＿＿＿＿　＿＿＿＿＿　＿★＿＿　＿＿＿＿＿　か。
　　1　みに　　　　2　えいが　　　　3　を　　　　　4　いきません

☑ 글의 의미를 생각하여 16 에서 20 에 들어갈 가장 적당한 것을 하나 고르세요.

私の　町を　しょうかいします。

私の　町は　あまり　 16 　。でも　とても　 17 　きれいな　ところ
です。家の　近くには　大きい　こうえんが　あります。こうえんには
いろいろな　木や　花が　あります。名前を　知らない　木や　花も　多い
です。私は　毎朝　こうえんを　さんぽします。毎日　さんぽするのは
たいへんです　 18 　、とても　きもちが　いいです。

この　こうえんは　さくら　 19 　有名です。たくさんの　人が　さく
らを　見に　来ます。春は　うちの　家族も　べんとうを　もって　さく
らを　見に　いったり　します。らいねんの　春には　友だちも　 20
いっしょに　行こうと　思います。

16　1　大きいです　　　　　　　2　大きくは　ありません

　　3　大きかったです　　　　　4　大きくは　なかったです。

17　1　しずかで　　　2　しずかな　　　3　しずかに　　　4　しずか

18　1　ので　　　　　2　し　　　　　3　から　　　　4　が

19　1　へ　　　　　　2　の　　　　　3　に　　　　　4　で

20　1　よびに　　　　2　よんで　　　3　よんだり　　4　よんだ

∞ 문자 · 어휘

☑ 한자 읽기와 한자(가타카나) 표기 문제입니다. 보기에서 가장 알맞은 것을 고르세요.

1 　がっこうまで　<u>歩いて</u>　じゅっぷんぐらい　かかります。
　　1　つづいて　　　2　おいて　　　　3　あいて　　　　4　あるいて

2 　びょういんは　がっこうの　<u>東</u>に　あります。
　　1　にし　　　　　2　ひがし　　　　3　みなみ　　　　4　きた

3 　<u>楽しい</u>　おんがくを　ききます。
　　1　だのしい　　　2　たのしい　　　3　だらしい　　　4　たらしい

4 　せんせいの　はなしを　<u>きき</u>ましたか。
　　1　門き　　　　　2　間き　　　　　3　聞き　　　　　4　問き

5 　きのうは　つかれて　<u>しゃわー</u>を　あびなかった。
　　1　シャハー　　　2　シュハー　　　3　シャワー　　　4　シュワー

☑ (　　　) 안에는 문맥에 맞는 어휘를 선택하고, 밑줄 친 문장은 유의 표현을 고르세요.

6 めがねを（　　　）いる　ひとを　しって　いますか。
　　1　はいて　　　　2　かぶって　　　3　かけて　　　　4　つけて

7 さむいので　まどを（　　　）ください。
　　1　あるいて　　2　しまって　　3　しめて　　　4　あいて

8 おきなわは　じゅうにがつに　なっても（　　　）ないですね。
　　1　さむく　　　　2　いたく　　　　3　おおきく　　4　かわいく

9 この（　　　）は　ふるいですが、おとは　きれいです。
　　1　アパート　　2　ギター　　　3　アニメ　　　4　ビル

10 ともだちの　いえまでの　みちを　まちがえました。
　　1　ともだちの　いえを　しりませんでした。
　　2　ともだちの　いえを　しらべます。
　　3　ともだちの　いえを　しっていました。
　　4　ともだちの　いえを　しらべました。

∞ 문법

☑ (   ) 안에는 문장의 내용에 맞는 표현을 선택하고, 문장 만들기 문제는 보기를 배열하여
___★___에 들어갈 것을 고르세요.

11 コップに　つめたい　牛にゅうが（　　　　）います。
　　1　入れて　　　　2　入って　　　　3　入れた　　　　4　入った

12 駅の前（　　　　）バスに　のりました。
　　1　で　　　　　　2　を　　　　　　3　が　　　　　　4　に

13 教室で　友だちを（　　　　）います。
　　1　まって　　　　2　もって　　　　3　とって　　　　4　はって

14 妹は　いつも　_____　_____　___★___　_____　おんがくを
聞きます。
　　1　よみ　　　　2　を　　　　　　3　本　　　　　　4　ながら

15 あまい　ものを　_____　_____　___★___　_____　は　とても
おいしいです。
　　1　あと　　　　2　の　　　　　　3　コーヒー　　　4　食べた

72

☑ 글의 의미를 생각하여 [16] 에서 [20] 에 들어갈 가장 적당한 것을 하나 고르세요.

せんしゅうの 日<small>にち</small>よう日<small>び</small>、友<small>とも</small>だちの 田中<small>たなか</small>さんと 動物<small>どうぶつ</small>えんに 行<small>い</small>きました。動物<small>どうぶつ</small>えんで いろいろな 動物<small>どうぶつ</small>を 見<small>み</small>ました。私<small>わたし</small>の 国<small>くに</small>には [16] どうぶつも たくさん いました。その 中<small>なか</small>で 私<small>わたし</small>は ぞうを 見<small>み</small>るのが おもしろかったです。ぞうは からだが とても 大<small>おお</small>きかったです。みみも 大<small>おお</small>きかったです。はなは とても 長<small>なが</small>かったです。[17] の 足<small>あし</small>は とても ふとかったです。

こんなに 大<small>おお</small>きい ぞうは いちにちに どのくらい 食<small>た</small>べるでしょうか。動物<small>どうぶつ</small>えんの 人<small>ひと</small>に 聞<small>き</small>きました。動物<small>どうぶつ</small>えんの 人<small>ひと</small>は「ぞうは くさや バナナを たくさん 食<small>た</small>べますよ」と 言<small>い</small>いました。[18] 「ぞうの はなは 人<small>ひと</small>の 手<small>て</small>と おなじです」と 言<small>い</small>いました。たぶん ぞうは はなで 食<small>た</small>べるからでしょう。ぞうは はなを じょうずに [19] 。ぞうの はなは とても べんりだと 思<small>おも</small>いました。私<small>わたし</small>も ぞうの はなが [20] 。

---

[16] 1 いない   2 いた   3 いなくて   4 いて

[17] 1 よんまい   2 よんほん   3 よんさい   4 よんかい

[18] 1 しかし   2 でも   3 けれども   4 それから

[19] 1 使う のが できました   2 使う のが できませんでした
　　　　3 使う ことが できました   4 使う ことが できませんでした

[20] 1 ほしく ないです   2 ほしく ないですか
　　　　3 ほしいですか   4 ほしいです

∞ 문자 · 어휘

☑ 한자 읽기와 한자 표기 문제입니다. 보기에서 가장 알맞은 것을 고르세요.

1 あの　やまは　にほんで　いちばん　高いです。
　　1　だこい　　　　2　たかい　　　　3　だかい　　　　4　たこい

2 やまださんは　古い　ふくを　たくさん　もって　います。
　　1　むがい　　　　2　むかい　　　　3　ぶるい　　　　4　ふるい

3 わたしの　妹は　かわいいです。
　　1　いもと　　　　2　いもおと　　　3　いもうと　　　4　いいもと

4 あしが　みじかい　どうぶつは　なんですか。
　　1　甘い　　　　　2　大い　　　　　3　白い　　　　　4　短い

5 わたしは　やさいが　きらいです。
　　1　屋才　　　　　2　屋菜　　　　　3　野才　　　　　4　野菜

✅ (   ) 안에는 문맥에 맞는 어휘를 선택하고, 밑줄 친 문장은 유의 표현을 고르세요.

6 へやが（   ）そうじを　しました。
   1　きれいくて　2　きたなくて　　3　きれくて　　　4　きたなて

7 いい　てんきですね。（   ）いきませんか。
   1　どこが　　　　2　どこか　　　　3　いつが　　　　4　いつか

8 ケーキの　つくりかたを（   ）いますか。
   1　たべて　　　　2　のんで　　　　3　しって　　　　4　しんで

9 ゆきは（   ）です。
   1　しろい　　　2　くろい　　　　3　あおい　　　　4　おもい

10 わたしは　パンが　だいすきです。
   1　わたしは　パンが　すこし　すきです。
   2　わたしは　パンが　とても　すきです。
   3　わたしは　パンが　すこし　すきでは　ありません。
   4　わたしは　パンが　とても　すきでは　ありません。

☑ (　　　) 안에는 문장의 내용에 맞는 표현을 선택하고, 문장 만들기 문제는 보기를 배열하여
＿＿＿★＿＿＿에 들어갈 것을 고르세요.

11 家の　近くに　ちかてつ（　　　）できました。

　　1　で　　　　　　2　の　　　　　　3　が　　　　　　4　へ

12 としょかん（　　　）日本語の　べんきょうを　しました。

　　1　は　　　　　　2　が　　　　　　3　を　　　　　　4　で

13 テーブルの　上に　コーヒーが（　　　）。

　　1　います　　　　2　のみます　　　3　あります　　　4　たべます

14 私は ＿＿＿＿ ＿＿＿＿ ＿＿★＿＿ ＿＿＿＿ 見ません。

　　1　好きではない　2　ドラマが　　　3　テレビは　　　4　ので

15 コンビニの　近くには　ゆうびんきょく ＿＿＿＿ ＿＿＿＿ ＿＿★＿＿
＿＿＿＿ あります。

　　1　が　　　　　　2　や　　　　　　3　びょういん　　4　など

☑ 글의 의미를 생각하여 ⬜16 에서 ⬜20 에 들어갈 가장 적당한 것을 하나 고르세요.

アメリカの　トムさんが　書いた　文です。

こんしゅう、日本語の　じゅぎょうで　新しい　ことばを　ならいました。「かかる」と　「かける」です。「かかる」は　「お金」「時間」と　いっしょに　つかって、「お金が　かかる」「時間が　かかる」と　言います。「かける」は　「でんわ」「かぎ」と　いっしょに　つかって、「でんわを　かける」「かぎを　かける」と　言います。「かかる」の　前には　「が」、「かける」の　前には　「を」を　つかう　こと　⬜16　わかりました。でも　わかって　いても　話す　ときは　まだ　⬜17　します。

「会う」や　「乗る」の　前には　「に」を　使います。これは　前　ならったので　「友だちに　会う」「バスに　乗る」と　⬜18　つかう　ことが　できます。これは　もう　⬜19　。

でも　こんしゅう　新しく　ならった　「かかる」と　「かける」は　まだ　むずかしいです。もっと　べんきょうしたいと　思います。新しい　日本語を　⬜20　ことは　とても　おもしろいです。

⬜16　1　を　　　　　2　と　　　　　3　から　　　　　4　が

⬜17　1　まちがえた　2　まちがえて　3　まちがえたり　4　まちがえる

⬜18　1　ただしく　　2　ただしい　　3　ただしくて　　4　ただしかった

⬜19　1　むずかしいです　　　　　　　2　むずかしく　ありません
　　　3　やさしかったです　　　　　　4　やさしく　なかったです

⬜20　1　ならう　　　2　ならい　　　3　ならったり　4　ならって

九月 : じゅうごや

'쥬고야'는 음력 추석을 말합니다. 일본에서는 우리나라의 추석에 해당하는 명절을 양력으로 지냅니다. 한국의 추석과 그 시기가 다르지만 이 시기의 보름달은 일 년 중 가장 크기 때문에 '오쯔키미'라고 해서 달 모양의 둥근 떡을 먹으면서 달구경을 하는 풍습이 있습니다.

十月 : たいいくのひ

'다이이쿠노히'는 체육의 날로서 10월 두 번째 월요일입니다. 1966년 제정될 당시에는 10월 10일이었지만, 2000년 이후 월요병을 없애자는 '해피 먼데이 제도'에 따라 10월 두 번째 월요일이 되었습니다. 참고로 10월 10일은 1964년 도쿄 올림픽 개회식 날이었습니다. 일본에는 공휴일이 총 16일이 있는데 그중 하루를 '체육'을 위한 날로 지정할 정도로 국민 건강과 스포츠를 중요시하고 있습니다.

十一月：りっとう
<ruby>十一月<rt>じゅういちがつ</rt></ruby>：りっとう

'릿토'는 24절기 중의 하나로 우리나라의 입동에 해당합니다. 즉 겨울로 접어드는 시기라는 의미입니다. 본격적인 겨울로 접어들기 전, 낙엽이 지고 쌀쌀함이 시작되는 이 시기가 되면 일본식 난방기구 중 하나인 고타츠에 들어가 따뜻한 차를 마시며 책을 읽는 등의 여유로운 휴일을 즐기려는 일본인이 많습니다. 한 해를 마무리하는 분주한 12월을 앞두고 초겨울 추위 속에서도 평온한 시간을 보내며 릿토를 맞는 일본인의 삶을 여러분도 일본 취업에 성공해서 직접 경험할 수 있게 되기를 바랍니다.

十二月：おおみそか
<ruby>十二月<rt>じゅうにがつ</rt></ruby>：おおみそか

'오미소카'는 일본에서 한 해의 마지막 날을 일컫는 말입니다. 12월 31일 섣달그믐에는 1년간 쌓인 죄와 액을 쫓기 위해 규모가 큰 액막이 의식인 오하라이가 궁중과 전국의 신사에서 거행됩니다. '오미소카' 전에 집안 대청소를 마치고, 깨끗한 마음으로 가족과 함께 '도시코시 소바'를 먹으며 새해를 맞이합니다.

∞ 문자 · 어휘

☑ 한자 읽기와 한자(가타카나) 표기 문제입니다. 보기에서 가장 알맞은 것을 고르세요.

1　赤い　コートが　いいです。
　　1　かわい　　　2　あがい　　　3　あかい　　　4　がわい

2　スーパーの　近くで　あいましょう。
　　1　ちどく　　　2　ちとく　　　3　ちがく　　　4　ちかく

3　わたしは　じてんしゃを　いちだい　持って　います。
　　1　もって　　　2　まって　　　3　しって　　　4　かって

4　くうこうで　ひこうきに　のります。
　　1　降り　　　2　借り　　　3　乗り　　　4　売り

5　どうぶつえんで　ぱんだを　みました。
　　1　パンダ　　　2　ポンダ　　　3　ポンタ　　　4　パンタ

☑ (   ) 안에는 문맥에 맞는 어휘를 선택하고, 밑줄 친 문장은 유의 표현을 고르세요.

6 わたしは　やさいが（　　　　）だから　あまり　たべません。
 　 1　きらい　　　　2　きれい　　　　3　べんり　　　　4　ふべん

7 ぎゅうにゅうを　れいぞうこに（　　　　）ください。
 　 1　だして　　　　2　のんで　　　　3　いれて　　　　4　はいって

8 きょうは（　　　　）が　なくて　なにも　かう　ことが　できません。
 　 1　おふろ　　　　2　おかね　　　　3　おてら　　　　4　おなか

9 おとうとは（　　　　）はしる　ことが　できません。
 　 1　せまく　　　　2　あつく　　　　3　くろく　　　　4　はやく

10 せんせいは　がくせいに　しつもんを　します。
 　 1　せんせいは　がくせいに　ききます。
 　 2　せんせいは　がくせいに　あげます。
 　 3　せんせいは　がくせいに　こたえます。
 　 4　せんせいは　がくせいに　もらいます。

✅ (　　　) 안에는 문장의 내용에 맞는 표현을 선택하고, 문장 만들기 문제는 보기를 배열하여
　__★__에 들어갈 것을 고르세요.

11 わたしは　テニス（　　　）好きです。

　　1　と　　　　　　2　に　　　　　　3　を　　　　　4　が

12 家の　まえに　ねこが（　　　）。

　　1　います　　　　2　いそぎます　　3　あります　　4　あびます

13 きょうしつに　しゃしんを（　　　）は　いけません。

　　1　はります　　　2　はって　　　　3　やります　　4　やって

14 あしたまでに　_____　__★__　_____　_____。

　　1　ください　　　2　出して　　　　3　たなかさんに　4　レポートを

15 キムさんは　_____　_____　__★__　_____。

　　1　パーティーに　2　でしょう　　　3　あしたの　　4　来る

☑ 글의 의미를 생각하여 16 에서 20 에 들어갈 가장 적당한 것을 하나 고르세요.

　　あさっては　父の　たん生日です。今回の　父の　たん生日には　パーティーを　することに　しました。あさっては　金よう日　16　じゅぎょうが　あります。じゅぎょうが　17　後、早く　家に　帰って　じゅんび　18　なりません。母は　父が　好きな　料理を　作る　19　言って　いました。時間が　20　ないので　たん生日ケーキは　駅前の　店で　買う　よていです。今から　とても　楽しみです。

16　1　にので　　　2　でので　　　3　なので　　　4　だので

17　1　終わる　　　2　終わり　　　3　終わった　　4　終われ

18　1　したいと　　2　するなら　　3　しない　　　4　しなければ

19　1　なら　　　　2　ば　　　　　3　と　　　　　4　たら

20　1　とても　　　2　あまり　　　3　すこし　　　4　だんだん

∞ 문자 · 어휘

☑ 한자 읽기와 한자(가타카나) 표기 문제입니다. 보기에서 가장 알맞은 것을 고르세요.

1 <u>来週</u> イタリアに いきます。
　　1　らいじゅう　2　らいしゅう　3　らいしゅ　　4　らいじゅ

2 あしたは <u>兄</u>と <u>会</u>います。
　　1　あね　　　　2　あに　　　　　3　いもうと　　4　おとうと

3 あの <u>白い</u> たべものは なんですか。
　　1　おおい　　　2　ひろい　　　　3　しろい　　　4　はやい

4 <u>まいあさ</u> ぎゅうにゅうを のみます。
　　1　毎日　　　　2　毎浅　　　　　3　毎朝　　　　4　毎度

5 <u>こんさーと</u>を よやく しました。
　　1　コンサート　2　コンソート　3　コンシート　4　ユンサート

☑ ( ) 안에는 문맥에 맞는 어휘를 선택하고, 밑줄 친 문장은 유의 표현을 고르세요.

6 ともだちに にほんごの ほんを （　　　）。
　　1　よみます　　2　かきます　　3　かります　　4　いいます

7 あにの つくえの うえは いつも （　　　） です。
　　1　からい　　　2　かるい　　　3　きらい　　　4　きれい

8 かのじょは きょう げんきが （　　　） です。
　　1　ある　　　　2　よる　　　　3　ない　　　　4　おおい

9 なかむらさんは （　　　） ざっしを いえの そとに おきました。
　　1　せまい　　　2　ふるい　　　3　ひろい　　　4　あまい

10 テレビの ニュースは むずかしいです。
　　1　テレビの ニュースは べんりではないです。
　　2　テレビの ニュースは じょうぶではないです。
　　3　テレビの ニュースは かんたんではないです。
　　4　テレビの ニュースは じょうずではないです。

✅ (   ) 안에는 문장의 내용에 맞는 표현을 선택하고, 문장 만들기 문제는 보기를 배열하여
_____★_____에 들어갈 것을 고르세요.

11 ひこうき（　　　）のって　マレーシアへ　行_いきました。

　　1　で　　　　　2　を　　　　　3　に　　　　　4　の

12 うち（　　　）学校_{がっこう}まで　いちじかんぐらい　かかります。

　　1　にも　　　　2　から　　　　3　へと　　　　4　ので

13 会社_{かいしゃ}まで　じてんしゃ（　　　）いきます。

　　1　と　　　　　2　も　　　　　3　で　　　　　4　の

14 ねる　前_{まえ}に　____★____　_____　_____　_____　と　思_{おも}います。

　　1　のまない　　2　いい　　　　3　ほうが　　　4　さけを

15 シャツを　_____　___★___　_____　_____。

　　1　きました　　2　デパートへ　3　行_いって　　4　かいに

☑ 글의 의미를 생각하여 ⎡16⎤ 에서 ⎡20⎤ 에 들어갈 가장 적당한 것을 하나 고르세요.

友だちと　いっしょに　毎日　運動　⎡16⎤　やくそくを　しました。お金を　使って　ジムに　通う　ことでは　ありません。無理して　走ること　⎡17⎤　ありません。私たちの　運動は「ウォーキング」と　⎡18⎤　もので、毎朝　会って　いっしょに　歩く　⎡19⎤　です。一日目は　3キロから　歩きはじめ、一ヶ月後は　10キロぐらい　⎡20⎤　と　思います。

⎡16⎤　　1　する　　　　2　します　　　　3　しません　　　4　した

⎡17⎤　　1　で　　　　　2　に　　　　　　3　でも　　　　　4　にも

⎡18⎤　　1　あう　　　　2　いう　　　　　3　はなす　　　　4　みる

⎡19⎤　　1　かも　　　　2　しか　　　　　3　くらい　　　　4　だけ

⎡20⎤　　1　歩くたい　　2　歩きたい　　　3　歩けたい　　　4　歩こたい

∞ 문자 · 어휘

☑ 한자 읽기와 한자(가타카나) 표기 문제입니다. 보기에서 가장 알맞은 것을 고르세요.

1 去年の なつは とても あつかったです。
   1 ぎょねん   2 きょねん   3 ぎよねん   4 きよねん

2 わたしは いま 銀行に います。
   1 ぎんこう   2 きんこう   3 ぎんこ   4 きんこ

3 新しい カメラですね。
   1 あだらしい 2 あらたしい 3 あらだしい 4 あたらしい

4 ロシアの ふゆは ほんとうに さむいですね。
   1 寒い   2 痛い   3 重い   4 広い

5 わたしの すきな ものは こーひーです。
   1 コーハー   2 ユーヒー   3 コールー   4 コーヒー

✅（　　　）안에는 문맥에 맞는 어휘를 선택하고, 밑줄 친 문장은 유의 표현을 고르세요.

6 あの　ひとは（　　　）かおを　している。
　　1　にぎやかな　　2　ちかい　　　　3　しずかな　　　4　こわい

7 まいしゅう　やまに（　　　）。
　　1　ねます　　　　2　おります　　　3　のぼります　　4　あがります

8 いもうとは　ははと（　　　）はなしません。
　　1　どうして　　　2　もうすこし　　3　だんだん　　　4　ぜんぜん

9 この　レストランは（　　　）りょうりも　おいしいです。
　　1　べんりで　　　2　げんきで　　　3　しんせつで　　4　たいせつで

10 ぎんこうは　あの　たてものの　となりに　あります。
　　1　ぎんこうは　あの　たてものの　うえに　あります。
　　2　ぎんこうは　あの　たてものの　したに　あります。
　　3　ぎんこうは　あの　たてものの　ちかくに　あります。
　　4　ぎんこうは　あの　たてものの　とおくに　あります。

∞ 문법

☑ (　　) 안에는 문장의 내용에 맞는 표현을 선택하고, 문장 만들기 문제는 보기를 배열하여
_____★_____ 에 들어갈 것을 고르세요.

11　いつ（　　　）また　会いたいです。
　　　1　の　　　　　2　は　　　　　3　か　　　　4　が

12　きょう（　　　）あした、いっしょに　ごはん　どうですか。
　　　1　だけ　　　2　まで　　　3　のみ　　　4　か

13　私は　いい　先生（　　　）なりたいです。
　　　1　を　　　　　2　に　　　　　3　は　　　　4　と

14　としょかんでは　_____ ___★___ _____ _____。
　　　1　ください　　2　しずかに　　3　して　　　4　べんきょう

15　私は　まいにち　_____ _____ ___★___ _____ あそびます。
　　　1　して　　　　2　しゅくだい　3　から　　　4　を

☑ 글의 의미를 생각하여 [16] 에서 [20] 에 들어갈 가장 적당한 것을 하나 고르세요.

きょうは わたしの たん生日でした。うちで 友だちと たん生日パーティーを しました。キムさんと チンさんが 来ました。

キムさんと チンさんは がいこくから 来た りゅうがくせいです。二人 [16] 学校の 前で 一人で 住んで います。でも 私は 父と 母と 三人で 住んで います。

母は 私の たん生日だから おいしい りょうりを [17] 作りました。私たちは たくさん 食べました。キムさんと チンさんが 母に 「お母さんの りょうりは とても おいしいです」と 言いました。母は 「ありがとう」と 言いました。ご飯を [18] あと、みんなで たん生日の 歌を 歌いました。それから プレゼントを もらいました。本当に うれしかったです。二人から もらった プレゼントは [19] したいと 思います。

また 今度 キムさんと チンさんを よんで いっしょに [20] です。きょうは 本当に たのしい 一日でした。

---

[16] 1 にも   2 でも   3 とも   4 へも

[17] 1 いっぱい   2 とても   3 まだ   4 あまり

[18] 1 食べる   2 食べに   3 食べた   4 食べて

[19] 1 大切な   2 大切で   3 大切の   4 大切に

[20] 1 あそんで   2 あそびたい   3 あそびに   4 あそばない

∞ 문자 · 어휘

☑ 한자 읽기와 한자 표기 문제입니다. 보기에서 가장 알맞은 것을 고르세요.

1 白い　コートを　もらいました。
　　1　あかい　　　2　しろい　　　3　くろい　　　4　あおい

2 まいにち　作文を　かきます。
　　1　せきふん　　2　さくふん　　3　せきぶん　　4　さくぶん

3 としょかんで　本を　よみました。
　　1　はん　　　　2　ぼん　　　　3　ほん　　　　4　ばん

4 やさいは　あかい　ものも　あおい　ものも　あります。
　　1　赤い　　　　2　青い　　　　3　黒い　　　　4　丸い

5 ははと　いっしょに　かんこくの　しょくどうに　いきました。
　　1　食同　　　　2　食動　　　　3　食堂　　　　4　食当

✅ (　　　) 안에는 문맥에 맞는 어휘를 선택하고, 밑줄 친 문장은 유의 표현을 고르세요.

6 びょうきで（　　　）ました。いまは　げんきです。
　　1　やすみ　　　2　かき　　　　3　よみ　　　　4　うたい

7 ぼうしを（　　　）いる　ひとは　だれですか。
　　1　はいて　　　2　かぶって　　3　かけて　　　4　つけて

8 あついので　まどを（　　　）ください。
　　1　しめて　　　2　しまって　　3　あけて　　　4　あいて

9 わたしは　まいあさ　5（　　　）ぐらい　はしって　います。
　　1　ボタン　　　2　キロ　　　　3　コピー　　　4　ナイフ

10 わたしは　どうぶつえんで　はたらいて　います。
　　1　わたしは　どうぶつえんで　しごとを　して　います。
　　2　わたしは　どうぶつえんで　くつを　はいて　います。
　　3　わたしは　どうぶつえんで　スポーツを　して　います。
　　4　わたしは　どうぶつえんで　うたを　うたって　います。

☑ (　　) 안에는 문장의 내용에 맞는 표현을 선택하고, 문장 만들기 문제는 보기를 배열하여 _____★_____에 들어갈 것을 고르세요.

11　ぜんぶ（　　　）いくらですか。
　　　1　が　　　　　　2　に　　　　　　3　は　　　　　　4　で

12　くにの　かぞくに　でんわを（　　　）。
　　　1　おします　　2　すみます　　3　だします　　4　かけます

13　ゆうびんきょくで　てがみを（　　　）。
　　　1　つけます　　2　だします　　3　はきます　　4　はります

14　きのう　友_{とも}だち_____　_____　___★___　_____見_みました。
　　　1　えいが　　　2　に　　　　　3　会って　　　4　を

15　母_{はは}_____　_____　___★___　_____　を　着_きて　みました。
　　　1　服_{ふく}　　　　　2　もらった　　3　かわいい　　4　に

☑ 글의 의미를 생각하여 　16　에서 　20　에 들어갈 가장 적당한 것을 하나 고르세요.

　はなこと　たろうは「いちばん　うれしかった　こと」の　作文を　しました。書いた　作文を　友だちの　前で　よみました。

---

　(1)　はなこの　さくぶん

　私の「いちばん　うれしかった　こと」は　弟が　生まれた　ことです。生まれた　ときの　弟は　とても　　16　　かわいかったです。父も　母も　私も　みんな　うれしかったです。私は　かわいい　弟の　かおを　見るのが　　17　　好きです。

　(2)　たろうの　さくぶん

　ぼくの「いちばん　うれしかった　こと」は　ちちから　　18　　本を　もらった　ことです。ぼくは　本を　よむのが　大好きです。弟は　ゲームが　好きなので、まいにち　ゲームを　します。　19　　ぼくは　ゲームは　あまり　好きでは　ないので、まいにち　本を　よみます。本を　よむ　ときが　いちばん　楽しいです。本は　ぼくの　　20　　友だちです。

16　1　小さい　　　　2　小さくて　　　　3　小さかった　　4　小さな

17　1　どうも　　　　2　あまり　　　　　3　ぜんぜん　　　4　とても

18　1　好きな　　　　2　好きで　　　　　3　好きに　　　　4　好き

19　1　そして　　　　2　それで　　　　　3　しかし　　　　4　それから

20　1　よく　　　　　2　いい　　　　　　3　よくて　　　　4　よし

일본 문화 읽기(4)

めいし

'메시'는 명함을 의미합니다. 메시는 상대방과 인사 후에 서서 마주 보고 정성스럽게 건네도록 합니다. 받을 때는 이름을 가리지 않도록 최대한 명함 끝을 살짝 잡고 명함지갑이 있다면 명함 지갑을 이용하여 명함을 받쳐서 드는 것이 좋습니다.

일본어 한자 읽는 방법은 쉽지 않기 때문에 글자를 다르게 읽는 경우가 있으므로 만일 이름 읽는 법을 모른다면 명함을 받은 뒤 읽는 법을 정확히 확인하는 것이 예의입니다.

おじぎ

'오지기'는 고개를 숙여서 하는 인사법을 말합니다. 지인이나 친구 혹은 동료에게 15도로 인사하는 에샤쿠가 있고, 선생님이나 손윗사람 혹은 선배나 처음 보는 사람에게 30도로 인사하는 경례, 사과하거나 최고 웃어른에게 45~90도로 인사하는 공손한 경례로 나뉩니다. 일본인들은 악수보다는 오지기를 주로 하기 때문에 일본에서 직장 생활을 할 때는 바른 오지기를 하는 것이 무엇보다 중요하다고 할 수 있습니다.

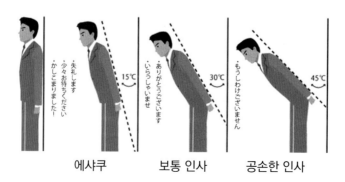

에샤쿠   보통 인사   공손한 인사

かみざ・しもざ

'가미자·시모자'라는 것은 자리를 잡는 것(앉는 자리·서는 자리)에 대한 매너를 말합니다. 손님이나 상사와 동석하는 경우에 순서를 정해 정해진 자리에 앉거나 서게 되는데, 가미자는 윗사람 혹은 손님이 앉는 자리를 말하고 시모자는 아랫사람 혹은 접대하는 쪽이 앉는 자리를 말합니다. 일본인들의 위치와 순서에 대한 감각은 상당히 민감한 편이어서 각별한 주의가 필요합니다.

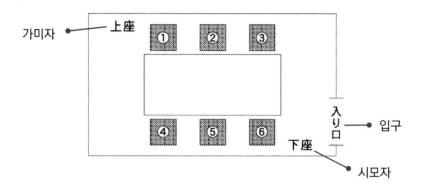

びかご

'비카고'는 우리말로 미화어(美化語)를 뜻합니다. 말 그대로 예쁘고 품위 있게 말하기 위해서 단어 앞에 'お' 또는 'ご'를 붙이는 것입니다. 예를 들어, 물을 뜻하는 '미즈'에 '오'를 붙여 'おみず'와 같이 사용하거나, 차를 뜻하는 '차'에 '오'를 붙여 'おちゃ'와 같이 사용하는 것들이 바로 비카고입니다. 이 밖에도 돈의 의미인 '가네'에 '오'를 붙여 'おかね', 술의 의미인 '사케'에 오를 붙여 'おさけ', 식초의 의미인 '스'에 '오'를 붙여 'おす'와 같이 사용되는 말들이 대표적인 비카고에 해당합니다.

おみず   おちゃ   おかね

∞ 문자 · 어휘

☑ 한자 읽기와 한자(가타카나) 표기 문제입니다. 보기에서 가장 알맞은 것을 고르세요.

1　にほんごの　べんきょうは　<u>楽しい</u>です。
　　1　きびしい　　2　たのしい　　3　おもしろい　　4　うれしい

2　どんな　<u>映画</u>が　すきですか。
　　1　えが　　　　2　ええか　　　3　えいか　　　4　えいが

3　にほんごの　<u>試験</u>は　やさしかったです。
　　1　しげん　　2　じげん　　　3　しけん　　　4　じけん

4　この　ズボンは　わたしには　すこし　<u>みじかい</u>ですね。
　　1　短い　　　2　長い　　　3　速い　　　4　近い

5　さむいから　<u>すとーぶ</u>を　つけましょう。
　　1　スターブ　　2　スチーヴ　　3　ストーブ　　4　ストール

☑ (　　　) 안에는 문맥에 맞는 어휘를 선택하고, 밑줄 친 문장은 유의 표현을 고르세요.

6　ちいさい　ころは　「たいせつな　ともだち」　という　うたを（　　　）
うたいました。
　　1　あまり　　　　2　もうすぐ　　　3　ちょうど　　　4　よく

7　もう　ふゆですね。だいぶ（　　　）なりました。
　　1　さむく　　　　2　からく　　　　3　ひろく　　　　4　とおく

8　じしょが　ないなら　わたしのを（　　　）よ。
　　1　かえります　　2　かします　　　3　かります　　　4　かわります

9　キリンの　くびは　とても（　　　）です。
　　1　きいろい　　　2　みじかい　　　3　しろい　　　　4　ながい

10　おとといは　あめで　たいへんでした。
　　1　おとといは　いい　てんきでした。
　　2　おとといは　あめが　すこし　ふりました。
　　3　おとといは　いい　てんきでは　ありませんでした。
　　4　おとといは　あめが　ぜんぜん　ふりませんでした。

☑ (　　) 안에는 문장의 내용에 맞는 표현을 선택하고, 문장 만들기 문제는 보기를 배열하여
　_____★_____에 들어갈 것을 고르세요.

11　その　じしょは　わたし（　　　）です。
　　1　が　　　　　2　の　　　　　　3　も　　　　　　4　に

12　この　紙^{かみ}を　はさみで（　　　）ください。
　　1　きって　　　2　きて　　　　　3　きいて　　　4　きんで

13　すみません、くうこうまで（　　　）行^いきますか。
　　1　どこか　　　2　どこへも　　　3　どうやって　　4　どうでも

14　学生^{がくせい}なので　_____　_____　_____　____★___　いけません。
　　1　売^うっている　2　さけを　　　3　アルバイトしては　4　ところで

15　ちちは　_____　_____　_____　____★___　会社^{かいしゃ}へ　行^いきました。
　　1　いそがしくて　2　食^たべないで　3　ごはんも　　　4　しごとが

☑ 글의 의미를 생각하여 　16　에서 　20　에 들어갈 가장 적당한 것을 하나 고르세요.

弟の　たろうは　学校で　作文を　書きました。

ぼくの　からだ

ぼくの　からだは　とても　小さいです。ごはんを　食べても　　16
大きく　なりません。なぜでしょう。兄に　聞いても　わかりません。兄
は　とても　大きいです。ぼくも　　17　　大きく　　18　、たくさん
ごはんを　食べて　います。　　19　　大きく　なりません。ぼくは　どう
して　大きく　ならないのでしょうか。おなかの　中を　　20　　。

16　1　ぜんぜん　　　2　すこし　　　　3　とても　　　　4　たいへん

17　1　はやくて　　　2　はやい　　　　3　はやかった　　4　はやく

18　1　なったから　　2　なりたいから　3　なるたいから　4　なるから

19　1　それで　　　　2　そして　　　　3　でも　　　　　4　だから

20　1　見る　みたいです　　　　　　　2　見て　みたいです
　　3　見た　みたいです　　　　　　　4　見てた　みたいです

∞ 문자 · 어휘

☑ 한자 읽기와 한자(가타카나) 표기 문제입니다. 보기에서 가장 알맞은 것을 고르세요.

1 くにの　ははに　<u>手紙</u>を　かきます。
　　1　てがみ　　　2　でがみ　　　　3　てかみ　　　　4　でかみ

2 ともだちと　<u>電話</u>を　します。
　　1　てんわ　　　2　てんは　　　　3　でんわ　　　　4　でんは

3 えいがかんや　えきまえは　ひとが　<u>多い</u>です。
　　1　すくない　　2　うるさい　　　3　あおい　　　　4　おおい

4 どんな　<u>ぱすた</u>が　すきですか。
　　1　パセタ　　　2　パスタ　　　　3　パシタ　　　　4　パサタ

5 あつい　ひは　<u>びーる</u>が　おいしいです。
　　1　ビール　　　2　ゴール　　　　3　ボール　　　　4　ドール

( ) 안에는 문맥에 맞는 어휘를 선택하고, 밑줄 친 문장은 유의 표현을 고르세요.

6 とても　さむいので、（　　　）おちゃが　ほしいです。
　　1　おおきい　　2　まずい　　　3　つめたい　　4　あたたかい

7 ナイフは（　　　）です。
　　1　しんせつ　　2　げんき　　　3　あぶない　　4　すずしい

8 ははの　カレーは　とても（　　　）です。
　　1　うるさい　　2　ながい　　　3　ひくい　　　4　おいしい

9 この　スーパーは（　　　）です。
　　1　いたい　　　2　おもい　　　3　やすい　　　4　からい

10 <u>メールを　おくらなくても　いいです。</u>
　　1　メールを　おくらなくても　にぎやかです。
　　2　メールを　おくらなくても　じょうぶです。
　　3　メールを　おくらなくても　じょうずです。
　　4　メールを　おくらなくても　だいじょうぶです。

∞ 문법

☑ ( ) 안에는 문장의 내용에 맞는 표현을 선택하고, 문장 만들기 문제는 보기를 배열하여
____★____ 에 들어갈 것을 고르세요.

11 おそく（　　　　）学校に　行きませんでした。
　　1　おきながら　　2　おきて　　　　3　おきても　　　4　おきたが

12 あしたは　かんじの　テストですから　勉強した（　　　　）が　いいです。
　　1　はう　　　　　2　ひう　　　　　　3　ふう　　　　　4　ほう

13 ごはんを　食べ（　　　　）学校に　行きました。
　　1　なくて　　　　2　なしで　　　　3　ないで　　　　4　ないて

14 すみませんが、_____ _____ ___★___ _____ ください。
　　1　かえって　　　2　きょう　　　　3　さきに　　　　4　は

15 きのう　父　_____ _____ ___★___ _____ は　とても
おもしろいです。
　　1　が　　　　　　2　くれた　　　　3　本　　　　　　4　買って

104

☑ 글의 의미를 생각하여 16 에서 20 에 들어갈 가장 적당한 것을 하나 고르세요.

駅前の　たてものの　いっかいには　くつ屋や　銀行や　パン屋などが
あります。にかいから　よんかいまでは　 16 　本屋が　入って　いま
す。ごかいには　イタリアンの　レストランが　あり、ろっかいには
日本料理の　レストランが　あります。 17 　いちばん　上の　ななか
いには　プールが　 18 、友だちと　あそびに　行って　楽しい
じかんを　おくったり　します。本屋にも　よく　行きます。本屋で
は　本を　読んだり、買ったり　します。日本語の　べんきょうに　な
る　本を　買って　読む　のが　 19 　たのしみです。あしたも　あそ
びに　行く　つもりです。あしたは　くつ屋で　 20 　くつを　買って
国の　母に　プレゼントしたいです。

16　1　大きい　　　　2　大きく　　　　3　大きくて　　　　4　大きかった

17　1　しかし　　　　2　あまり　　　　3　また　　　　4　それで

18　1　あろ　　　　2　あり　　　　3　ある　　　　4　あれ

19　1　いちばんで　　2　いちばんに　　3　いちばんの　　4　いちばんも

20　1　きれく　　　　2　きれいな　　　　3　きれいで　　　　4　きれい

∞ 문자 · 어휘

☑ 한자 읽기와 한자 표기 문제입니다. 보기에서 가장 알맞은 것을 고르세요.

1 きょうは 宿題が たくさん あります。
　　1　しゅくだい　2　しゅくたい　3　しくだい　　4　しくたい

2 この ボールペンは 安いです。
　　1　やすい　　　2　ちかい　　　3　たかい　　　4　いたい

3 公園に はなが ありませんでした。
　　1　こえん　　　2　こうえん　　3　こうん　　　4　こううん

4 あたまが いたくて、びょういんに 行きます。
　　1　病園　　　　2　病院　　　　3　病員　　　　4　病円

5 たなかさんは へやで べんきょうして います。
　　1　部屋　　　　2　部野　　　　3　部家　　　　4　部山

✔ (   ) 안에는 문맥에 맞는 어휘를 선택하고, 밑줄 친 문장은 유의 표현을 고르세요.

6 あの　かしゅは　ゆうめいなので　コンサートの　チケットが（　　　）
です。
　　1　たかい　　　2　おもい　　　3　ふるい　　　4　かるい

7 はこに　ふるい　ふくを（　　　）。
　　1　かけます　　2　すみます　　3　だします　　4　いれます

8 くにに　かえるのは　おかねが（　　　）。
　　1　かぶります　2　かんがえます　3　かかります　4　こたえます

9 たなかさんから　くうこうに　4じに（　　　）と　れんらくが　ありま
した。
　　1　かかる　　　2　きる　　　　3　つける　　　4　つく

10 わたしは　きょう　タクシーで　きました。
　　1　わたしは　きょう　くるまで　きました。
　　2　わたしは　きょう　ひこうきで　きました。
　　3　わたしは　きょう　ちかてつで　きました。
　　4　わたしは　きょう　じてんしゃで　きました。

∞ 문법

☑ (   ) 안에는 문장의 내용에 맞는 표현을 선택하고, 문장 만들기 문제는 보기를 배열하여
　___★___에 들어갈 것을 고르세요.

11 えきの　ちかく（　　　）住んで　います。

　　1　が　　　　　　2　に　　　　　　3　を　　　　　　4　の

12 れいぞうこの　なかの　果物を　ぜんぶ　食べて（　　　　）。

　　1　うまれました　2　あいました　　3　しまいました　4　すみました

13 あついので　エアコンを（　　　　）。

　　1　つきます　　　2　つけます　　　3　たちます　　　4　もちます

14 テストの　_____　_____　___★___　_____　いいです。

　　1　休んだ　　　　2　後は　　　　　3　ほうが　　　　4　ゆっくり

15 みなさん、___★___　_____　_____　_____。

　　1　しずかに　　2　ください　　　3　して　　　　　4　としょかんでは

108

☑ 글의 의미를 생각하여 16 에서 20 에 들어갈 가장 적당한 것을 하나 고르세요.

日本から かんこく 16 ふねで にじかんぐらい かかります。ふねは 安くて じかんも そんなに 17 いつも のって います。せんげつ 友だちの やまざきさんと いっしょに かんこくへ あそびに 行って きました。ふくおかで 18 のって いちじかん よんじゅっぷんで プサンに つきました。プサンは 食べものの ねだんが 安いと ききましたが、そんなに 安くは ありませんでした。

やまざきさんと 私は えきの 前に ある レストランに 行って かんこくの からい ラーメンを 食べて 19 。ほんとうに からかったです。でも その 次の 日にも 食べに 20 なるくらい おいしかったです。らいねんにも また かんこくに あそびに 行きたいと 思いました。

---

16 1 よりは   2 までは   3 のでは   4 などは

17 1 かからないので   2 かからないのに
    3 かからないつもり   4 かからないほう

18 1 ふねを   2 ふねに   3 ふねで   4 ふねも

19 1 みました   2 おきました   3 かいました   4 よみました

20 1 行きたくて   2 行きたい   3 行きたく   4 行きたかった

∞ 문자 · 어휘

☑ 한자 읽기와 한자 표기 문제입니다. 보기에서 가장 알맞은 것을 고르세요.

1 　この　かばんは　軽いですね。
　　　1　かるい　　　2　がるい　　　3　たるい　　　4　だるい

2 　この　えんぴつは　長いです。
　　　1　ながい　　　2　なかい　　　3　なとい　　　4　などい

3 　会社から　でんわが　かかって　きました。
　　　1　あいしゃ　　2　がいしゃ　　3　かいしゃ　　4　たいしゃ

4 　おとうとと　いっしょに　たのしく　テニスを　します。
　　　1　大しく　　　2　楽しく　　　3　新しく　　　4　少しく

5 　えいがかんには　きょうも　ひとが　おおいですね。
　　　1　多い　　　　2　大い　　　　3　少い　　　　4　明い

☑ (　　　) 안에는 문맥에 맞는 어휘를 선택하고, 밑줄 친 문장은 유의 표현을 고르세요.

6 あしたは 雪が（ゆき　　　）。

1 もちます　　2 おります　　3 あります　　4 ふります

7 くるまから（　　　）あるいて　いきました。

1 おりて　　　2 のって　　　3 はいって　　4 おわって

8 この　アイスクリームは（　　　）ですね。

1 すずしい　　2 さむい　　　3 くらい　　　4 おいしい

9 ともだちと　カラオケに　いって　たくさん（　　　）ました。

1 み　　　　　2 よみ　　　　3 うたい　　　4 よび

10 きょうは　いえで　せんたくを　しました。

1 きょうは　いえで　さらを　あらいました。
2 きょうは　いえで　ふくを　あらいました。
3 きょうは　いえで　かおを　あらいました。
4 きょうは　いえで　くるまを　あらいました。

∞ 문법

☑ (   ) 안에는 문장의 내용에 맞는 표현을 선택하고, 문장 만들기 문제는 보기를 배열하여
  _____★_____에 들어갈 것을 고르세요.

11 家まで　タクシーで　2000円（　　　　）です。

　　1　まで　　　　　2　くらい　　　　3　など　　　　　4　から

12 私たちの　学校（　　　　）5人が　国に　帰りました。

　　1　たら　　　　　2　から　　　　　3　へも　　　　　4　とは

13 ここは　高いから　買わ（　　　　）ください。

　　1　なくて　　　　2　ないで　　　　3　ないので　　　4　なくして

14 テーブルの　_____　____★____　_____　_____。

　　1　あります　　2　じしょが　　3　上に　　　　4　おいて

15 妹は　___★___　_____　_____　_____　言って　います。

　　1　ドレスが　　2　と　　　　　3　きれいな　　4　ほしい

112

☑ 글의 의미를 생각하여 16 에서 20 에 들어갈 가장 적당한 것을 하나 고르세요.

りゅうがくせいの　マイケルさんが　日本人の　友だちに　書いた　文です。

おかださん、こんにちは。おげんきですか。私は　とうきょうで　日本語の　べんきょうを　がんばって　います。日本人の　友だちも　たくさんできて、日本語で　話す　ことも　16　むずかしく　ありません。今はとても　楽しいです。学校では　まいにち　クラスの　みんなと　いっしょにひるごはんを　食べます。私は　そばや　ラーメン　17　好きでいちにちに　いちどは　ラーメン　18　そばを　食べて　います。おかださんは　どうですか。そばと　ラーメンと　19　好きですか。

あしたからは　また　テストが　はじまります。日本語の　テストはむずかしいので、おそくまで　べんきょうする　20　です。

それでは、また　メールします。

おやすみなさい。

16　1　前の　ほうが　　2　前の　より　　　3　前より　　　　4　前ほうが

17　1　や　　　　　　2　と　　　　　　3　などを　　　　4　などが

18　1　も　　　　　　2　が　　　　　　3　を　　　　　　4　か

19　1　どちらが　　　2　どなたが　　　3　だれかが　　　4　なにかが

20　1　つまり　　　　2　つもり　　　　3　くらい　　　　4　くろい

일본 문화 읽기(5)

せったい

'셋타이'는 민간기업의 경영이나 업무수행을 위해서 사용하는 수단 중의 하나를 말하며 적지 않은 일본 기업에서 셋타이를 합니다. 주로 업무 외 시간에 음식, 골프 등을 제공하는 방법으로 상대방을 대접하게 되며 접대에 들어가는 비용을 '셋타이히'라고 부릅니다. 표면적으로는 고객과의 사업관련 협의라는 형식을 취하지만, 접대를 하는 측에서 접대를 받는 측의 식음료·유흥에 소요되는 비용을 일방적으로 부담하게 됩니다. 경우에 따라서는 거래처에 대한 뇌물의 성격을 띠는 경우도 있는데 이 경우는 불법이 될 수 있으니 조심해야겠죠?

しゅうかつ

'슈카츠'란 일본의 대학생들이 졸업을 앞두고 취업 활동을 펼치는 것을 말합니다. 취업 활동이라는 것을 줄여 쓴 표현으로 대부분의 학생들은 대학교 3학년 2학기가 되면 수업일수를 거의 다 채우고 그 후부터 기업에 서류를 보내면서 취업 활동을 시작하게 됩니다. 거의 대부분의 학생들이 검은색 정장 차림을 하게 되는데 이러한 복장을 '리크루트수트'라고 합니다. 화(和)와 협조성을 중시하는 일본 사회에서는 눈에 띄지 않게 평범한 복장이 선호되는 듯합니다.

ぼうねんかい

　'보넹카이'는 망년회라는 의미인데, 우리나라에서는 송년회라는 표현을 주로 사용하죠? 보넹카이란 지난 한 해 있었던 불쾌한 일을 잊자는 목적의 연회를 말합니다. 술집이나 레스토랑에서 회사 동료나 친구들과 송년회를 즐깁니다. 또 같은 시기에 그 해에 신세 진 분에게 선물을 보내는 관습이 있는데 그 선물을 '오세보'라고 합니다. 백화점에는 오세보로 적합한 물건을 모아 놓은 코너도 생깁니다. 물건은 받는 사람의 가족 구성이나 취향을 고려해서 선물을 고르게 되는데 자녀가 있는 사람이라면 과자, 술을 좋아하는 사람에게는 술 등을 보냅니다. 멀리 떨어진 곳에 사는 사람에게는 본인이 사는 지역의 특산품을 보내기도 합니다.

げんごう

　'겡고'는 일본에서 새로 왕이 즉위하면 부여되는 연호를 말합니다. 연호는 2차대전 전까지 일왕이 스스로 정했지만 지금은 정부가 내각 회의에서 결정합니다. 연호의 선정기준은 한자 두 글자, 국민적 이상에 어울리는 의미, 쓰기 쉽고 읽기 쉬운 것입니다. 1926년부터 1988년까지 '쇼와(昭和)'라는 연호를 사용하였고, 1989년부터 2019년 4월까지 '헤이세이(平成)'라는 연호가 사용되었습니다. 그리고 2019년 5월 1일 즉위한 일왕 '나루히토' 시대의 연호는 '레이와(令和)'입니다. '레이와'는 일본에서 가장 오래된 시가집인 '만요슈'에 나오는 말이며, '사람들이 아름답게 마음을 맞대면 문화가 태어나고 자란다'는 뜻이 담겨있다고 합니다.

☑ 다음 (1)~(3)의 문장을 읽고, 질문에 답하시오. 답은 1・2・3・4에서 가장 알맞은 것을 하나 고르시오.

(1)

中国（ちゅうごく）で　はじめて　「ピーイン」という　人形（にんぎょう）を　見（み）ました。日本（にほん）では　見（み）た　ことが　ない　めずらしい　人形（にんぎょう）でした。いろいろな　色（いろ）で　作（つく）った　かわいい　人形（にんぎょう）でした。ぼうしを　かぶって　いる　ものや　動物（どうぶつ）や　子ども　など　いろいろな　形（かたち）の　ものが　ありました。中国（ちゅうごく）では　古（ふる）くから　有名（ゆうめい）だったと　中国人（ちゅうごくじん）の　友（とも）だちに　聞（き）きました。買（か）いたいと　思（おも）って　いくらか　聞（き）きましたが、高（たか）くて　買（か）う　ことが　できませんでした。こんど　中国（ちゅうごく）に　来（く）る　ときには　買（か）って　かえりたいと　思（おも）いました。

1　「ピーイン」に　ついて　ただしいのは　どれですか。

1　日本（にほん）で　見（み）た　ことが　ある。

2　古（ふる）く　なく、　新（あたら）しく　できた　人形（にんぎょう）だ。

3　いろいろな　形（かたち）の　ものが　ある。

4　おとなの　人形（にんぎょう）だけで　子どもの　人形（にんぎょう）は　ない。

(2)

　　日本語の 「じょうぶ」には 人が 元気だ という いみが ある。「あ
の 子は じょうぶですね。」と 言ったり、「この ねこは じょうぶ
だね。」と 言ったり する。でも 人だけで なく 物にも 使う。
「あの 車は じょうぶだ。」「あの かばんは じょうぶだ。」とも 言う。
日本語を べんきょうする りゅうがくせいが よく まちがえる こと
ばの 一つだ。

2　ぶんに ついて ただしいのは どれですか。

　1　「じょうぶ」は 人だけに 使う ことばだ。

　2　「じょうぶ」は 物だけに 使う ことばだ。

　3　「じょうぶ」には 「げんきな 人」という いみが ある。

　4　「じょうぶ」には 「げんきな かばん」という いみが ある。

(3)

　　せんげつの 日本語の 作文の テストは はちじゅってんでした。しか
し こんげつの テストは じゅってん ひくかったです。それで らいげつ
の テストを がんばる つもりで せんしゅうから 日本人の 友だちの や
まださんと 作文の べんきょうを はじめました。よく まちがえる たんご
や かんじ などを おぼえる れんしゅうを 毎日 して います。

3　ぶんに ついて ただしいのは どれですか。

　1　せんげつの 作文の テストが むずかしかった。

　2　こんげつの 作文の テストは やさしかった。

　3　せんしゅうから 作文の べんきょうを はじめた。

　4　やまださんは 毎日 かんじを おぼえる れんしゅうを している。

다음 문장을 읽고, 질문에 답하시오. 답은 1・2・3・4에서 가장 알맞은 것을 하나 고르시오.

田中さんは　夏休みに　ちゅうごくから　来る　チンさんに　てがみを
書きました。

チンさん、　おげんきですか。

日本は　とても　暑いです。ちゅうごくは　どうですか。

チンさんが　日本に　来る　とき、私は　アメリカに　行きます。会う
ことが　できなくて　ざんねんです。

チンさん、私の　部屋と　町を　しょうかいします。

わたしの　へやは　アパートの　いちばん　うえに　ありますので　とても
暑いです。でも　よるは　少し　すずしく　なりますので、ねる　ときは
だいじょうぶだと　思います。部屋は　せまいですが、つくえや　れいぞうこ
など　いろいろ　あります。ぜんぶ　チンさんの　ものだと　思って
つかって　ください。

アパートの　近くに「いいとも」と　いう　パン屋が　あります。とても
おいしいから　行って　みて　ください。それから　パン屋の　となりの
しょくどうも　おいしいです。でも　パン屋の　むかいの　コンビニは
とても　高いですから　ほかの　ところに　行った　方が　いいです。

チンさん、いろいろ　書きましたが、ここは　とても　べんりな　ところ
です。近くに　えきも　ありますので、いろんな　ところに　あそびに
行って　みて　ください。

では　また　会いましょう。

4 ぶんに　ついて　ただしいのは　どれですか。

1　たなかさんの　町_{まち}は　なんでも　高_{たか}いです。

2　たなかさんの　部屋_{へや}は　いっかいに　あります。

3　なつやすみに　たなかさんと　チンさんは　いっしょに　住_すみます。

4　たなかさんは　チンさんに　部屋_{へや}を　かします。

5 田中_{たなか}さんの　家_{いえ}の　近_{ちか}くに　ない　ものは　どれですか。

1　パン屋_や

2　コンビニ

3　えき

4　スーパー

오른 쪽 페이지를 보고 아래 질문에 답하시오. 답은 1・2・3・4에서 가장 알맞은 것을 하나 고르시오.

今日、学校で「映画会」の　ポスターを　見ました。夏休みだから　友だちが　たくさん　来ると　思います。映画も　見たいし、おかしも　ほしいから　行く　つもりです。家に　帰って　家族に　この　ポスターの　ことを話します。

6　おかしが　ほしいです。だれと　行ったら　いいですか。

1　りょうしん

2　スーパーの　おねえさん

3　となりの　おばあさん

4　友だち

たのしい　映画会

★　毎週　土よう日　朝　10：00〜
★　駅前の　公園で
★　家族と　いっしょに　来たら　おかしを　プレゼント
★　友だちと　いっしょに　来たら　ジュースを　プレゼント
★　兄弟と　いっしょに　来たら　アイスクリームを　プレゼント

※　写真を　とっては　いけません。

☑ 문장을 듣고, 1에서 3 중에서 가장 알맞은 것을 하나 골라 주세요.　🎧05

ーメモー

1

6

2

7

3

8

4

9

5

10

☑ 문장을 듣고, 1에서 3 중에서 가장 알맞은 것을 하나 골라 주세요.

ーメモー

11

16

12

17

13

18

14

19

15

20

MEMO

제3장

JLPT N5
모의테스트
(제1회)

1교시 언어지식(문자 · 어휘)
1교시 언어지식(문법) · 독해
2교시 청해

＊정답 및 해석, 답안 용지는 〈이론편〉에 있습니다.

》 언어지식 (문자 • 어휘 • 문법) / 독해

영역	문항	문제유형	배점	만점	제1회	
					정답 수	득점
언어지식 (문자 • 어휘)	문제1	한자읽기	12문제 × 1점	12		
	문제2	표기	8문제 × 1점	8		
	문제3	문맥규정	10문제 × 1점	10		
	문제4	유의표현	5문제 × 1점	5		
언어지식 (문법)	문제1	문법형식 판단	16문제 × 1점	16		
	문제2	문장 만들기	5문제 × 1점	5		
	문제3	글의 문법	5문제 × 1점	5		
독해	문제4	단문	3문제 × 7점	21		
	문제5	중문	2문제 × 7점	14		
	문제6	정보검색	1문제 × 8점	8		
합계				104		

★ 득점환산법(120점 만점) [득점] ÷ 86 × 120=[   ]점

》 청해

영역	문항	문제유형	배점	만점	제1회	
					정답 수	득점
청해	문제1	과제이해	7문제 × 3점	21		
	문제2	포인트이해	6문제 × 3점	18		
	문제3	발화표현	5문제 × 2점	10		
	문제4	즉시응답	6문제 × 1점	6		
합계				55		

★ 득점환산법(60점 만점) [득점] ÷ 55 × 60=[   ]점

※위의 배점표는 시사일본어사가 작성한 것으로 실제 시험과는 약간의 오차가 생길 수 있습니다.

もんだいようし

N5

げんごちしき(もじ・ごい)

(20ぷん)

じゅけんばんごう　Examinee Registration Number	

なまえ　Name	

もんだい1 ＿＿＿の　ことばは　ひらがなで　どう　かきますか。1・2・3・4
から　いちばん　いい　ものを　ひとつ　えらんで　ください。

(れい) 小さな　えが　あります。
1　ちさな　　　2　ちいさな　　　3　しょうさな　　　4　じょうさな

（かいとうようし）　| (れい) | ① ● ③ ④ |

1　きょうは　ひとが　多いですね。
　　1　たおい　　　2　かおい　　　3　おおい　　　4　さおい

2　この　へやは　狭いです。
　　1　ぜまい　　　2　せまい　　　3　さまい　　　4　ざまい

3　重い　はこですね。
　　1　おもい　　　2　おらい　　　3　おきい　　　4　おない

4　たなかさんは　まいにち　コーヒーを　飲んで　います。
　　1　のんで　　　2　すんで　　　3　やすんで　　　4　あそんで

5　家の　まえに　いぬが　います。
　　1　いし　　　2　まえ　　　3　いえ　　　4　うえ

6 えいごの　授業は　おもしろいです。
　　1　じゅぎょ　　　2　じゅぎょう　　3　じゅうぎょう　4　じゅうぎょ

7 わたしの　祖母は　やさしいです。
　　1　そは　　　　　2　そば　　　　　　3　そほ　　　　　　4　そぼ

8 わたしは　牛肉が　だいすきです。
　　1　ぎゅにゅく　　2　ぎゅにく　　　　3　ぎゅうにく　　　4　ぎゅうにゅく

9 ともだちに　てがみを　出しました。
　　1　だし　　　　　2　たし　　　　　　3　でし　　　　　　4　てし

10 にほんごの　べんきょうの　ために　にほんの　音楽を　きいて　います。
　　1　おんまく　　　2　おんがく　　　　3　おんらく　　　　4　おんやく

11 おさけに　弱い　かいしゃいんが　おおく　なって　いる。
　　1　よわい　　　　2　あおい　　　　　3　つよい　　　　　4　かたい

12 いまの　かいしゃで　死ぬまで　がんばりたいと　おもって　います。
　　1　とぬ　　　　　2　かぬ　　　　　　3　みぬ　　　　　　4　しぬ

もんだい2 ＿＿＿＿の　ことばは　どう　かきますか。1・2・3・4から
いちばん　いい　ものを　ひとつ　えらんで　ください。

（れい）　けさ　コーヒーを　のみました。

　　　1　食みました　　2　飲みました　　3　飯みました　　4　飽みました

（かいとうようし）　| （れい） | ① ● ③ ④ |

---

13 ともだちの　たんじょうび　ぱーてぃーで　しゃしんを　とりました。

　　　1　パーテゥー　　2　パーティー　　3　パーテァー　　4　パートゥー

14 わたしは　にちようびに　かいものを　します。

　　　1　会い物　　　　2　売い物　　　　3　買い物　　　　4　借い物

15 5じぐらいに　とうきょうに　つきます。

　　　1　頭強　　　　　2　東強　　　　　3　頭京　　　　　4　東京

16 こんばん、いっしょに　えいがを　みませんか。

　　　1　見　　　　　　2　読　　　　　　3　行　　　　　　4　住

17 たなかさんは　ふるい　ほんを　さとうさんに　かりました。

　　　1　重い　　　　　2　古い　　　　　3　安い　　　　　4　高い

18 えきの ちかくの アパートは たかいです。

   1 高い   2 安い   3 古い   4 軽い

19 この けいたいでんわは とても べんりです。

   1 使用   2 不便   3 不用   4 便利

20 みちを まちがえて おそく なりました。

   1 町   2 待   3 家   4 道

もんだい3 （　　　）に　なにを　いれますか。1・2・3・4から　いちばん　いい
　　　　　ものを　ひとつ　えらんで　ください。

　　（れい）　家へ　かえって　おふろに　（　　　）。

　　　　　　1　のりました　　　　　　　　2　あがりました

　　　　　　3　はいりました　　　　　　　4　いれました

　　　　　（かいとうようし）　| （れい）| ① ② ● ④ |

21　きのう　いった　だいがくは　ちいさかったですが、この　だいがくは
　　（　　　）ですね。
　　1　すくない　　2　おおい　　　3　はやい　　　　4　おおきい

22　この　テーブルは　じょうぶですが（　　　）もつ　ことが　できません。
　　1　せまくて　　2　ちいさくて　3　かるくて　　4　おもくて

23　あるくのが　すきでは　ないので　いえから（　　　）ところで　あいました。
　　1　やすい　　　2　たかい　　　3　とおい　　　　4　ちかい

24　いもうとは　がっこうの　ちかくに　ある（　　　）で　あそんで　います。
　　1　バイト　　　2　チェックイン　3　プール　　　4　ビール

25　てが（　　　）ですね。きれいに　あらいましょう。
　　1　あぶない　　2　わるい　　　3　きたない　　　4　くらい

26 この　かんじは　（　　　）です。
　　1　おいしい　　　2　あまい　　　　　3　からい　　　　　4　むずかしい

27 きょうは　しゅくだいが　（　　　）です。
　　1　おおい　　　　2　おおきい　　　3　おもい　　　　4　ひろい

28 はなを　もらって　とても　（　　　）です。
　　1　おもしろい　　2　うれしい　　　3　おいしい　　　4　きたない

29 ともだちと　カラオケに　いって　たくさん　（　　　）。
　　1　みました　　　2　よみました　　3　うたいました　4　よびました

30 くにの　ははに　てがみを　（　　　）。
　　1　かいます　　　2　だします　　　3　よみます　　　4　はなします

もんだい4　＿＿＿の　ぶんと　だいたい　おなじ　いみの　ぶんが　あります。
1・2・3・4から　いちばん　いい　ものを　ひとつ　えらんで
ください。

(れい)　まいばん　くにの　ははに　でんわします。

1　よるは　ときどき　くにの　ははに　でんわします。

2　あさは　ときどき　くにの　ははに　でんわします。

3　よるは　いつも　くにの　ははに　でんわします。

4　あさは　いつも　くにの　ははに　でんわします。

（かいとうようし）　| (れい) | ① ② ● ④ |

31　この　アパートは　あたらしく　ありません。

1　この　アパートは　ふるいです。

2　この　アパートは　きれいです。

3　この　アパートは　しずかです。

4　この　アパートは　あたらしいです。

32　へやの　ドアは　あいて　います。

1　へやの　ドアは　あきません。

2　へやの　ドアは　しめて　あります。

3　へやの　ドアは　しまって　いません。

4　へやの　ドアは　あけて　ありません。

33 やまださんは　としょかんに　います。

    1　やまださんは　ほんを　よんで　います。

    2　やまださんは　ギターを　ひきます。

    3　やまださんは　えいがを　みます。

    4　やまださんは　びょうきが　なおります。

34 けさ　いえで　せんたくを　しました。

    1　けさ　そうじを　しました。

    2　けさ　かいものを　しました。

    3　けさ　ようふくを　あらいました。

    4　けさ　りょうりを　つくりました。

35 ふゆには　スケートを　するのが　たのしみです。

    1　ふゆには　スケートが　したいです。

    2　ふゆには　スケートが　したくないです。

    3　ふゆには　スケートが　つまらないです。

    4　ふゆには　スケートが　つまらなくないです。

N5

げんごちしき(ぶんぽう)・どっかい

(40ぷん)

注意
Notes

1. しけんが はじまるまで、この もんだいようしを あけないで ください。
   Do not open this question booklet until the test begins.

2. この もんだいようしを もって かえる ことは できません。
   Do not take this question booklet with you after the test.

3. じゅけんばんごうと なまえを したの らんに、じゅけんひょうと おなじ ように かいて ください。
   Write your examinee registration number and name clearly in each box below as written on your test voucher.

4. この もんだいようしは、ぜんぶで 13ページ あります。
   This question booklet has 13 pages.

5. もんだいには かいとうばんごうの 1、2、3 … が あります。
   かいとうは、かいとうようしに ある おなじ ばんごうの ところに マークして ください。
   One of the row numbers 1, 2, 3 … is given for each question. Mark your answer in the same row of the answer sheet.

じゅけんばんごう Examinee Registration Number	

なまえ Name	

もんだい1 （　　　）に 何を 入れますか。1・2・3・4から いちばん いい
ものを 一つ えらんで ください。

(れい)　　この　パソコン（　　　）かるいです。

　　　　1　に　　　　2　の　　　　3　は　　　　4　や

(かいとうようし)　| (れい) | ① ② ● ④ |

---

1 コーヒーを 飲み（　　　）しんぶんを 読みます。
　　1　つもり　　　2　ばかり　　　3　ぐらい　　　4　ながら

2 テストの ときに じしょを（　　　）いいですか。
　　1　つかっても　2　つかっては　3　つかい　　　4　つかう

3 ごごは かいもの（　　　）行きます。
　　1　と　　　　2　で　　　　3　が　　　　4　に

4 テレビは（　　　）見ません。
　　1　とても　　　2　たいへん　　3　よく　　　4　あまり

5 きのうは（　　　）学校へ 来ませんでしたか。
　　1　どうして　　2　いくら　　　3　どのくらい　4　まだ

6 なつやすみに（　　　）行く　つもりですか。

    1　どこが　　　　2　どこも　　　　　3　どこへ　　　　4　どこは

7 図書館の　ちかくでは（　　　）して　ください。

    1　しずかで　　2　しずかに　　　3　しずかな　　　4　しずかの

8 あつくて　かおが（　　　）なりました。

    1　あかくて　　2　あかく　　　　　3　あかいで　　　4　あかいく

9 つかれたので　家に（　　　）です。

    1　帰らたい　　2　帰りたい　　　3　帰るたい　　　4　帰れたい

10 国へは（　　　）帰りますか。

    1　いつ　　　　2　なに　　　　　　3　どちら　　　　4　どなた

11 月よう日は　かいぎ（　　　）でます。

    1　と　　　　　2　に　　　　　　　3　を　　　　　　4　が

12 あしたから　デパート（　　　）はたらきます。

    1　で　　　　　2　に　　　　　　　3　を　　　　　　4　の

13 来週の　金よう日（　　　）レポートを　出して　ください。

    1　までに　　　2　まで　　　　　3　まえで　　　　4　あとに

14 どんな　料理（りょうり）（　　　）好（す）きですか。

1　が　　　　　2　に　　　　　3　を　　　　　4　も

15 ひこうき（　　　）のって　アメリカへ　行（い）きました。

1　で　　　　　2　に　　　　　3　を　　　　　4　の

16 あぶないですから　入（はい）ら（　　　）ください。

1　なくて　　　2　ないで　　　3　ないので　　　4　なくして

もんだい2 ___★___ に 入る^{はい} ものは どれですか。1・2・3・4から

いちばん いい ものを 一つ^{ひと} えらんで ください。

(もんだいれい)

A 「あそこに ＿＿＿＿ ＿＿＿＿ ＿★＿ ＿＿＿＿ ですか。」

B 「すずきさんです。」

1 だれ 2 は 3 たって いる 4 人^{ひと}

(こたえかた)

1. ただしい 文を つくります。

> A 「あそこに ＿＿＿＿ ＿＿＿＿ ＿★＿ ＿＿＿＿ ですか。」
>
> 3 たっている 4 人^{ひと} 2 は 1 だれ
>
> B 「すずきさんです。」

2. ___★___ に 入る ばんごうを くろく ぬります。

（かいとうようし） | (れい) | ① ● ③ ④

---

17 あさ ＿＿＿＿ ＿★＿ ＿＿＿＿ ＿＿＿＿ 食^たべます。

1 シャワーを 2 ごはんを 3 起きて^お 4 してから

18 かばんの 中^{なか}に ＿＿＿＿ ＿＿＿＿ ＿＿＿＿ ＿★＿ ください。

1 きて 2 持って^も 3 ある 4 ノートを

19 うえださんから _____ _____ ★___ _____。

1 おかしを　　2 みました　　3 もらった　　4 食べて

20 A 「にほんごを　ならった　ことが　ありますか。」

B 「はい、_____ ★___ _____ _____。」

1 ならいました　　　　　　　2 に

3 とき　　　　　　　　　　4 こうこうせいの

21 たくさん ★___ _____ _____ _____。

1 しまいました　　　　　　　2 おなかが

3 食べて　　　　　　　　　　4 出て

もんだい3 22 から 26 に 何を 入れますか。ぶんしょうの いみを かんがえて、1・2・3・4から いちばん いい ものを 一つ えらんで ください。

キムさんと マイケルさんは あさって クラスの みんなの 前で じこしょうかいを します。二人は じこしょうかいの ぶんしょうを 作りました。

（1）

はじめまして、キム ジョンミンです。きょねん 韓国から 22 。

わたしは 23 好きです。韓国の アニメは よく 知って います。でも 日本の アニメは 24 知りません。日本では、日本の アニメを たくさん 見たいです。

みなさん、どうぞ よろしく おねがいします。

（2）

みなさん、おはようございます。マイケルです。

わたしは 遅くまで としょかんで 毎日 べんきょうして います。今は 学校の ちかくに 兄と 弟と 住んで います。兄弟と いっしょに 住んで いて 25 。

わたしは 日本の 友だちが たくさん 26 。みなさん、うちに あそびに 来て ください。

どうぞ よろしく おねがいします。

---

22 1 来ません   2 来ませんでした
    3 来ます   4 来ました

23 1 アニメが   2 アニメを   3 アニメに   4 アニメで

24 1 とても   2 あまり   3 つもり   4 だから

25 1 さびしくて　ありません   2 さびしくて　ありませんでした
    3 さびしく　ありません   4 さびしく　ありませんでした

26 1 ほしいです   2 あります   3 みたいです   4 あいます

もんだい4　つぎの　(1)から　(3)の　ぶんしょうを　読んで、しつもんに　こたえて
　　　　　　　くださいい。こたえは、1・2・3・4から　いちばん　いい　ものを
　　　　　　　一つ　えらんで　ください。

（1）

　私の　家には　いま、9人　います。おとなが　4人で、こどもが　5人
です。そふと　そばは　元気です。父は　いつも　いそがしいです。母は
とても　やさしいです。姉は　本が　好きで　いつも　本を　読んで　います。
でも　兄と　私は　ゲームが　好きで、毎日　ゲームを　します。父の　友
だちの　こどもが　二人　うちに　来て　います。ふゆやすみの　二か月間
いっしょに　います。

27　私の　かぞくは　何人ですか。
　　1　9人
　　2　8人
　　3　7人
　　4　5人

（2）

母も　私も　映画が　大好きです。母は　大きい　スクリーンを　近くで
見ると　目が　いたいと　言って　います。そして　私は　後ろの　ほうで
見るのは　好きでは　ありません。私たちは　いつも　ふたり　ならんで
見ますから　となりに　だれも　いない　せきに　すわりたいです。

28　二人は　下に　ある　せきの　中で　どこに　すわりますか。

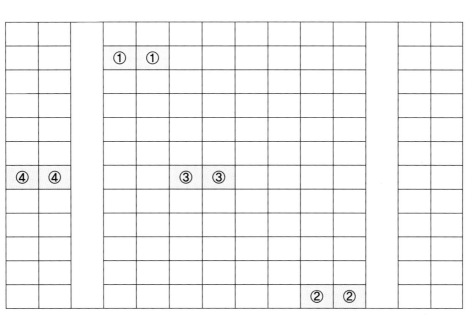

1　①

2　②

3　③

4　④

（3）

アルバイトの　あとに　お母（かあ）さんから　メールが　きました。

リカ、アルバイト　おわった？　アルバイトの　あとに　スーパーに　行（い）って　牛（ぎゅう）にゅうを　買（か）って　来（き）て。ばんご飯（はん）の　カレーに　入（い）れたいから。あしたの　朝（あさ）に　食（た）べる　サンドイッチは　買（か）わなくても　いいよ。お母（かあ）さんが　つくるから。それから　おかしは　買（か）っては　いけませんよ。はやく　帰（かえ）って　きてね。

29　リカさんは　スーパーで　なにを　買（か）いますか。

1　サンドイッチ

2　おかし

3　のみもの

4　カレー

もんだい5 つぎの ぶんしょうを 読んで、しつもんに こたえて ください。

こたえは、1・2・3・4から いちばん いい ものを 一つ

えらんで ください。

きのうは 高校の 時の 友だちと いっしょに ばんご飯を 食べる やくそくが ありました。1年ぶりに 会う やくそくだったので とても 楽しみでした。私は 家を 早く 出て やくそくの 時間より 40分も 早く 着きました。本を 読みながら ゆっくり 待ちました。時間に なっても 友だちは 来ませんでした。バスが 来なかったのかなぁ。いそがしいから おそく なるんだろうと 思いました。それから 30分が すぎました。しんぱいに なって きました。友だちに メールを 送って みました。「ごめん。今 仕事が 終わったから すぐ 行く！ 待ってて！」と へんじが 来ました。早く 来ても これから 30分は かかります。やくそくの 時間に おくれる ときは 待って いる 人に れんらくしましょう。

---

30 友だちは どうして 来ませんでしたか。

1 バスが 来なかったから

2 仕事が いそがしかったから

3 ほかの やくそくが あったから

4 やくそくを わすれて いたから

31 この 人は 友だちを 待ちながら 何を しましたか。

1 ごはんを 食べた。

2 本を 読んだ。

3 友だちの 会社に 行った。

4 他の 友だちに メールを 送った。

もんだい6 右の　ページを　見て、下の　しつもんに　こたえて　ください。

こたえは、1・2・3・4から　いちばん　いい　ものを　一つ

えらんで　ください。

　私は　本が　大好きなので、これから　毎週「おはなし会」に　行きたいです。学校は　毎日　ごご　2時に　終わります。月よう日と　金よう日は　学校で　えいごを　ならって　いるので、3時40分に　終わります。火よう日の　3時から　4時までは　ピアノきょうしつです。木よう日の　4時からは　すいえいを　ならいに　行きます。日よう日だけは　家族と　ゆっくりすごしたいです。

---

32 私は　どの　としょかんの「おはなし会」に　行く　ことが　できますか。

1　Aとしょかん

2　Bとしょかん

3　Cとしょかん

4　Dとしょかん

楽しい「おはなし会」！

みんな　来てね〜

	よう日	時間
Aとしょかん	毎週　日ようび	ごぜん　11時30分〜12時
	毎日	ごご　1時30分〜2時30分
Bとしょかん	毎週　火ようび	ごご　3時30分〜4時30分
	四つ目の　週の　水ようび	ごご　2時〜3時
Cとしょかん	毎週　水ようび	ごご　2時30分〜3時30分
	四つ目の　週の　土よう日	ごぜん　11時〜11時30分
Dとしょかん	毎週　木よう日	ごご　3時30分〜4時30分
	一つ目の　週の　水よう日	ごご　3時〜4時

N5
ちょうかい
（35ふん）

注^{ちゅう} 意^い
Notes

1. しけんが はじまるまで、この もんだいようしを あけないで ください。
   Do not open this question booklet until the test begins.

2. この もんだいようしを もって かえる ことは できません。
   Do not take this question booklet with you after the test.

3. じゅけんばんごうと なまえを したの らんに、じゅけんひょうと おなじ ように かいて ください。
   Write your examinee registration number and name clearly in each box below as written on your test voucher.

4. この もんだいようしは、ぜんぶで 14ページ あります。
   This question booklet has 14 pages.

5. この もんだいようしに メモを とっても いいです。
   You may make notes in this question booklet.

じゅけんばんごう　Examinee Registration Number	

なまえ　Name	

もんだい1

もんだい1では、はじめに　しつもんを　きいて　ください。それから
はなしを　きいて、もんだいようしの　1から4の　なかから、いちばん
いい　ものを　ひとつ　えらんで　ください。

れい

1　くすりを　のむ。

2　ごはんを　たべる。

3　うちに　かえる。

4　すぐに　ねる。

1ばん

1 いっぱい 遊<ruby>遊<rt>あそ</rt></ruby>ぶ。

2 ケーキを 食<ruby>食<rt>た</rt></ruby>べる。

3 ジュースを 飲<ruby>飲<rt>の</rt></ruby>む。

4 シャワーを する。

2ばん

1 やっきょく

2 びょういん

3 <ruby>韓国<rt>かんこく</rt></ruby>

4 ミョンドン

3 ばん

1 電話を　します。

2 かいものに　行きます。

3 ほかの　会社の　人に　会います。

4 ゆうびんきょくに　行きます。

4 ばん

1 かばんを　買いに　行きます。

2 かいぎを　します。

3 女の人を　待ちます。

4 しょくどうに　行きます。

5 ばん

1　学校へ　行く。

2　病院へ　行く。

3　図書館へ　行く。

4　映画館へ　行く。

6 ばん

1　パンダを　見に　行く。

2　家に　帰る。

3　食事を　する。

4　ゆっくり　やすむ。

7ばん

1 ないて　いる　写真

2 食べて　いる　写真

3 話して　いる　写真

4 わらって　いる　写真

もんだい 2

　もんだい 2 では、はじめに　しつもんを　きいて　ください。それから
はなしを　きいて、もんだいようしの　1から4の　なかから、いちばん
いい　ものを　ひとつ　えらんで　ください。

れい

1　げつようび

2　きんようび

3　どようび

4　にちようび

1 ばん

1　むずかしく　なる。

2　いそがしく　なる。

3　やさしく　なる。

4　おもしろく　なる。

2 ばん

1　花屋さん

2　パン屋さん

3　本屋さん

4　学校の　先生

3 ばん

1　やくそくを　わすれたから

2　電車が　とまったから

3　おなかが　すいたから

4　ケータイを　わすれたから

4 ばん

1　一人

2　二人

3　三人

4　四人

5 ばん

1 今年の 春

2 来年の 春

3 今年の 12月

4 来年の 1月

6 ばん

1 とても つかれたから

2 夜 おそくまで テレビを 見たから

3 しごとが たいへんだったから

4 朝まで まんがの 本を 読んだから

もんだい3

もんだい3では、えを　みながら　しつもんを　きいて　ください。
→（やじるし）の　ひとは　なんと　いいますか。1から3の　なかから
いちばん、いい　ものを　ひとつ　えらんで　ください。

れい

1 ばん

2 ばん

3 ばん

4 ばん

5 ばん

もんだい４

もんだい４では、えなどが　ありません。ぶんを　きいて、１から３の
なかから、いちばん　いい　ものを　ひとつ　えらんで　ください。

― メモ ―

제4장

JLPT N5
모의테스트
(제2회)

1교시 언어지식(문자 · 어휘)

1교시 언어지식(문법) · 독해

2교시 청해

*정답 및 해석, 답안 용지는 〈이론편〉에 있습니다.

모의테스트 N5 가채점표

» 언어지식 (문자·어휘·문법) / 독해

영역	문항	문제유형	배점	만점	제2회 정답 수	제2회 득점
언어지식 (문자·어휘)	문제1	한자읽기	12문제 × 1점	12		
	문제2	표기	8문제 × 1점	8		
	문제3	문맥규정	10문제 × 1점	10		
	문제4	유의표현	5문제 × 1점	5		
언어지식 (문법)	문제1	문법형식 판단	16문제 × 1점	16		
	문제2	문장 만들기	5문제 × 1점	5		
	문제3	글의 문법	5문제 × 1점	5		
독해	문제4	단문	3문제 × 7점	21		
	문제5	중문	2문제 × 7점	14		
	문제6	정보검색	1문제 × 8점	8		
합계				104		

★ 득점환산법(120점 만점) [득점] ÷ 86 × 120 = [   ]점

» 청해

영역	문항	문제유형	배점	만점	제2회 정답 수	제2회 득점
청해	문제1	과제이해	7문제 × 3점	21		
	문제2	포인트이해	6문제 × 3점	18		
	문제3	발화표현	5문제 × 2점	10		
	문제4	즉시응답	6문제 × 1점	6		
합계				55		

★ 득점환산법(60점 만점) [득점] ÷ 55 × 60 = [   ]점

※위의 배점표는 시사일본어사가 작성한 것으로 실제 시험과는 약간의 오차가 생길 수 있습니다.

N5

げんごちしき(もじ・ごい)

（20ぷん）

ちゅうい
Notes

1. しけんが　はじまるまで、この　もんだいようしを　あけないで　ください。
   Do not open this question booklet until the test begins.

2. この　もんだいようしを　もって　かえる　ことは　できません。
   Do not take this question booklet with you after the test.

3. じゅけんばんごうと　なまえを　したの　らんに、じゅけんひょうと　おなじ
   ように　かいて　ください。
   Write your examinee registration number and name clearly in each box below as written on
   your test voucher.

4. この　もんだいようしは、ぜんぶで　8ページ　あります。
   This question booklet has 8 pages.

5. もんだいには　かいとうばんごうの　1、2、3…が　あります。
   かいとうは、かいとうようしに　ある　おなじ　ばんごうの　ところに
   マークして　ください。
   One of the row numbers 1, 2, 3… is given for each question. Mark your answer in the
   same row of the answer sheet.

じゅけんばんごう　Examinee Registration Number	

なまえ　Name	

もんだい1 ＿＿＿の ことばは ひらがなで どう かきますか。1・2・3・4
から いちばん いい ものを ひとつ えらんで ください。

(れい) 小さな えが あります。

　　　　1 ちさな　　　2 ちいさな　　　3 しょうさな　　　4 じょうさな

　　(かいとうようし)　| (れい) | ① ● ③ ④ |

---

1 つくえの 下に かばんが あります。
　　　1 うえ　　　　2 した　　　　3 ひだり　　　4 となり

2 うえださんは 食べ物の なかで なにが いちばん すきですか。
　　　1 なべもの　　2 のべもの　　3 かべもの　　4 たべもの

3 この 駅は とても ふべんです。
　　　1 へや　　　　2 もん　　　　3 えき　　　　4 うち

4 この カメラは 高いです。
　　　1 あつい　　　2 ひくい　　　3 ふかい　　　4 たかい

5 母は いま そうじを して います。
　　　1 おじ　　　　2 はは　　　　3 ちち　　　　4 おば

6　すみません、もう　いちど　言って　ください。

　　1　いって　　　　2　うって　　　　3　やって　　　　4　あって

7　うちには　電話が　ありません。

　　1　てんは　　　　2　でんは　　　　3　てんわ　　　　4　でんわ

8　あした　たなかさんと　山に　のぼる　やくそくを　しました。

　　1　やま　　　　　2　いま　　　　　3　あたま　　　　4　うま

9　きょうは　いちがつ　七日です。

　　1　むいか　　　　2　いつか　　　　3　なのか　　　　4　ようか

10　くらいので、電気を　つけました。

　　1　でんき　　　　2　てんき　　　　3　でんけ　　　　4　てんけ

11　はなやの　右に　あたらしい　みせが　できた。

　　1　なか　　　　　2　みぎ　　　　　3　そば　　　　　4　そと

12　わたしは　えいごが　下手です。

　　1　へて　　　　　2　したた　　　　3　したて　　　　4　へた

もんだい2 ＿＿＿の ことばは どう かきますか。1・2・3・4から
いちばん いい ものを ひとつ えらんで ください。

(れい) けさ コーヒーを のみました。
1 食みました　2 飲みました　3 飯みました　4 飽みました

（かいとうようし）| (れい) | ① ● ③ ④ |

---

13 ここに じゅうしょと なまえを かいて ください。
1 名後　　　2 七後　　　3 名前　　　4 七前

14 かばんが とても おもいです。
1 思い　　　2 重い　　　3 古い　　　4 軽い

15 だいどころで りょうりを します。
1 大場　　　2 台場　　　3 大所　　　4 台所

16 えきから ちかい いえが いいです。
1 安い　　　2 高い　　　3 遠い　　　4 近い

17 わたしの くには タイです。
1 国　　　　2 固　　　　3 図　　　　4 回

18 あれは　なにか　おしえて　ください。

    1　教えて　　　　2　習えて　　　　　3　読えて　　　　4　学えて

19 わたしは　アメリカで　うまれた。

    1　会まれた　　　2　見まれた　　　3　住まれた　　　4　生まれた

20 としょかんで　れぽーとを　かきます。

    1　レポート　　　2　レプート　　　3　レシート　　　4　レトート

もんだい3　（　　　）に　なにを　いれますか。1・2・3・4から　いちばん　いい
　　　ものを　ひとつ　えらんで　ください。

(れい)　家へ　かえって　おふろに（　　　）。

　　　　1　のりました　　　　　　2　あがりました

　　　　3　はいりました　　　　　4　いれました

　　　（かいとうようし）　| (れい) | ① ② ● ④ |

21　この　さいふは（　　　）に　はいりません。

　　1　ハンカチ　　2　シャツ　　　3　コーヒー　　4　ポケット

22　えきで（　　　）を　かって　でんしゃに　のりました。

　　1　きっぷ　　　2　きって　　　3　びょうき　　4　きっさてん

23　きょうは　たくさん　たべたので（　　　）が　いっぱいです。

　　1　あし　　　　2　あたま　　　3　おなか　　　4　やま

24　パンを　かって（　　　）ください。

　　1　きて　　　　2　よんで　　　3　うまれて　　4　のんで

25　この（　　　）は　にちようびには　ひとで　いっぱいに　なります。

　　1　デパート　　2　シャワー　　3　スポーツ　　4　スプーン

26 あの　たてものは（　　　）たかいです。

1　そちら　　　　2　とても　　　　3　たくさん　　　4　まだ

27 これは（　　　）いくらですか。

1　ぜんぶで　　2　じょうぶで　　3　べんりで　　　4　ゆうめいで

28 でんきが　きえて　きょうしつの　なかは（　　　）なりました。

1　ひくく　　　　2　ひろく　　　　3　くらく　　　　4　しろく

29 （　　　）終わりましたか。

1　もう　　　　　2　だんだん　　　3　すこし　　　　4　ちょっと

30 バスが　こないので（　　　）に　のって　かえりました。

1　ドア　　　　　2　タクシー　　　3　トイレ　　　　4　ギター

もんだい4 _____の ぶんと だいたい おなじ いみの ぶんが あります。

1・2・3・4から いちばん いい ものを ひとつ えらんで ください。

(れい) まいばん くにの ははに でんわします。

1 よるは ときどき くにの ははに でんわします。

2 あさは ときどき くにの ははに でんわします。

3 よるは いつも くにの ははに でんわします。

4 あさは いつもくにの ははに でんわします。

（かいとうようし） | (れい) | ① ② ● ④ |

---

31 ここは プールです。

1 ここでは およぎます。

2 ここでは のぼります。

3 ここでは きってを かいます。

4 ここでは くすりを もらいます。

32 サッカーの せんせいは がいこくじんです。

1 せんせいは この くにの ひとです。

2 せんせいは ほかの くにの ひとです。

3 せんせいは おとこの ひとです。

4 せんせいは おんなの ひとです。

33 おととい　ともだちに　でんわを　して　きのう　かようびに　あいました。

　　1　げつようびに　ともだちに　でんわを　しました。

　　2　にちようびに　ともだちに　でんわを　しました。

　　3　すいようびに　ともだちに　でんわを　しました。

　　4　もくようびに　ともだちに　でんわを　しました。

34 ははは　まいにち　りょうりを　つくります。

　　1　ははは　まいにち　りょうりを　します。

　　2　ははは　まいにち　りょうりを　たべます。

　　3　ははは　まいにち　りょうりを　かいます。

　　4　ははは　まいにち　りょうりを　うります。

35 わたしは　くだものが　だいすきです。

　　1　わたしは　えいがが　すきです。

　　2　わたしは　りんごが　すきです。

　　3　わたしは　スポーツが　すきです。

　　4　わたしは　じてんしゃが　すきです。

N5

げんごちしき(ぶんぽう)・どっかい
(40ぷん)

注意
ちゅう い
Notes

1. しけんが はじまるまで、この もんだいようしを あけないで ください。
   Do not open this question booklet until the test begins.

2. この もんだいようしを もって かえる ことは できません。
   Do not take this question booklet with you after the test.

3. じゅけんばんごうと なまえを したの らんに、じゅけんひょうと おなじ ように かいて ください。
   Write your examinee registration number and name clearly in each box below as written on your test voucher.

4. この もんだいようしは、ぜんぶで 13ページ あります。
   This question booklet has 13 pages.

5. もんだいには かいとうばんごうの ①、②、③… が あります。
   かいとうは、かいとうようしに ある おなじ ばんごうの ところに マークして ください。
   One of the row numbers ①, ②, ③… is given for each question. Mark your answer in the same row of the answer sheet.

じゅけんばんごう　Examinee Registration Number	

なまえ　Name	

もんだい1 （　　　）に　何を　入れますか。1・2・3・4から　いちばん　いい
ものを　一つ　えらんで　ください。

(れい)　　このパソコン（　　　）かるいです。

　　　　　1　に　　　　　2　の　　　　　3　は　　　　　4　や

（かいとうようし）　| (れい) | ① ② ● ④ |

1　冬に　なって（　　　）なりました。
　　1　あつく　　　　2　あつい　　　　3　さむく　　　　4　さむい

2　教室に　だれも（　　　）ね。
　　1　います　　　　2　いません　　　3　あります　　　4　ありません

3　デパートへ　友だちに（　　　）行きます。
　　1　あうに　　　　2　あいに　　　　3　あったに　　　4　あえに

4　つめたい　ものは（　　　）ほうが　いいです。
　　1　のむない　　　2　のみない　　　3　のめない　　　4　のまない

5　たん生日に　新しい　かばんが（　　　）です。
　　1　おしい　　　　2　らしい　　　　3　ほしい　　　　4　おいしい

6 かぜを ひいたので びょういん（　　　）行きます。

1　と　　　　　2　に　　　　　3　を　　　　　4　が

7 カレーを 作るのは じかん（　　　）かかります。

1　で　　　　　2　が　　　　　3　を　　　　　4　の

8 としょかんの 中では となりの 人と（　　　）ください。

1　はなし　　　2　はなさなくて　3　はなして　　　4　はなさないで

9 国（　　　）かぞくに プレゼントを おくりました。

1　が　　　　　2　に　　　　　3　を　　　　　4　の

10 ほんやで 本を（　　　）家に かえりました。

1　かう　　　　2　かって　　　　3　かった　　　　4　かえ

11 友だちと いっしょに じてんしゃ（　　　）のりました。

1　で　　　　　2　に　　　　　3　が　　　　　4　を

12 とても あつい（　　　）まどを 開けました。

1　ぐらい　　　2　つもり　　　3　の　　　　　4　ので

13 使わない ものは ほか（　　　）ひとに あげましょう。

1　な　　　　　2　を　　　　　3　の　　　　　4　が

14 友だち（　　　）いっしょに　ごはんを　食べます。

　　1　で　　　　　　2　と　　　　　　3　や　　　　　4　へ

15 今、バス（　　　）おりました。

　　1　で　　　　　　2　に　　　　　　3　へ　　　　　4　を

16 へやに　入る（　　　）くつを　ぬぎます。

　　1　後に　　　　　2　前に　　　　　3　後で　　　　4　前で

もんだい2 ___★___ に 入る ものは どれですか。1・2・3・4から

いちばん いい ものを 一つ えらんで ください。

(もんだいれい)

A 「あそこに _____ _____ __★__ _____ ですか。」

B 「すずきさんです。」

    1 だれ   2 は   3 たって いる   4 人

(こたえかた)

1. ただしい 文を つくります。

> **A** 「あそこに _____ _____ __★__ _____ ですか。」
>   3 たっている   4 人 2 は 1 だれ
>
> **B** 「すずきさんです。」

2. __★__ に 入る ばんごうを くろく ぬります。

    (かいとうようし) | (れい) | ① ● ③ ④ |

---

17 _____ __★__ _____ _____ 行_いきませんか。

    1 おわった   2 食事_{しょくじ}に   3 しごとが   4 あとで

18 やまださんは _____ _____ __★__ _____。

    1 食_たべた   2 すしを   3 ありますか   4 ことが

19 A 「トイレは　どこですか。」

　　B 「トイレ ＿＿＿＿ ＿＿＿＿ ＿★＿ ＿＿＿＿ です。」

　　1 まえ　　　　2 の　　　　3 は　　　　4 かいだん

20 これは ＿＿＿＿ ＿＿＿＿ ＿★＿ ＿＿＿＿ です。

　　1 もの　　　　2 かった　　3 弟に　　　4 あげるために

21 これは ＿＿＿＿ ＿＿＿＿ ＿★＿ ＿＿＿＿ です。

　　1 ハンカチ　　2 ははに　　3 きょねん　　4 もらった

もんだい3　22　から　26　に　何を　入れますか。ぶんしょうの　いみを　かんがえて、1・2・3・4から　いちばん　いい　ものを　一つ　えらんで　ください。

日本で　日本語の　べんきょうを　している　アメリカ人の　りゅうがくせいが　書いた　ぶんしょうです。

木村先生へ

せんせい、こんにちは。22。
　大阪は　きのうから　あさと　よる　さむく　なって　きました。もう　ふゆが　ちかいですね。日本に　来て　から　らいしゅうで　23　なります。日本語の　べんきょうは　たいへんですが、日本人の　友だちが　たくさん　できて　たのしい　まいにちを　おくってを　います。
　きのうは　クラスの　みんなと　24　行きました。おいしい　食べ物　も　たくさん　食べて　日本語で　たくさん　25。とても　たのしい　一日　でした。あしたからは　日本語の　テストが　はじまります。きょうから　よる　おそくまで　図書館で　日本語の　べんきょうを　する　26　です。

22　1　だいじょうぶですか　　　　2　じょうぶですか
　　3　おげんきですか　　　　　　4　いかがですか

23　1　一年が　　　2　一年で　　　3　一年に　　　4　一年も

24　1　ピクニックを　　　　　　　2　ピクニックで
　　3　ピクニックが　　　　　　　4　ピクニックに

25　1　話す　ことが　できました

　　2　話し　ことが　できました

　　3　話す　ことを　できました

　　4　話し　ことを　できました

26　1　ぐらいです　　2　ばかりです　　3　つもりです　　4　だけです

もんだい4 つぎの　(1)から　(3)の　ぶんしょうを　読んで、しつもんに　こたえて
ください。こたえは、1・2・3・4から　いちばん　いい　ものを
一つ　えらんで　ください。

（1）

私の　家の　となりに　びょういんが　あります。びょういんの　むかいに
ゆうびんきょくが　あります。ゆうびんきょくの　となりに　コンビニが
あります。この　コンビニは　私の　家の　むかいに　あります。コンビニの
となりは　学校です。家と　学校は　とても　近いです。

27 私の　町は　どれですか。

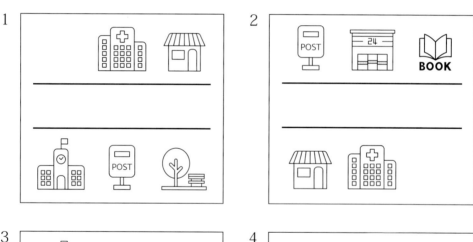

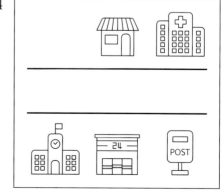

（2）

今日は　十二月　十四日です。私の　たん生日は　よっか前でした。家族も　友だちも　みんな　いわって　くれました。みんなで　ケーキを　食べたり　母が　作った　料理を　食べたり　して　楽しかったです。プレゼントも　たくさん　もらいました。

28　私の　たん生日は　いつですか。

1　十二月八日

2　十二月十日

3　十二月十二日

4　十二月十四日

（3）

今週の　天気です。明日は　くもりでしょう。夜　遅くから　雨が　降り始めます。あさっても　雨です。その　次の　日の　午後から　少し　はれるでしょう。しかし、いつ　雨が　降るか　分かりませんから、かさは　かならず持って　出かけましょう。

29　雨は　いつから　降りますか。
　　1　今日の　昼
　　2　今日の　夜
　　3　明日の　昼
　　4　明日の　夜

もんだい5 つぎの ぶんしょうを 読んで、しつもんに こたえて ください。こたえは、1・2・3・4から いちばん いい ものを 一つ えらんで ください。

ぼくの しゅみは 歌を 歌うことです。

この 前、テレビで 小さい 子どもが とても 上手に 歌って いるのを 見ました。それを 見て「すごい！」と 思いました。それで、両親に「ぼくも テレビに 出て 歌いたい！」と 話したら、お母さんが「いいね。がんばってね。」と 言って くれました。お父さんは「お父さんも 歌が 大好きだよ。上手に 歌う ために 毎日 れんしゅうした ほうが いいよ。」と 言いました。

ぼくは 毎日 歌の れんしゅうを して、大きく なったら 有名な 人に なりたいです。それで、お金を たくさん もらって お父さんと お母さんに 家を プレゼントします。

夏休みに 歌の れんしゅうを たくさん して、お父さんと お母さんの たん生日パーティーで 歌いたいと 思います。

---

30 両親に テレビに 出たいと 話したら 父は なんと 言いましたか。

1 がんばってね。　　　　　2 歌が あまり 好きではないよ。

3 お金が ないよ。　　　　　4 毎日 れんしゅうしてね。

31 夏休みに どんな ことを すると 話して いますか。

1 有名な 人に なる。　　　　2 テレビに 出る。

3 歌の れんしゅうを する。　　4 家を プレゼントする。

もんだい6 右の　ページを　見て、下の　しつもんに　こたえて　ください。
こたえは、1・2・3・4から　いちばん　いい　ものを　一つ
えらんで　ください。

せんしゅうの　水よう日に　「冬休み　すいえい　きょうしつ」の　ポスター
を　見ました。私は　日よう日の　午前中は　テレビが　見たいので　金
よう日か　土よう日が　いいと　言いました。うちの　父は　金よう日は
いそがしいと　言いました。母も　土よう日が　いちばん　安い　日だから
いいと　言って　いるので　来週から　行く　つもりです。

32　家族で　行く　ことが　できる　よう日は　どれですか。
　　1　日よう日の　午後
　　2　土よう日の　午後
　　3　日よう日の　午前
　　4　土よう日の　午前

ふゆやすみ　すいえい　きょうしつ

家族（かぞく）と　いっしょなら　だれでも　OK！

よう日（び）	ごぜん	ごご
月（げつ）	休（やす）み	16,000円（えん） （17：00〜18：30）
火（か）	16,000円（えん） （10：00〜11：30）	16,000円（えん） （17：00〜18：30）
水（すい）	休（やす）み	17,000円（えん） （18：00〜19：30）
木（もく）	15,000円（えん） （09：00〜10：30）	17,000円（えん） （19：00〜20：30）
金（きん）	17,000円（えん） （10：00〜11：30）	16,000円（えん） （20：00〜21：30）
土（ど）	15,000円（えん） （08：00〜09：30）	13,000円（えん） （17：00〜18：30）
日（にち）	18,000円（えん） （08：30〜10：00）	休（やす）み

もんだいようし

Ｎ５
ちょうかい
（35ふん）

<ruby>注 意<rt>ちゅう い</rt></ruby>
Notes

1. しけんが はじまるまで、この もんだいようしを あけないで ください。
   Do not open this question booklet until the test begins.

2. この もんだいようしを もって かえる ことは できません。
   Do not take this question booklet with you after the test.

3. じゅけんばんごうと なまえを したの らんに、じゅけんひょうと おなじ ように かいて ください。
   Write your examinee registration number and name clearly in each box below as written on your test voucher.

4. この もんだいようしは、ぜんぶで 14ページ あります。
   This question booklet has 14 pages.

5. この もんだいようしに メモを とっても いいです。
   You may make notes in this question booklet.

じゅけんばんごう Examinee Registration Number	

なまえ Name	

もんだい 1

🎧11🎧

　もんだい1では、はじめに　しつもんを　きいて　ください。それから
はなしを　きいて、もんだいようしの　1から4の　なかから、いちばん
いい　ものを　ひとつ　えらんで　ください。

れい

1　くすりを　のむ。

2　ごはんを　たべる。

3　うちに　かえる。

4　すぐに　ねる。

1 ばん

1

2

3

4

2 ばん

1

2

3

4

3 ばん

1 学校に 行きます。

2 明日から がんばります。

3 漢字の れんしゅうを します。

4 しゅくだいを します。

4 ばん

1 本を かえします。

2 食べものを 買いに 行きます。

3 食事に 行きます。

4 コピーを します。

5 ばん

1　りんごを　洗_{あら}う。

2　はこを　入_いれる。

3　そうじを　する。

4　せんたくを　する。

6 ばん

1　学校_{がっこう}

2　病院_{びょういん}

3　図書館_{としょかん}

4　びじゅつ館_{かん}

7 ばん

1 およぎに　行_いく。

2 ピアノを　ひく。

3 ギターを　練習_{れんしゅう}する。

4 友_{とも}だちの　家_{いえ}に　行_いく。

もんだい2

🎧12b

　もんだい2では、はじめに　しつもんを　きいて　ください。それから
はなしを　きいて、もんだいようしの　1から4の　なかから、いちばん
いい　ものを　ひとつ　えらんで　ください。

れい

1　げつようび

2　きんようび

3　どようび

4　にちようび

1 ばん

1 5時 50分

2 6時

3 6時 10分

4 6時 20分

2 ばん

1 漢字の テスト

2 作文の テスト

3 ひらがなの テスト

4 カタカナの テスト

3 ばん

1　おなかが　すいて　いるから

2　からい　ものが　好^すきだから

3　韓国^{かんこく}で　有名^{ゆうめい}な　ものだから

4　からだに　いいから

4 ばん

1　田中^{たなか}さん

2　お母^{かあ}さん

3　お父^{とう}さん

4　男^{おとこ}の人^{ひと}

5 ばん

1　テーブルの　上^{うえ}

2　テーブルの　下^{した}

3　ドアの　前^{まえ}

4　にもつの　前^{まえ}

6 ばん

1　そうじと　せんたくを　するから

2　本^{ほん}を　読^よむから

3　友^{とも}だちの　家^{いえ}に　行^いくから

4　いろいろな　りょうりを　するから

もんだい3

もんだい3では、えを みながら しつもんを きいて ください。
→（やじるし）の ひとは なんと いいますか。1から3の なかから、
いちばん いい ものを ひとつ えらんで ください。

れい

1 ばん

2 ばん

3 ばん

4 ばん

5 ばん

もんだい4

🎧14

もんだい4では、えなどが ありません。ぶんを きいて、1から3の なかから、いちばん いい ものを ひとつ えらんで ください。

― メモ ―

JLPT N5

이론편

저자 JLPT연구모임

고쿠쇼 카즈미 国生和美
학력_ 동국대학교 대학원 일어일문학과 박사
　　　수료
경력_ 동국대학교 일본학과 조교수
전공_ 일본어교육, 사회언어학

남득현 南得鉉
학력_ 히로시마대학 대학원 문학연구과 언어
　　　학전공(문학(언어학)박사)
경력_ 명지전문대학 일본어과 교수
전공_ 한일언어대조연구

유예진 劉墍眞
학력_ 한양대학교 대학원 일어일문학과 일본
　　　어학전공(문학박사)
경력_ 삼육대학교 일본어학과 교수
전공_ 화용론, 한일어대조연구

이미정 李美正
학력_ 히로시마대학 대학원 교육학연구과 일
　　　본어교육학전공(학술박사)
경력_ 한국외국어대학교 강사, 명지전문대학
　　　초빙교수
전공_ 일본근대문학

이상이 李相怡
학력_ 동국대학교 대학원 일어일문학과 일어
　　　학전공(문학박사)
경력_ 동국대학교 강사, 명지전문대학 초빙교수
전공_ 일본어음운사

일 본 어 능 력 시 험

초판 발행	2021년 6월 12일
1판 2쇄	2023년 8월 17일
저자	고쿠쇼 카즈미, 남득현, 유예진, 이미정, 이상이
책임 편집	조은형, 김성은, 오은정, 무라야마 토시오
펴낸이	엄태상
디자인	권진희
조판	김성은
콘텐츠 제작	김선웅, 장형진
마케팅	이승욱, 왕성석, 노원준, 조성민, 이선민
경영기획	조성근, 최성훈, 김다미, 최수진, 오희연
물류	정종진, 윤덕현, 신승진, 구윤주
펴낸곳	시사일본어사(시사북스)
주소	서울시 종로구 자하문로 300 시사빌딩
주문 및 교재 문의	1588-1582
팩스	0502-989-9592
홈페이지	www.sisabooks.com
이메일	book_japanese@sisadream.com
등록일자	1977년 12월 24일
등록번호	제300-2014-92호

ISBN 978-89-402-9329-4 (13730)

머리말

 일본어를 전공하지 않은 학습자가 일본어의 문자와 문장을 쉽게 이해하고 일본어능력시험을 통해 언어 능력의 기초를 다질 수 있도록 본 교재를 개발하였습니다. 아울러 일본의 월별 주요 문화 행사 및 일본의 직장 문화와 관련된 코너를 마련하여 언어 학습과 병행하면서 일본 문화를 함께 이해할 수 있도록 하였습니다. 일본어 문자, 일본어능력시험, 일본 문화를 함께 이해할 수 있도록 구성된 교재는 국내에서 최초로 출판되는 것이며 학습자들에게 큰 만족을 드릴 수 있을 것으로 기대하고 있습니다.

 본 교재는 학습자가 기초적인 일본어의 문자와 문장을 이해할 수 있도록 문자표와 활용표를 제시하고 일본어능력시험 N5 수준의 어휘 목록, 문법 목록을 실어 놓았습니다. 이를 참고하며 실제 일본어능력시험 언어지식 파트 20회의 실전문제를 풀며 일본어의 기초를 확실하게 다질 수 있도록 구성하였습니다. 또한 독해 능력 향상과 청해 문제에 대한 이해를 높이기 위해 독해 및 청해 문제를 별도로 수록하였으며, 실제 일본어능력시험을 체험할 수 있도록 모의테스트 2회분을 제공합니다.

 저자 일동은 일본어 능력 향상을 바라는 학습자들의 일본어 능력 향상을 위해 쉽게 일본어능력시험 레벨을 높여갈 수 있는 유익한 교재를 개발할 수 있도록 지속적으로 노력해 나가고자 합니다.

저자 일동

목차

제1장 JLPT N5 필수 문자 · 어휘   7

제2장 JLPT N5 문법   57
  ① 필수 문법   58
  ② 기초 문법   72

제3장 실전문제 정답 및 해석   87
  언어지식 실전문제 정답 및 해석   88
  독해 실전문제 정답 및 해석   98
  청해 실전문제 정답 및 해석   99

제4장 모의테스트 정답 및 해석   105
  제1회 모의테스트 정답 및 해석   106
  제2회 모의테스트 정답 및 해석   121

학습 방법

일본어능력시험 N5 레벨은 일상생활에서 사용되는 기본적인 한자로 쓰인 문장을 이해할 수 있고, 일상생활에서 자주 접하는 장면에서 느리고 짧은 회화로부터 필요한 정보를 얻어낼 수 있는 능력을 체크합니다. 본 교재 〈이론편〉에서는 N5 레벨에서 필요로 하는 문자와 어휘 그리고 문형을 제시합니다.

★ 일본어능력시험 N5의 〈이론편〉과 〈실전문제편〉을 병행해서 풀어 보면 효과적입니다.

제1장 JLPT N5 필수 문자 · 어휘

일본어능력시험 N5 레벨에서 필요로 하는 문자와 어휘를 모두 실어 놓았습니다. N5 레벨에서는 일상생활에서 사용되는 기본적인 문자와 어휘가 등장하기 때문에 시험 대비뿐만 아니라 커뮤니케이션 능력을 높이는 데에 꼭 필요한 어휘들이 포함되어 있습니다.

제2장 JLPT N5 문법

문장을 이해하고, 짧은 회화에서 정보를 얻어내기 위해서는 어휘도 중요하지만 문법 또한 중요합니다.

〈이론편〉에서는 일본어능력시험 N5 레벨에 해당하는 문법 사항을 필수 문법에 모두 실어 놓았습니다.

기초 문법

기초 문법에서는 일본어의 기초 지식, 즉 품사 활용을 중심으로 다루고 있습니다. 기초 지식이 부족하다면 기초 문법을 학습한 뒤에 필수 문법을 공부하고, 품사 활용을 이미 알고 있다면 필수 문법을 바로 공부하시기 바랍니다.

제3장 실전문제 정답 및 해석
제4장 모의테스트 정답 및 해석

〈실전문제편〉에 있는 실전문제와 모의테스트 2회분의 정답 및 해석을 여기에서 확인할 수 있습니다.

제1장

JLPT N5
필수
문자 · 어휘

일러두기

○ **반** 반의어 / **동** 동의어 / **비** 비교 / **예** 예문

○ 終(わ)る와 같은 어휘의 경우 ( ) 안의 문자는 終る와 같이 표기할 수 있음을 나타냅니다.

○ 한자 표기는 일본 초등학교 2~3학년 수준의 한자(N5~N3)만 표기하고 그 외의 한자는 히라가나로 표기합니다.

○ 어휘에 N5, N4, N3, N2와 같은 레벨 표시가 없는 것은 급수 분류가 되어 있지 않은 것으로 주로 나라 이름이나 외래어가 이에 해당하며 레벨 표시가 없는 어휘도 꼼꼼히 학습할 필요가 있습니다.

○ 한 번 익힌 어휘 중에서 아직 완벽하게 익히지 못한 것은 ☑□, 확실하게 익힌 것은 ☑☑처럼 체크 박스에 체크하면서 학습하면 도움이 됩니다.

□□ あ N3 (감탄사) 아

□□ ああ N3 (무엇에 감탄하여 내는 소리) 아

□□ ああ N4 저렇게

□□ 間^{あいだ} N4 사이, 간격

□□ 会^あう N5 만나다
    예 友^{とも}だちに 会^あう。 친구를 만나다.

□□ 青^{あお}い N5 파랗다
    비 青^{あお} N2 파랑

□□ 赤^{あか}い N5 빨갛다
    비 赤^{あか} N2 빨강

□□ あかちゃん N4 아기, (동물의) 새끼

□□ 上^あがる N5 오르다

□□ 明^{あか}るい N5 밝다, 명랑하다
    반 暗^{くら}い N5 어둡다

□□ 秋^{あき} N5 가을

□□ 開^あく N5 열리다
    반 しまる N5 닫히다

□□ 開^あける N5 (문을) 열다
    반 しめる N5 (문을) 닫다

□□ 上^あげる N5 올리다, (내가 남에게) 주다
    반 下^さげる N4 내리다

□□ 朝^{あさ} N5 아침

□□ 朝^{あさ}ご飯^{はん} N5 아침밥
    비 昼^{ひる}ご飯^{はん} N5 점심밥
    ばんご飯^{はん} N5 저녁밥

□□ あさって N5 모레

□□ 足 N5 (사람 · 동물의) 발

□□ 明日 N5 ('明日 N4'로 읽을 수도 있음) 내일

□□ あそこ N5 저기, 거기, 저쪽, 그쪽

□□ あそぶ N5 놀다

□□ あたたかい N3 따뜻하다, 온도가 차지
않다

□□ 頭 N5 머리

□□ 新しい N5 새롭다, 오래되지 않다, 싱싱
하다
반 古い N5 낡다, 오래되다

□□ あちら N5 저쪽, 저기(방향)

□□ あっ (위험하거나 감동하거나 놀랐을 때 내
는 소리) 앗, 아차

□□ 暑い N5 덥다
반 寒い N5 춥다

すずしい N4 시원하다, 선선하다

□□ あつい N4 덥다, 뜨겁다, 두껍다

□□ 後 N5 나중, 뒤
반 前 N5 이전, 앞

□□ あなた N5 당신, (부부 사이의 호칭으로
주로 여성이 남성에게 사용
함) 여보
비 きみ N4 (남자) 자네

□□ 兄 N5 (자기 가족을 남에게 낮춰 말할 때)
형, 오빠

□□ アニメ N4 (アニメーション의 줄임말)
애니메이션

□□ 姉 N5 (자기 가족을 남에게 낮춰 말할 때)
누나, 언니

□□ あの N5 (뒤에 오는 명사를 가리켜서 말함)
저, 그

□□ アパート N5 아파트, 공동 주택

□□ あびる N5 끼얹다, 뒤집어쓰다
例 シャワーを あびる。샤워를 하다.

□□ あぶない N5 위험하다, 위태롭다, 불안
하다
동 きけん N4 위험함
반 あんぜん N4 안전함

□□ アフリカ N4 아프리카

□□ あまい N5 (맛이) 달다, 싱겁다
동 からい N5 (맛이) 맵다, 짜다

□□ あまり N5 그다지

□□ 雨 N5 비

□□ アメリカ N4 미국

□□ アメリカ人 미국인

□□ 洗う N5 씻다, (옷을) 빨다

□□ ありがとうございます N5 감사합니다

□□ ある N5 (사물의 존재나 소유) 있다

□□ 歩く N5 걷다

□□ アルバイト N4 아르바이트

□□ あれ N4 저것

□□ あんな N5 (명사 앞에서) 저런, 저러한

□□ いい N5 ('よい'라고도 함) 좋다, 괜찮다
반 悪い N5 나쁘다

□□ いいえ N5 아니오
반 はい N5 예, 네

□□ 言う N5 말하다

□□ 家 N5 집

□□ いかが N4 (상대의 기분·의견 등을 묻
는 말) 어떻게

□□ イギリス 영국

□□ 行^いく N5 ('行^ゆく N4'라고도 읽을 수 있음)

가다

반 来^くる N5 오다

□□ いくつ N5 몇 개, 몇 살

□□ いくら N5 얼마, 어느 정도

□□ 池^{いけ} N5 연못

□□ 医者^{いしゃ} N5 의사

□□ いす N5 의자

□□ いそがしい N5 바쁘다

반 ひま N5 한가함, 한산함

□□ いそぐ N4 서두르다

□□ いたい N5 아프다

□□ イタリア 이탈리아

□□ 一^{いち} N5 일, 하나, 1

□□ 一円^{いちえん} N5 1엔, 일원, 어떤 장소 일대

□□ 一回^{いっかい} N5 일 회, 한 번

동 一度^{いちど} N4 한 번

□□ 一日^{いちにち} N5 하루

□□ 一番^{いちばん} N5 가장, 제일, 일번

□□ 一万円^{いちまんえん} 만 엔

□□ いつ N5 언제

□□ 五日^{いつか} N5 5일, 닷새

□□ 一週間^{いっしゅうかん} N5 일주일간, 일주간

□□ いっしょに N5 같이, 함께

□□ 五つ^{いつ} N5 다섯, 다섯 개, 다섯 살

□□ いっぱい N4 가득

□□ いつも N5 언제나, 항상, 늘

□□ 犬^{いぬ} N5 개

비 子犬^{こいぬ} N4 강아지

□□ 今 いま N5 지금, 이제

□□ 意味 いみ N5 의미, 뜻

□□ 妹 いもうと N5 (자기 가족을 남에게 낮춰 말할 때) 여동생

□□ 妹 いもうと さん (남의 가족을 높여 말할 때) 여동생

□□ いや N5 싫음, 하고 싶지 않음

□□ イヤホン 이어폰

□□ いらっしゃいませ N5 어서 오십시오

□□ 入(り)口 い ぐち N5 입구
　반 出口 で ぐち N5 출구

□□ いる N5 (사람이나 동물의 존재) 있다

□□ 要る い N5 필요하다

□□ 入れる い N5 (안에) 넣다, 들어가게 하다

□□ 色 いろ N5 색, 빛

□□ いろいろ N5 여러 가지 종류, 가지각색

□□ いわう N4 축하하다

□□ インターネット N3 인터넷

□□ ううん (부정의 뜻을 나타내는 말) 아니, 으음, 으응

□□ 上 うえ N5 위
　반 下 した N5 아래

□□ 牛 うし N3 소

□□ 後ろ うし N5 뒤, 뒤쪽
　반 前 まえ N5 앞

□□ うすい N5 얇다, 연하다, (맛이) 싱겁다
　반 あつい N4 두껍다

□□ 歌 うた N5 노래

□□ 歌う うた N5 노래 부르다
　비 おどる N4 춤추다

□□ 内 うち N4 내부, 속, (자신의) 집

12

□□ うどん N2 우동, (일본식) 가락국수

비 そば N5 메밀국수

□□ 馬 N3 말

□□ 生まれる N5 태어나다

□□ 海 N5 바다

□□ 売る N5 팔다

반 買う N5 사다

□□ うるさい N5 시끄럽다

반 しずか N5 조용함

□□ うれしい N4 기쁘다

반 かなしい N4 슬프다

□□ うわあ ('わあ · わあっ'이라고도 하며 놀
라거나 감동했을 때 사용함) 우아,
와, 어이구

□□ 上着 N5 겉옷, 상의

반 下着 N4 속옷, 내의

□□ うん N3 (승낙, 긍정의 뜻을 나타내는 말) 응

□□ 運動 N4 운동

동 スポーツ N5 스포츠

□□ え N5 그림

□□ エアコン N4 에어컨

□□ 映画 N4 영화

□□ 映画館 N5 영화관

□□ 英語 N5 영어

□□ ええ N4 (다소 가볍게 긍정 · 승낙할 경우
사용) 예, 네

동 はい N5 예, 네

□□ 駅 N5 역, 정거장

□□ 駅前 역 앞

□□ えらぶ N4 뽑다, 고르다

□□ エレベーター N5 엘리베이터, 승강기

비 エスカレーター N4 에스컬레이터

□□ 円 [N5] (일본의 화폐 단위) 엔

□□ えんぴつ [N5] 연필

□□ おいしい [N5] 맛있다
　　동 うまい [N4] 맛있다
　　반 まずい [N5] 맛없다

□□ 多い [N5] 많다
　　반 少ない [N5] 적다

□□ 大きい [N5] 크다
　　반 小さい [N5] 작다

□□ 大きな [N5] (명사 앞에 와서) 큰
　　반 小さな [N5] (명사 앞에 와서) 작은

□□ 大阪 (일본의 도시) 오사카

□□ オーストラリア 호주, 오스트레일리아

□□ 大ぜい [N5] 여럿, 많은 사람

□□ お母さん [N5] (남의 가족을 높이거나 자신의 가족을 직접 부를 때) 어머니

□□ おかし [N5] 과자

□□ お金 [N5] 돈

□□ おきゃくさん [N5] 손님

□□ 起きる [N5] 일어나다

□□ おく [N5] 두다, 놓다

□□ おくさん [N5] (남의) 부인, 아주머니

□□ 送る [N4] 보내다

□□ おくれる [N4] 늦다, 지각하다

□□ おこる [N4] 성내다, 화내다

□□ お酒 [N5] 술

□□ お皿 [N5] 접시

□□ おじ [N4] (자기 가족을 남에게 낮춰 말할 때) 삼촌, 이모부, 고모부, 아저씨

□□ おじいさん N5 (남의 가족을 높이거나 자신의 가족을 직접 부를 때) 할아버지

□□ 教える N5 가르치다

□□ おじさん N5 (남의 가족을 높이거나 자신의 가족을 직접 부를 때) 삼촌, 이모부, 고모부, 아저씨

□□ おす N5 누르다, 밀다
반 引く N4 당기다

□□ おそい N5 (시기 · 시간이) 늦다, (동작이) 느리다
반 早い N5 (시기 · 시각이) 빠르다, 이르다
速い N5 (동작 · 속도가) 빠르다

□□ お茶 N5 차

□□ 夫 N4 (자신의) 남편
반 主人 N4 업체의 임자, 주인, (자신의) 남편
반 つま N4 처, 아내, 마누라

□□ お父さん N5 (남의 가족을 높이거나 자신의 가족을 직접 부를 때) 아버지

□□ 弟 N5 (자기 가족을 남에게 낮춰 말할 때) 남동생

□□ 弟さん (남의 가족을 높여 말할 때) 남동생

□□ 男の子 N5 남자아이

□□ 男の人 N5 남자

□□ おととい N5 그저께

□□ おととし N5 재작년

□□ 大人 N5 어른

□□ おなか N5 (사람의 신체) 배

□□ 同じ N5 같음, 동일함

□□ お兄さん N5 (남의 가족을 높이거나 자신의 가족을 직접 부를 때) 형, 형님, 오빠

□□ お姉さん [N5] (남의 가족을 높이거나 자신의 가족을 직접 부를 때) 누나, 누님, 언니

□□ おねがいします [N5] 부탁드립니다
비 よろしくおねがいします 잘 부탁드립니다

□□ おば [N5] (자기 가족을 남에게 낮춰 말할 때) 아주머니, 고모, 이모, 숙모

□□ おばあさん [N5] (남의 가족을 높이거나 자신의 가족을 직접 부를 때) 할머니, 할머님

□□ おばさん [N5] (남의 가족을 높이거나 자신의 가족을 직접 부를 때) 아주머니, 고모, 이모, 숙모

□□ お話 말씀, 이야기

□□ おはようございます [N5] (아침 인사) 안녕하세요

□□ おふろ [N5] 욕실, 목욕탕

□□ おべんとう [N5] 도시락

□□ おぼえる [N5] 기억하다, 느끼다

□□ おみやげ [N3] ('みやげ'의 공손한 말) 선물, 토산물
비 プレゼント [N4] 프레젠트, 선물

□□ 重い [N5] 무겁다
반 軽い [N5] 가볍다

□□ 思う [N4] 생각하다

□□ おもしろい [N5] 재미있다
반 つまらない [N4] 재미없다

□□ おゆ ('ゆ'의 공손한 말) 뜨거운 물
반 お水 물 | おひや 냉수, 찬물

□□ およぐ [N5] 수영하다, 헤엄치다

□□ おまわりさん [N5] 경찰

□□ おりる [N5] (탈 것에서) 내리다

□□ オレンジ 오렌지, 오렌지색

□□ 終(お)る [N5] 끝나다, 마치다

　반 始(はじ)る [N5] 시작되다

□□ 音楽(おんがく) [N5] 음악

□□ 女(おんな) [N5] 여자

□□ 女(おんな)の子(こ) [N5] 여자아이

□□ 女(おんな)の人(ひと) [N5] 여자

□□ が [조사] ~이/가

□□ カーテン [N4] 커튼

　비 ブラインド 블라인드

□□ カード [N3] 카드

　비 クレジットカード 신용 카드

　　 キャッシュカード 현금 인출 카드

□□ 会(かい)ぎ [N4] 회의

□□ 会(かい)ぎ室(しつ) [N5] 회의실

□□ 外国(がいこく) [N4] 외국

□□ 外国語(がいこくご) 외국어

□□ 外国人(がいこくじん) [N5] 외국인

□□ 会社(かいしゃ) [N5] 회사

□□ 会社員(かいしゃいん) [N5] 회사원

□□ 会場(かいじょう) [N4] 회장

□□ かいだん [N5] 계단

□□ 買(か)い物(もの) [N5] 장보기, 쇼핑

□□ 会話(かいわ) [N4] 회화, 대화

□□ 買(か)う [N5] 사다

　반 売(う)る [N5] 팔다

□□ かえす [N5] 돌려주다, (되)돌리다

□□ 帰(かえ)る [N5] (현재 장소에서 원래 장소로) 돌아가다, 돌아오다

　비 もどる [N4] (출발했던 곳으로 다시 돌아가거나 다시 본디의 상태로 될 때 사용함) 되돌아가다, 되돌아오다

□□ 顔(かお) N5 얼굴, 낯

□□ かかる N5 걸리다, (자물쇠・단추 등이)
　　　　　　　　채워지다, 잠기다

□□ かぎ N5 열쇠
　동 キー 키, 열쇠, 실마리, 단서

□□ 書(か)く N5 쓰다

□□ 学生(がくせい) N5 학생

□□ かさ N5 우산

□□ 歌手(かしゅ) N4 가수

□□ 貸(か)す N5 빌려주다
　반 借(か)りる N5 빌리다, 꾸다

□□ 風(かぜ) N5 바람
　비 台風(たいふう) N4 태풍

□□ かぜ N5 감기
　예 かぜを ひく。 감기에 걸리다.

□□ 家族(かぞく) N5 가족

□□ 方(かた) N4 ('人'를 높인 말) 분

□□ 形(かたち) N4 모양, 형태

□□ 学校(がっこう) N5 학교

□□ カップ N5 컵

□□ かど N5 모서리, 구석, 길모퉁이

□□ カナダ 캐나다

□□ かならず N4 반드시, 꼭, 틀림없이
　동 きっと N4 반드시, 꼭

□□ かばん N5 가방
　비 バッグ N2 백
　　ランドセル (등에 매는 초등학생용)
　　　　　　　　책가방, 란도셀

□□ 花(か)びん N5 화병, 꽃병

□□ かぶる N5 쓰다, 뒤집어쓰다
　예 ぼうしを かぶる。 모자를 쓰다.

□□ 紙(かみ) N5 종이

18

□□ 紙しばい　그림 연극

□□ カメラ N5　카메라

□□ 通う N4　다니다

□□ 火よう日 N5　화요일(줄여서 '火よう' 라고도 함)

□□ から 조사　~부터, ~에서

□□ からい N5　맵다, 짜다
반 あまい N5　달다, 싱겁다

□□ カラオケ　(대중가요의 반주만을 녹음한 것) 가라오케

□□ からす　까마귀

□□ ガラス N4　유리

□□ 体 N5　몸, 신체

□□ 借りる N5　빌리다, 꾸다
반 貸す N5　빌려주다

□□ 軽い N5　가볍다
반 重い N5　무겁다

□□ カレー N4　카레
비 カレーライス　카레라이스

□□ カレンダー N5　캘린더, 달력

□□ 川 N5　강, 하천

□□ かわいい N5　귀엽다, 사랑스럽다, 작다

□□ 考える N4　생각하다, 고안하다

□□ 韓国　한국

□□ 漢字 N5　한자

□□ がんばる N4　노력하다, 분발하다

□□ 気 N4　기운, 정신, 기, 기력
예 気を つける。조심하다.

□□ 木 N5　나무

□□ き色い [N5] 노랗다

　　비 き色 [N2] 노랑, 황색

□□ きえる [N5] 꺼지다, 사라지다

□□ 聞く [N5] 듣다, 묻다

　　예 音楽を　聞く。 음악을 듣다.

　　　 友だちに　聞く。 친구에게 묻다.

□□ 北 [N5] 북쪽

□□ ギター [N5] 기타

　　예 ギターを　ひく。 기타를 치다.

□□ きたない [N5] 더럽다, 불결하다

　　반 きれい [N5] 깨끗함, 청결함

□□ きっさ店 [N5] 찻집, 다방

□□ 切手 [N5] 우표

□□ 切ぷ [N5] 티켓, 표

　　동 チケット [N4] 티켓, 표, 입장권

□□ きのう [N5] 어제

□□ きびしい [N4] 엄하다, 엄격하다

□□ きまる [N4] 정해지다, 결정되다

□□ キムチ 김치

□□ きめる [N4] 정하다, 결정하다

□□ 気持(ち) [N4] 기분

　　예 気持ちが　いい。 기분이 좋다.

□□ 着物 [N4] 기모노(일본 전통 옷)

□□ きゃく [N4] 손님

□□ 九 [N5] ('九'로도 발음할 수 있음) 구, 아홉, 9

□□ 急に [N4] 갑자기, 급히

□□ 牛肉 [N5] 쇠고기

□□ 牛にゅう [N5] 우유

□□ 今日 [N5] 오늘

□□ 教室 [N5] 교실

□□ <ruby>兄弟<rt>きょうだい</rt></ruby> N5 형제
　비 <ruby>姉妹<rt>しまい</rt></ruby> N4 자매

□□ <ruby>去年<rt>きょねん</rt></ruby> N5 작년, 지난 해
　동 <ruby>昨年<rt>さくねん</rt></ruby> N3 작년, 지난 해

□□ きらい N5 싫음, 마음에 들지 않음
　반 <ruby>好<rt>す</rt></ruby>き N5 좋아함

□□ キリン 기린

□□ <ruby>着<rt>き</rt></ruby>る N4 입다
　반 ぬぐ N4 벗다

□□ <ruby>切<rt>き</rt></ruby>る N4 자르다

□□ きれい N5 깨끗함, 예쁨, 아름다움
　예 <ruby>部屋<rt>へや</rt></ruby>が きれいだ。 방이 깨끗하다.
　반 きたない N5 더럽다
　동 うつくしい N4 아름답다

□□ キロ N4 킬로미터, 킬로그램

□□ <ruby>銀行<rt>ぎんこう</rt></ruby> N5 은행

□□ <ruby>金<rt>きん</rt></ruby>よう<ruby>日<rt>び</rt></ruby> N5 금요일(줄여서 '<ruby>金<rt>きん</rt></ruby>よう'
　　　　　　라고도 함)

□□ <ruby>空<rt>くう</rt></ruby>こう N4 공항, 비행장

□□ くさ N4 풀

□□ くじら 고래

□□ <ruby>薬<rt>くすり</rt></ruby> N5 약

□□ <ruby>薬屋<rt>くすりや</rt></ruby> 약국
　동 ドラッグストア 드러그스토어, 약국

□□ ください N4 주십시오, 주세요

□□ くださる N4 ('くれる N4' 주다의 높
　　　　　　임말) 주시다

□□ <ruby>果物<rt>くだもの</rt></ruby> N5 과일
　동 フルーツ N2 프루트, 과일

□□ <ruby>口<rt>くち</rt></ruby> N5 입

□□ くつ N5 신발, 구두

□□ くつした N5 양말

□□ 国 くに N5 나라, 고향

□□ 首 くび N4 목
　비 のど N4 목구멍, 목

□□ くもり N4 흐림
　비 はれ N4 맑음

□□ 暗い くら N5 어둡다

□□ くらい N5 지위, 계급, 정도, 쯤

□□ クラス N5 클래스, 학급

□□ グラス N5 글라스, 유리컵

□□ 来る く N5 오다
　반 行く い N5 ('行く ゆ N4'라고도 읽을 수 있음)
　　　　　　가다

□□ 車 くるま N5 차, 자동차

□□ くれる N4 (남이 나에게) 주다

□□ 黒い くろ N5 검다, 까맣다
　비 黒 くろ N2 검정

□□ けいかん N5 ('けいさつかん'의 줄임말)
　　　　　　경찰관

□□ ケーキ N4 케이크

□□ ケース N3 케이스, 상자

□□ けいたい電話 でん わ 휴대 전화(줄여서 '케
　　　　　　　タイ'라고도 함)

□□ ゲーム N4 게임
　예 ゲームを　する。게임을 하다.

□□ 今朝 けさ N5 오늘 아침

□□ けしき N4 경치

□□ けしゴム N4 지우개

□□ けす N5 끄다, 지우다
　반 つける N2 켜다

□□ けっこん N5 결혼

□□ 月よう日 N5 월요일(줄여서 '月よう'
라고도 함)

□□ 見学 N2 견학

□□ げんかん N4 현관

□□ 元気 N5 원기, 기운, 기력, 건강함, 활발함
예 元気が　ない。 기운이 없다.

□□ 見物 N4 구경

□□ 五 N5 오, 다섯, 5

□□ こう N4 이렇게

□□ こうえん N5 공원

□□ 高校 N4 고등학교

□□ 高校生 N4 고등학생

□□ こうちゃ N5 홍차
동 ティー 티, 홍차

□□ こうつう N4 교통

□□ こうばん N5 파출소

□□ コート N5 코트, 양복 위에 입는 외투

□□ 声 N5 목소리
비 音 N4 소리, 음

□□ コーヒー N5 커피

□□ ご家族 (남의) 가족

□□ ご兄弟 (남의) 형제

□□ ここ N5 여기

□□ 午後 N5 오후
반 午前 N5 오전

□□ 九日 N5 구일, 아흐렛 날

□□ 九つ N5 아홉, 아홉 개, 아홉 살

□□ ご主人 (남의 남편을 높이는 말) 남편

□□ 午前 N5 오전
반 午後 N5 오후

□□ 答える N5 대답하다
　반 聞く N5 묻다

□□ ごちそうさまでした N5 잘 먹었습니다

□□ こちら N5 이쪽

□□ こちらこそ N5 저야말로

□□ コップ N5 컵

□□ 今年 N5 올해

□□ 言ば N4 말

□□ 子ども N5 어린아이
　반 大人 N5 어른

□□ 子どもさん (남의) 아이, 자제분
　동 お子さん N4 (남의) 아이, 자제분

□□ この N5 (뒤에 오는 명사를 가리켜서 말함) 이

□□ このへん N4 이 근처

□□ ご飯 N5 밥

□□ コピー N5 복사

□□ こまる N5 곤란하다, 난처하다

□□ ごみ N4 ('ゴミ'로 표기하기도 함) 쓰레기
　비 なまゴミ 음식물 쓰레기

□□ ゴミ箱 쓰레기통

□□ ごめんなさい N5 미안합니다, 죄송합니다

□□ ご両親 (남의) 부모님

□□ これ N5 이것

□□ これから N4 이제부터, 앞으로

□□ ごろ N4 경, 쯤

□□ こわい N4 무섭다, 두렵다

□□ 今回 N4 이번

□□ 今月 N5 이번 달

□□ コンサート N4 콘서트

□□ 今週(こんしゅう) N5 이번 주

□□ 今度(こんど) N4 이번, 다음번

□□ こんな N5 이러한, 이런

□□ こんにちは N5 (낮에 하는 인사말) 안녕하세요

□□ 今(こん)ばん N5 오늘 밤

□□ こんばんは N5 (밤에 하는 인사말) 안녕하세요

□□ コンビニ N3 편의점

□□ コンピューター N4 ('コンピュータ' 라고도 함) 컴퓨터

□□ 今夜(こんや) N4 오늘 밤

□□ さいふ N5 돈지갑

□□ 魚(さかな) N5 물고기, 생선

□□ 先(さき) N5 앞, 선두
　　비 お先(さき)に N3 먼저

□□ 咲(さ)く N5 피다
　　예 花(はな)が 咲(さ)く。 꽃이 피다.

□□ 作文(さくぶん) N5 작문

□□ さくら N4 벚꽃, 벚나무

□□ さけ 술

□□ さしみ 생선회
　　비 すし 초밥

□□ 冊(さつ) (책을 세는 단위) 권

□□ サッカー N3 축구

□□ 先(さっき) N4 아까, 조금 전

□□ ざっし N5 잡지

□□ さびしい N4 쓸쓸하다, 외롭다

□□ 寒<ruby>さむ</ruby>い N5 춥다
　반 暑<ruby>あつ</ruby>い N5 덥다

□□ さとう N4 설탕

□□ さようなら N5 (헤어질 때의 인사말) 안녕히 계십시오, 안녕히 가십시오, 안녕

□□ サラダ N4 샐러드

□□ さる N3 원숭이

□□ 三<ruby>さん</ruby> N5 삼, 셋, 3

□□ さん 씨, 님 (사람 이름이나 직책 명칭에 붙어 존경의 의미를 나타냄 또는 동물 명칭 등에 붙어 친근함을 나타냄)
　비 ちゃん 명사에 붙여서 친근감을 주는 호칭

□□ 三時<ruby>さん</ruby><ruby>じ</ruby> N5 세 시, 오후 3시쯤 먹는 간식

□□ サンドイッチ N4 샌드위치

□□ ざんねん N4 유감스러움, 분함

□□ さん歩<ruby>ぽ</ruby> N5 산책

□□ 四<ruby>し</ruby> N5 ('四<ruby>よん</ruby>, 四<ruby>よ</ruby>'로도 발음할 수 있음) 사, 넷, 4

□□ 字<ruby>じ</ruby> N4 글자, 글씨

□□ 試合<ruby>し</ruby><ruby>あい</ruby> N4 시합
　동 ゲーム N2 경기, 시합

□□ しお N5 소금
　비 さとう N4 설탕 | す N3 식초
　しょうゆ N4 간장 | みそ N2 된장

□□ しかし N4 그러나

□□ 時間<ruby>じ</ruby><ruby>かん</ruby> N5 시간
　예 時間<ruby>じ</ruby><ruby>かん</ruby>が　かかる。시간이 걸리다.

□□ 試験<ruby>し</ruby><ruby>けん</ruby> N4 시험
　동 テスト N5 테스트

□□ じこしょうかい 자기소개

□□ 仕事<ruby>し</ruby><ruby>ごと</ruby> N5 일, 업무

□□ じしょ N5 사전

　　동 じてん N4 사전

□□ しずか N5 조용함, 고요함

　　반 うるさい N5 시끄럽다

□□ 下 N5 아래
_{した}

　　반 上 N5 위
_{うえ}

□□ 七 N5 ('なな'로도 발음할 수 있음) 칠, 일곱, 7
_{しち}

□□ 実は N3 실은, 사실은
_{じつ}

□□ 質問 N4 질문
_{しつもん}

□□ 自転車 N4 자전거
_{じ てんしゃ}

　　비 ママちゃり (엄마가 아이를 태우거나 장을

　　　　볼 때 쓰는) 자전거

□□ 自動車 N4 자동차
_{じ どうしゃ}

□□ 死ぬ N5 죽다
_し

□□ しまる N5 (문이) 닫히다

　　반 開く N5 (문이) 열리다
_あ

　　　 開く N4 (닫혔던 것이) 열리다
_{ひら}

□□ ジム 짐, 체육관, 도장

□□ しめる N5 (문을) 닫다, 죄다, 조르다

　　반 開ける N5 (문을) 열다
_あ

　　　 開く N4 (닫혔던 것을) 열다
_{ひら}

□□ じゃ N4 ('では'에서 온 말) 그럼, 그렇다면

□□ 写真 N5 사진
_{しゃしん}

□□ 社長 N4 사장(님)
_{しゃちょう}

　　비 会長 N3 회장(님) ｜ 部長 N4 부장(님)
_{かいちょう}　　　　　　_{ぶ ちょう}

　　　 課長 N4 과장(님)
_{か ちょう}

□□ シャツ N5 셔츠, 와이셔츠

□□ シャワー N5 샤워

□□ 自由 N4 자유
_{じ ゆう}

□□ 十 N5 십, 열, 10
_{じゅう}

□□ 週間 N4 주일
_{しゅうかん}

□□ 住所 N4 주소
_{じゅうしょ}

□□ ジュース N4 주스

□□ じゅぎょう N4 수업

□□ しゅくだい N5 숙제

□□ しゅ味 N4 취미

□□ しゅるい N3 종류

□□ じゅんばん N3 순번, 차례

□□ じゅんび N4 준비

□□ しょうかい N4 소개

□□ 上手 N5 잘함, 능숙함
　반 下手 N4 서투름, 못함

□□ じょう夫 N5 건강함, 튼튼함, 견고함

□□ しょうゆ N4 간장

□□ 食事 N4 식사

□□ 食堂 N5 식당

□□ 知らせる N4 알리다, 통보하다, 통지하다

□□ しらべる N4 조사하다, 검토하다, 연구하다

□□ しりょう N3 자료

□□ 知る N4 알다

□□ 白い N5 희다
　동 ホワイト 화이트, 흰색
　비 白 N2 흰색

□□ しんかんせん (주요 도시 간을 연결하는
　　　　　　　　일본의 고속 철도) 신칸센

□□ しんせつ N3 친절함
　반 不しんせつ 불친절함

□□ しんぱい N4 걱정, 염려, 걱정됨

□□ 新聞 N5 신문

□□ すいえい N4 수영

□□ 水^{すい}よう日^び N5 수요일(줄여서 '水^{すい}よう' 라고도 함)

□□ スーツ N4 양복, 정장

□□ スーパー N4 슈퍼마켓

□□ すう N5 (기체나 액체를) 들이마시다
　　예 タバコを　すう。담배를 피우다.

□□ スカート N5 스커트, 치마

□□ 好^すき N5 좋아함
　　반 きらい N5 싫음, 마음에 들지 않음

□□ すぎる N4 지나다, 경과하다, 통과하다

□□ スキー N2 스키

□□ 空^すく N4 속이 비다
　　예 おなかが　すく。배가 고프다.

□□ すぐ N5 곧, 즉시, 금방
　　동 すぐに N4 곧, 금방

□□ 少^{すく}ない N5 적다
　　반 多^{おお}い N5 많다

□□ スクリーン N4 스크린

□□ スケート N3 스케이트

□□ すごい N4 무섭다, 대단하다, 굉장하다

□□ 少^{すこ}し N5 조금

□□ すし 초밥

□□ すずしい N4 시원하다

□□ ずつ N5 (수량을 나타내는 말에 붙음) 씩

□□ ステーキ N4 스테이크

□□ ストーブ N5 스토브, 난로

□□ スプーン N5 스푼, 숟가락

□□ スペイン 스페인

□□ スポーツ N5 스포츠

□□ ズボン N5 바지

□□ すみません N5 죄송합니다, 감사합니다, 실
례합니다, (식당이나 가게 등
에서 점원을 부를 때) 여기요
비 ごめんなさい N5 죄송합니다, 미안합니다

□□ 住む N5 살다

□□ する N5 하다

□□ すわる N5 앉다
반 立つ N5 서다

□□ せ N5 ('せい'라고도 함) 키, 신장

□□ せいかつ N4 생활

□□ セーター N5 스웨터

□□ せいと N5 (주로 중학생이나 고등학생을
가리킴) 학생

□□ せき N4 좌석, 자리

□□ せっけん N5 비누

□□ 説明 N4 설명

□□ ぜひ N3 꼭, 제발, 아무쪼록

□□ せまい N5 좁다
반 広い N5 넓다

□□ ゼロ N5 제로
동 れい N4 영 まる N3 공

□□ 千 N5 천

□□ 先月 N5 지난달

□□ 先週 N5 지난주

□□ 先生 N5 선생님, 선생, 스승

□□ せんたく N4 세탁, 빨래
비 せんたくき N3 세탁기

□□ せんぱい N4 선배
반 こうはい N3 후배

□□ ぜんぶ N4 전부, 모두

□□ ぜんぶで　전부 다해서, 통틀어

□□ そう N5　그렇게

□□ ぞう N2　코끼리

□□ そうじ N4　청소
　비 大そうじ　대청소

□□ そこ N5　거기

□□ そして N4　그리고

□□ そちら N5　그쪽

□□ そつぎょう N4　졸업
　반 入学 N4　입학

□□ 外 N5　밖, 바깥
　반 中 N5　안

□□ その N5　(뒤에 오는 명사를 가리켜서 말함)
　　　　　　그~

□□ そば N5　곁, 옆
　비 となり N5　옆　よこ N5　옆

□□ そば N5　메밀국수
　비 うどん N2　우동, (일본식) 가락국수

□□ そふ N4　(자기 자신의 할아버지를 남에게
　　　　　낮춰 말할 때 사용함) 할아버지
　반 そぼ N5　(자기 자신의 할머니를 남에게 낮춰
　　　　　말할 때 사용함) 할머니

□□ 空 N5　하늘

□□ それ N5　그것

□□ それから N4　그 다음에, 그리고

□□ それでは N4　그러면

□□ そんな N5　그러한, 그런

□□ タイ　타이, 태국

□□ たいいく館　체육관
　동 ジム　짐, 체육관, 도장

□□ 台 N4　(자동차나 TV 등의 물건을 세는 단위)
　　　　　대

□□ 大学 [N5] 대학

□□ 大学生 [N4] 대학생
　　비 高校生 [N4] 고등학생
　　中学生 [N4] 중학생

□□ だいじょうぶ [N5] 괜찮음, 상관없음

□□ 大好き [N5] 매우 좋아함

□□ 大切 [N4] 소중함, 중요함
　　동 大事 [N4] 중요함, 소중함

□□ 台所 [N5] 부엌

□□ たいてい [N4] 대개, 대부분

□□ だいぶ [N4] 상당히, 꽤

□□ たいへん [N5] 매우, 대단히

□□ たいわん 대만

□□ 高い [N5] 높다, 비싸다, 크다
　　예 せが 高い。 키가 크다.
　　ねだんが 高い。 가격이 비싸다.

□□ 低い [N5] 낮다, (키가) 작다
　　反 安い [N5] 싸다

□□ だから [N4] 그러므로, 그러니까

□□ たくさん [N5] 많음, 충분함, 많이

□□ タクシー [N5] 택시

□□ だけ [N5] ~만, ~뿐

□□ 出す [N5] 내다, 보내다
　　예 手紙を 出す。 편지를 부치다.
　　レポートを 出す。 리포트를 제출하다.

□□ 正しい [N4] 바르다, 옳다

□□ たたみ [N4] (일본 주택의 바닥재) 다다미

□□ たち [N4] (복수의 의미를 나타냄) 들

□□ 立つ [N5] 일어서다, 일어나다
　　反 すわる [N5] 앉다

□□ 建物 [N5] 건물
　　동 ビル ('ビルディング [N2]의 줄임말) 빌딩

□□ たな N4 선반

□□ 楽しい N5 즐겁다

□□ 楽しみ N4 즐거움, 낙, 취미

□□ タバコ N5 담배

□□ たぶん N4 아마

□□ 食べ物 N5 먹을 것, 음식물

□□ 食べる N5 먹다

□□ たまご N5 달걀

□□ だめ N4 소용없음, 불가능함

□□ だれ N5 누구

□□ たんご N3 단어

□□ たん生日 N5 생일

□□ ダンス N4 댄스

□□ だんだん N5 차차, 점점

□□ 小さい N5 작다
　반 大きい N5 크다

□□ 小さな N5 작은

□□ チーム N2 팀

□□ チェックアウト (호텔 등 숙박업소에서 정산을 마치고 나옴) 체크아웃

□□ チェックイン (숙박을 위한 수속을 함) 체크인

□□ 近い N5 가깝다
　반 遠い N5 멀다

□□ ちがう N4 다르다, 틀리다

□□ 近く N5 근처, 가까이
　반 遠く N5 멀리, 먼 곳

□□ 地下てつ N5 지하철

□□ チケット N4 티켓

□□ 父 ちち N5 (자기 자신의 아버지를 남에게 낮춰 말할 때 사용함) 아버지

□□ 中学校 ちゅうがっこう N4 중학교

□□ 中学生 ちゅうがくせい N4 중학생

□□ 中国語 ちゅうごくご 중국어

□□ 中国人 ちゅうごくじん 중국인

□□ ちょうど N4 꼭, 마침, 정확히

□□ ちょっと N5 잠깐, 조금
동 少し すこ N5 조금

□□ 一日 ついたち N5 1일, 초하루

□□ 使う つか N5 사용하다, 쓰다

□□ つかれる N4 지치다, 피로해지다

□□ 次 つぎ N5 다음

□□ 付く つ N4 붙다, 달라붙다

□□ 着く つ N4 도착하다

□□ つくえ N5 책상

□□ 作る つく N5 만들다

□□ 付ける つ N4 붙이다

□□ つたえる N4 전하다

□□ つづく N4 계속되다, 잇따르다

□□ つま N4 (나의) 아내
동 家内 かない N4 집사람
반 夫 おっと N4 (나의) 남편

□□ つめたい N4 차다, 차갑다, 냉정하다, 쌀쌀하다
예 飲み物が つめたい。 음료가 차갑다.
반 あつい N5 뜨겁다

□□ つもり 생각, 작정, 의도

□□ 強^{つよ}い [N5] 강하다, 세다
　　반 弱^{よわ}い [N5] 약하다

□□ 手^て [N5] 손
　　반 足^{あし} [N5] 발

□□ で [조사] ~에서(동작이 행해지는 때·장소), ~(으)로 (수단·방법·재료·원인·이유를 나타냄)

□□ ティーシャツ 티셔츠

□□ ディズニーランド 디즈니랜드

□□ テープ [N5] 테이프

□□ テーブル [N5] 테이블, 탁자

□□ 出^でかける [N4] 나가다, 외출하다

□□ 手紙^{てがみ} [N5] 편지

□□ テキスト [N4] 텍스트, 교과서
　　동 教^{きょう}か書^{しょ} [N3] 교과서

□□ できる [N4] 가능하다, 생기다

□□ 出口^{でぐち} [N5] 출구
　　반 入^い(り)口^{ぐち} [N5] 입구

□□ テスト [N5] 테스트, 시험
　　동 試験^{しけん} [N4] 시험

□□ 手^てつだう [N4] 돕다, 거들다

□□ テニス [N4] 테니스

□□ それでは [N4] ('では'로 줄여서 쓰거나 'じゃ'로 쓰기도 함) 그러면, 그렇다면

□□ デパート [N5] 백화점

□□ でも [N5] 하지만, 그러나

□□ てら [N4] 절

□□ 出^でる [N5] 나가다, 나오다
　　예 家^{いえ}を 出^でる。 집을 나가다.
　　　パーティーに 出^でる。 파티에 나가다.
　　　大学^{だいがく}を 出^でる。 대학을 나오다.

□□ テレビ [N5] 텔레비전, TV

□□ 点 [N4] 점, 작은 표시

□□ 店員 [N4] 점원

□□ 天気 [N5] 날씨
  비 天気よほう [N4] 일기 예보

□□ 電気 [N5] 전기

□□ 電車 [N5] 전차, 전철

□□ 電話 [N5] 전화
  예 電話を かける。 전화를 걸다.

□□ と [조사] ~와/과

□□ ドア [N5] 도어, 문

□□ ドイツ 독일

□□ トイレ [N5] 화장실

□□ どう [N5] 어떻게

□□ どういたしまして [N5] 별 말씀을 다
하십니다

□□ 東京 도쿄

□□ どうして [N5] 왜, 어째서

□□ どうぞ [N5] 아무쪼록, 부디

□□ 動物 [N5] 동물

□□ 動物えん [N4] 동물원

□□ どうも [N5] 정말, 매우, 대단히

□□ 十 [N5] 열, 열 개, 열 살

□□ 遠い [N5] 멀다

□□ 遠く [N4] 먼 곳, 멀리
  반 近く [N4] 근처, 가까이

□□ 十日 [N5] 10일, 초열흘

□□ 時 [N4] 시간, 시각, 때

□□ 時々 [N5] 때때로, 가끔
  동 たまに [N4] 가끔

□□ 時計 N5 시계

□□ どこ N5 어디

□□ 所 N5 장소, 곳
　　동 場所 N4 장소

□□ 年 N5 해, 나이

□□ 図書館 N5 도서관

□□ 図書室 도서실

□□ どちら N5 어느 쪽

□□ とても N5 매우, 대단히, 몹시

□□ とどく N4 닿다, 도달하다, 도착하다

□□ どなた N5 어느 분

□□ となり N5 이웃, 옆, 이웃집

□□ どの N5 (뒤에 오는 명사를 가리켜서 물음)
　　어느

□□ とぶ N5 날다, 날아가다

□□ 止まる N4 멈추다, 서다, 그치다

□□ 友だち N5 친구

□□ 土よう日 N5 토요일(줄여서 '土よう'
　　라고도 함)

□□ 鳥 N5 새

□□ とり肉 N5 닭고기
　　비 牛肉 N5 소고기
　　ぶた肉 N4 돼지고기

□□ とる N5 찍다, 잡다, 집다
　　예 写真を　とる。사진을 찍다.
　　物を　とる。물건을 잡다.

□□ どれ N5 어느 것

□□ どんな N5 어떠한, 어떤

□□ ない N5 없다
　　반 ある N5 있다

□□ ナイフ N5 나이프, (서양식 작은) 칼

　비 ほうちょう N3 식칼

□□ なおる N4 고쳐지다, 바로잡히다, 낫다

　예 病気が なおる。 병이 낫다.

□□ 中 N5 안, 속

　반 外 N5 밖

□□ 長い N5 길다

　반 短い N5 짧다

□□ なかなか N4 상당히, (부정형과 함께 사용되어) 좀처럼

□□ なく N4 울다

　반 わらう N4 웃다

□□ なくなる N4 없어지다, 다 떨어지다, 돌아가시다

□□ なぜ N5 왜, 어째서

　동 どうして N5

□□ 夏 N5 여름

□□ 夏休み N5 여름방학, 여름휴가

　비 冬休み N5 겨울방학, 겨울휴가

□□ など N4 등, 따위

□□ 七 N5 ('七'라고도 읽을 수 있음) 칠, 일곱, 7

□□ 七つ N5 일곱, 일곱 개, 일곱 살

□□ 何 N5 ('何'으로도 읽을 수 있음) 무엇

□□ 七日 N5 7일, 초이렛날

□□ 名前 N5 이름

□□ 習う N5 연습하다, 익히다, 배우다

□□ 何回 N5 몇 회, 몇 번, 여러 번

□□ 何月 N5 몇 월

□□ 何個 N5 몇 개

□□ 何時 N5 몇 시

□□ 何度 N4 몇 번, 여러 번

□□ 何日(なんにち) N5 며칠

□□ 何人(なんにん) N5 몇 명

□□ 何年(なんねん) N5 몇 년

□□ 何番(なんばん) N5 몇 번, 몇 번째

□□ 何(なん)よう日(び) N5 무슨 요일

□□ 二(に) N5 이, 둘, 두 번째, 2

□□ に 조사 ~에, ~에게

□□ にぎやか N5 활기참, 번화함, 북적임

□□ 肉(にく) N5 살, 고기

□□ 西(にし) N5 서쪽

□□ 日(にち)よう日(び) N5 (줄여서 '日(にち)よう'라고도 함) 일요일

□□ 日本(にほん) N2 일본('日本(にほん)'을 힘줘 '日本(にっぽん) N2'으로 부르기도 하는데, 우리나라를 '한국' 대신 '대한민국'이라고 부르는 것과 같은 뉘앙스를 가짐)

□□ 日本語(にほんご) N5 일본어

□□ 日本式(にほんしき) 일본식

□□ 日本人(にほんじん) 일본인

□□ 日本料理(にほんりょうり) 일본 요리
동 和食(わしょく) 일식

□□ にもつ N4 짐, 화물

□□ ニュージーランド 뉴질랜드

□□ ニュース N4 뉴스

□□ にわ N5 정원, 뜰, 마당

□□ 人形(にんぎょう) N4 인형

□□ ぬぐ N4 벗다
반 着(き)る N4 입다

□□ ネクタイ N5 넥타이

□□ ねこ N5 고양이

□□ ねだん N4 가격, 값

□□ ねむる N4 자다, 잠들다

□□ ねる N5 자다
　반 起きる N5 일어나다

□□ ノート N5 노트

□□ のぼる N5 올라가다
　예 山に のぼる。 산에 오르다.
　반 下りる N4 내려오다

□□ 飲(み)物 N5 마실 것, 음료

□□ 飲む N5 마시다

□□ 乗(り)物 N4 탈 것, 교통기관

□□ 乗る N5 타다
　예 バスに 乗る。 버스를 타다.

□□ は 조사 ~은/는

□□ パーティー N4 파티

□□ はい N5 예, 네

□□ はいざら N5 재떨이

□□ バイト N3 아르바이트('アルバイト'의
　　줄임말)

□□ 入る N5 들어가다, 들어오다
　예 おふろに 入る。 목욕하다.
　반 出る N5 나오다, 나가다

□□ はがき N5 엽서

□□ はく N4 신다, 입다
　예 くつを はく。 신발을 신다.
　　ズボンを はく。 바지를 입다.

□□ はこ N4 상자

□□ 始(ま)る N5 시작되다, 개시되다
　반 終(わ)る N5 끝나다, 마치다

□□ はじめて N4 처음으로

□□ はじめに N4 우선, 먼저

□□ はじめまして [N5] 처음 뵙겠습니다

□□ 場所 [N4] 장소

ば しょ

□□ 走る [N4] 달리다, 뛰다

はし

□□ バス [N5] 버스

□□ バスケットボール 농구

　　비 バレーボール 배구

□□ パスタ 파스타

　　비 スパゲッティ 스파게티

□□ パソコン [N4] PC, 퍼스널 컴퓨터

□□ はたち [N5] 스무 살

□□ 働く [N4] 일하다

はたら

□□ 八 [N5] 팔, 여덟, 8

はち

□□ 二十日 [N5] 20일, 스무날

はつか

□□ 花 [N5] 꽃

はな

　　비 花見 [N4] 꽃구경, 꽃놀이

はな み

　　花火 [N3] 불꽃놀이

はな び

□□ はな [N5] 코, 후각

□□ 話 [N5] 이야기, 말

はなし

□□ 話す [N5] 말하다, 이야기하다

はな

□□ バナナ 바나나

□□ 花屋 꽃집

はな や

□□ 母 [N5] (자기 자신의 어머니를 남에게 낮춰

はは 말할 때 사용함) 어머니

□□ 早い [N5] (시기 · 시각이) 빠르다, 이르다

はや

　　반 おそい [N5] 늦다

□□ 速い [N5] (동작 · 속도가) 빠르다

はや

　　반 おそい [N5] 느리다

□□ 早く 일찍, 빨리

はや

□□ はらう [N4] (돈을) 내다, 지불하다

□□ はる [N4] 바르다, 붙이다

□□ 春 (はる) [N5] 봄

□□ バレーボール 배구
　　비 バスケットボール 농구

□□ はれる [N4] (하늘이) 개다

□□ 半 (はん) [N4] 반, 절반

□□ パン [N5] 빵

□□ ハンカチ [N5] 손수건

□□ ハンバーガー 햄버거

□□ ハンバーグ [N4] 햄버그 스테이크

□□ 番号 (ばんごう) [N5] 번호

□□ ばんご飯 (はん) [N5] 저녁밥, 저녁 식사

□□ パンダ 판다

□□ パン屋 (や) [N4] 빵 가게

□□ 日 (ひ) [N4] 날, 해

□□ ピアノ [N4] 피아노

□□ ビール [N4] 맥주

□□ 東 (ひがし) [N5] 동쪽

□□ ひく [N4] 치다
　　예 ギターを　ひく。기타를 치다.
　　　　ピアノを　ひく。피아노를 치다.

□□ 低い (ひく) [N5] 낮다, 작다
　　예 せが　低い (ひく)。키가 작다.
　　반 高い (たか) [N5] 높다, 크다
　　예 せが　高い (たか)。키가 크다.

□□ ピクニック [N4] 피크닉, 소풍

□□ ひこうき [N5] 비행기

□□ 久しぶり (ひさ) [N4] 오래간만

□□ ピザ 피자

□□ びじゅつ館 (かん) [N4] 미술관

□□ ^{ひだり}左 [N4] 왼쪽

　　반 ^{みぎ}右 [N5] 오른쪽

□□ ^{ひつよう}必要 [N4] 필요, 필요함

□□ ^{ひと}人 [N5] 사람

　　비 ^{かた}方 [N4] 분

□□ ^{ひと}一つ [N5] 하나, 첫째

□□ ^{ひとり}一人 [N5] 한 명, 한 사람

□□ ひま [N5] 한가함, 틈, 짬

　　반 いそがしい [N5] 바쁘다, 겨를이 없다

□□ ^{ひゃく}百 [N5] 백

□□ ^{びょういん}病院 [N5] 병원

□□ ^{びょうき}病気 [N5] 병

□□ ^{ひる}昼 [N5] 낮

□□ ビル ('ビルディング [N2]'의 줄임말) 빌딩, 건물

　　동 ^{たてもの}建物 [N5] 건물

□□ ^{ひる}^{はん}昼ご飯 [N5] 점심 밥, 점심 식사

□□ ^{ひるやす}昼休み [N4] 점심시간

□□ ^{ひろ}広い [N5] 넓다

　　반 せまい [N5] 좁다

□□ ピンク [N4] 핑크, 분홍

□□ プール [N4] 풀, 수영장

□□ ふかい [N4] 깊다

□□ ^{ふく}服 [N5] 옷

□□ ふくろ [N2] 봉지

　　비 ビニールぶくろ, レジぶくろ 비닐봉지

□□ ^{ふ じ さん}富士山 후지산(일본에서 가장 높은 산으로 높이는 3,776m)

□□ ^{ふた}二つ [N5] 둘, 두 개, 두 살

□□ ^{ふたり}二人 [N5] 두 사람

□□ ^{ふつか}二日 [N5] 2일, 이틀

□□ ふね N4 배

□□ 不便 N4 불편함
　반 便利 N5 편리함, 편리

□□ ふむ N4 밟다

□□ 冬 N5 겨울

□□ 冬休み 겨울방학, 겨울휴가
　반 夏休み N5 여름방학, 여름휴가

□□ ブラジル 브라질

□□ ブラック 블랙, 검정

□□ フランス 프랑스

□□ 降る N5 내리다, 오다
　예 雨が 降る。 비가 내리다.
　반 止む N4 그치다, 멈추다

□□ 古い N5 낡다, 오래되다
　반 新しい N5 새롭다

□□ ブルー 블루, 청색

□□ プレゼント N4 선물

□□ へ 조사 ~(으)로

□□ 北京 베이징('페킨'으로 표기하기도 함)

□□ 下手 N4 서투름
　반 上手 N5 잘함, 능숙함

□□ ベッド N4 베드, 침대

□□ ペット N4 페트, 애완용 동물, (악기) 트럼펫

□□ ベトナム 베트남

□□ 部屋 N5 방

□□ 変 N4 이상함
　동 おかしい N4 이상하다

□□ ペン N5 펜

□□ 勉強 N5 공부
　예 勉強を する。 공부를 하다.

□□ へんじ [N4] 답장, 대답, 응답

□□ 便利 [N5] 편리함, 편리
　　반 不便 [N4] 불편함

□□ 方 [N5] 쪽, 방향

□□ ぼうし [N4] 모자

□□ ホームページ [N3] 홈페이지

□□ ボールペン [N5] 볼펜

□□ ほか [N5] 다른 것, 다른 곳
　　예 ほかの 人 다른 사람

□□ ぼく [N4] (남자) 나

□□ ポケット [N5] 포켓, 호주머니

□□ ほし [N4] 별

□□ ほしい [N4] 갖고 싶다, 원하다, 탐나다

□□ ボタン [N5] 버튼, 단추

□□ ホテル [N5] 호텔

□□ ホワイト 화이트, 흰빛

□□ 本 [N5] 책

□□ 本当 [N4] 정말
　　반 うそ [N4] 거짓말

□□ 本当に [N4] 정말로

□□ 本屋 [N4] 책방, 서점
　　동 書店 [N3] 서점

□□ 毎朝 [N5] 매일 아침

□□ 毎月 [N5] ('毎月 [N4]'로 읽을 수도 있음)
　　　　매월, 달마다

□□ 毎週 [N5] 매주, 일주일마다

□□ 毎日 [N5] 매일

□□ 毎年 [N5] ('毎年 [N4]'로 읽을 수도 있음)
　　　　매년, 해마다

□□ 毎ばん N5 매일 밤

□□ 前 N5 앞, 전
반 後ろ N5 뒤 | 後 N5 후

□□ まがる N5 구부러지다, 굽다, 방향을 바꾸다, 돌다

□□ まご N4 손자
반 まごむすめ 손녀

□□ まじめ N4 성실함, 착실함

□□ まず N4 우선, 먼저

□□ まずい N5 맛없다
반 おいしい N5 맛있다

□□ また N5 또, 또한

□□ まだ N5 아직, 여태까지

□□ 町 N5 (사람들이 많이 모여 사는) 읍내, 동네
반 いなか N4 시골

□□ 間ちがえる N4 잘못하다, 틀리다

□□ 待つ N5 기다리다

□□ まっすぐ N5 곧장, 똑바로

□□ まで 조사 ~까지

□□ まど N5 창문
동 ウィンドー 윈도, 창문

□□ 間に合う N4 시간에 대다, 시간에 맞추다

□□ まるい N5 둥글다

□□ マレーシア 말레이시아

□□ 万 N4 만

□□ まん画 N4 (가타카나 '마ンガ'로 표기하기도 함) 만화

□□ マンション N3 맨션, 고층 아파트

□□ みがく N5 닦다, 윤을 내다
예 くつを　みがく。 신발을 닦다.

46

□□ <ruby>右<rt>みぎ</rt></ruby> N5　오른쪽

　반 <ruby>左<rt>ひだり</rt></ruby> N5　왼쪽

□□ <ruby>短<rt>みじか</rt></ruby>い N5　짧다

　반 <ruby>長<rt>なが</rt></ruby>い N5　길다

□□ <ruby>水<rt>みず</rt></ruby> N5　물

□□ <ruby>店<rt>みせ</rt></ruby> N5　가게

□□ <ruby>見<rt>み</rt></ruby>せる N5　보이다, 남에게 보도록 하다

□□ <ruby>道<rt>みち</rt></ruby> N5　길, 도로

□□ <ruby>三日<rt>みっか</rt></ruby> N5　3일, 초사흘

□□ <ruby>三<rt>みっ</rt></ruby>つ N5　셋, 세 개, 세 살

□□ みどり N5　녹색, 초록

□□ みなさん N5　(좀 더 정중하게 '**みなさま**'

　　　　　　　라고 함) 여러분

□□ <ruby>南<rt>みなみ</rt></ruby> N5　남쪽

□□ <ruby>耳<rt>みみ</rt></ruby> N5　귀

□□ <ruby>見<rt>み</rt></ruby>る N5　보다

□□ みんな N5　모두

□□ <ruby>六日<rt>むいか</rt></ruby> N5　6일, 엿새

□□ <ruby>向<rt>む</rt></ruby>かい N4　맞은 편, 건너 편

□□ むずかしい N5　어렵다

　반 やさしい N4　쉽다

□□ <ruby>六<rt>むっ</rt></ruby>つ N5　여섯, 여섯 개, 여섯 살

□□ <ruby>無理<rt>むり</rt></ruby> N4　무리, 무리함, 도가 지나침

□□ <ruby>目<rt>め</rt></ruby> N5　눈, (순서를 나타낼 때 사용하는 말) 째

□□ メール　(이)메일, 전자 메일

□□ めがね N5　안경

□□ メキシコ　멕시코

□□ めずらしい N4　드물다, 신기하다

□□ メニュー N3　메뉴

□□ メロン N4 멜론

□□ も 조사 ~도

□□ もう一度 N5 다시 한 번, 한 번 더

□□ もう少し 조금 더

□□ 木よう日 N5 목요일(줄여서 '木よう' 라고도 함)

□□ もしもし N5 (전화에서) 여보세요

□□ もちろん N4 물론, 말할 것도 없이

□□ 持つ N5 들다, 쥐다, 가지다

□□ もっと N5 더욱, 좀 더, 한층 더

□□ 物 N5 물건, 것

□□ もらう N4 (남에게) 받다
　　반 あげる N5 (내가 남에게) 주다
　　비 くれる N4 (남이 나에게) 주다

□□ 門 N5 대문, 문, 출입구

□□ 問題 N5 문제

□□ や 조사 ~와/과, ~(이)랑

□□ やおや N5 채소 가게, 채소 파는 사람

□□ やきゅう N3 야구

□□ やくそく N4 약속

□□ 野菜 N5 채소

□□ やさしい N4 상냥하다, 다정하다, 쉽다

□□ 安い N5 싸다
　　반 高い N5 비싸다

□□ 休み N5 쉼, 휴식, 쉬는 시간, 휴일, 휴가

□□ 休む N5 쉬다

□□ やはり N4 역시(힘줘 말할 때 'やっぱり N3'를 사용함)

□□ 山 N5 산
　　비 とざん N3 등산

□□ やる N4 (동·식물 등에게 먹이나 물을) 주다, (가까운 사이, 나이가 어린 사람에게 무언가를) 주다, 하다

□□ 夕方 N5 해질녘, 저녁때

□□ 夕飯 N5 저녁밥, 저녁 식사

동 ばんご飯 N5 저녁밥, 저녁 식사

□□ ゆうびんきょく N4 우체국

□□ 夕べ N4 어제저녁

□□ 有名 N4 유명, 유명함

□□ ゆき N5 눈

비 ゆきだるま 눈사람

ゆきがっせん 눈싸움

□□ ゆっくり N5 푹, 천천히, 느긋하게

□□ ゆめ N4 꿈

□□ よい N5 좋다, 뛰어나다, 훌륭하다

□□ 八日 N5 8일, 여드레

□□ 洋服 N5 양복

□□ よく N4 잘, 자주

□□ よこ N5 옆, 가로

□□ 四日 N5 4일, 나흘

□□ 四つ N5 넷, 네 개, 네 살

□□ よてい N4 예정

□□ よぶ N5 부르다

□□ 読む N5 읽다

□□ よやく N4 예약

□□ より (비교의 기준을 나타냄) ~보다

□□ 夜 N5 밤

반 昼 N5 낮

□□ 弱い N5 약하다

반 強い N5 강하다, 세다

□□ ラーメン　라면

□□ 来月 [N5]　다음 달
（らいげつ）

□□ 来週 [N5]　다음 주
（らいしゅう）

□□ 来年 [N5]　내년
（らいねん）

□□ ラジオ [N5]　라디오

□□ りゅうがくせい [N5]　유학생

□□ りょう [N2]　기숙사

□□ 両親 [N4]　부모님
（りょうしん）
비 ご両親 （남의) 부모님
（りょうしん）

□□ 料理 [N5]　요리
（りょうり）

□□ 旅行 [N4]　여행
（りょこう）

□□ りんご [N4]　사과

□□ れい [N4]　영, 제로
동 ゼロ [N5]　제로 | まる [N3]　영

□□ れいぞうこ [N4]　냉장고

□□ レジ [N4]　계산대, 카운터

□□ レストラン [N5]　레스토랑

□□ レポート [N4]　리포트

□□ れんしゅう [N4]　연습

□□ れんらく [N4]　연락

□□ 六 [N5]　육, 여섯, 6
（ろく）

□□ ロシア　러시아

□□ ロック 록 음악
비 クラシック [N2]　클래식
バラード　발라드

□□ ロビー [N3]　로비, 넓은 휴게용 홀

□□ ワイン [N2]　와인, 포도주

□□ わかい [N4]　젊다

□□ 分(わ)る [N5] 알다, 이해할 수 있다

□□ わけ [N4] 의미, 사정, 이유

□□ わさび 고추냉이

□□ わすれる [N4] 잊다

□□ 私 [N5] 나, 저
　비 私 [N4] 저 ｜ ぼく [N4] (남자) 나

□□ わたす [N4] 건네주다

□□ わらう [N4] 웃다

□□ 悪い [N5] 나쁘다, 못되다

□□ を [조사] ~을/를

◤ 고유어 수사

하나	一つ (ひと)
둘	二つ (ふた)
셋	三つ (みっ)
넷	四つ (よっ)
다섯	五つ (いつ)
여섯	六つ (むっ)
일곱	七つ (なな)
여덟	八つ (やっ)
아홉	九つ (ここの)
열	十 (とお)
몇~	いくつ

◤ 한자어 수사

一	いち	十	じゅう	百	ひゃく	千	せん	一万	いちまん
二	に	二十	にじゅう	二百	にひゃく	二千	にせん	二万	にまん
三	さん	三十	さんじゅう	三百	さんびゃく	三千	さんぜん	三万	さんまん
四	し・よん・よ	四十	よんじゅう	四百	よんひゃく	四千	よんせん	四万	よんまん
五	ご	五十	ごじゅう	五百	ごひゃく	五千	ごせん	五万	ごまん
六	ろく	六十	ろくじゅう	六百	ろっぴゃく	六千	ろくせん	六万	ろくまん
七	しち・なな	七十	ななじゅう	七百	ななひゃく	七千	ななせん	七万	ななまん
八	はち	八十	はちじゅう	八百	はっぴゃく	八千	はっせん	八万	はちまん
九	きゅう・く	九十	きゅうじゅう	九百	きゅうひゃく	九千	きゅうせん	九万	きゅうまん
十	じゅう	百	ひゃく	千	せん	一万	いちまん	十万	じゅうまん

* 숫자 '0' : ゼロ・れい・まる

◤ 단위를 나타내는 기본 조수사(1)

숫자	작은 동물 ~匹(ひき) / ~마리	컵에 든 액체 ~杯(はい) / ~잔	나이 ~才(さい) / ~살	서적 ~冊(さつ) / ~권	양말, 신발 ~足(そく) / ~켤레
1	いっぴき	いっぱい	いっさい	いっさつ	いっそく
2	にひき	にはい	にさい	にさつ	にそく
3	さんびき	さんばい	さんさい	さんさつ	さんぞく
4	よんひき	よんはい	よんさい	よんさつ	よんそく
5	ごひき	ごはい	ごさい	ごさつ	ごそく
6	ろっぴき	ろっぱい	ろくさい	ろくさつ	ろくそく
7	ななひき	ななはい	ななさい	ななさつ	ななそく
8	はっぴき	はっぱい	はっさい	はっさつ	はっそく
9	きゅうひき	きゅうはい	きゅうさい	きゅうさつ	きゅうそく
10	じゅっぴき	じゅっぱい	じゅっさい	じゅっさつ	じゅっそく
何(なん)	なんびき	なんばい	なんさい	なんさつ	なんぞく

＊ ~才, ~冊, ~足는 앞에 숫자 6이 와도 'く'가 'っ'로 변하지 않으며, ~才, ~冊는 앞에 숫자 3이 와도 3才, 3冊와 같이 탁음으로 발음하거나 표기하지 않음.

◤ 단위를 나타내는 기본 조수사(2)

숫자	건물 층수 ~階(かい) / ~층	횟수 ~回(かい) / ~회	물건 ~個(こ) / ~개	얇은 종이, 천 ~枚(まい) / ~장	자동차, 전자제품 ~台(だい) / ~대
1	いっかい	いっかい	いっこ	いちまい	いちだい
2	にかい	にかい	にこ	にまい	にだい
3	さんがい	さんかい	さんこ	さんまい	さんだい
4	よんかい	よんかい	よんこ	よんまい	よんだい
5	ごかい	ごかい	ごこ	ごまい	ごだい
6	ろっかい	ろっかい	ろっこ	ろくまい	ろくだい
7	ななかい	ななかい	ななこ	ななまい	ななだい
8	はっかい	はっかい	はっこ	はちまい	はちだい
9	きゅうかい	きゅうかい	きゅうこ	きゅうまい	きゅうだい
10	じゅっかい	じゅっかい	じゅっこ	じゅうまい	じゅうだい
何(なん)	なんがい	なんかい	なんこ	なんまい	なんだい

＊ 10단위 숫자를 셀 때, 'っ'가 들어가는 경우 じっぴき와 같이 'ゅ'를 생략하고 사용할 수 있음.

＊ ~回와 ~個는 앞에 숫자 3이 와도 3回, 3個와 같이 탁음으로 발음하거나 표기하지 않음.

◣ 연(年)·월(月)

〜年(ねん) 〜년				〜月(がつ) 〜월	
1	いちねん	40	よんじゅうねん	1	いちがつ
2	にねん	50	ごじゅうねん	2	にがつ
3	さんねん	60	ろくじゅうねん	3	さんがつ
4	よねん	70	ななじゅうねん	4	しがつ
5	ごねん	80	はちじゅうねん	5	ごがつ
6	ろくねん	90	きゅうじゅうねん	6	ろくがつ
7	ななねん	100	ひゃくねん	7	しちがつ
8	はちねん	1000	せんねん	8	はちがつ
9	きゅうねん	1988	せんきゅうひゃくはちじゅうはちねん	9	くがつ
10	じゅうねん			10	じゅうがつ
20	にじゅうねん	2020	にせんにじゅうねん	11	じゅういちがつ
30	さんじゅうねん			12	じゅうにがつ
何/몇	なんねん			何/몇	なんがつ

* 七年은 七年으로도 읽음.

◣ 요일과 날짜

日よう日 일요일	月よう日 월요일	火よう日 화요일	水よう日 수요일	木よう日 목요일	金よう日 금요일	土よう日 토요일
	1日 ついたち	2日 ふつか	3日 みっか	4日 よっか	5日 いつか	6日 むいか
7日 なのか	8日 ようか	9日 ここのか	10日 とおか	11日 じゅういちにち	12日 じゅうににち	13日 じゅうさんにち
14日 じゅうよっか	15日 じゅうごにち	16日 じゅうろくにち	17日 じゅうしちにち	18日 じゅうはちにち	19日 じゅうくにち	20日 はつか
21日 にじゅういちにち	22日 にじゅうににち	23日 にじゅうさんにち	24日 にじゅうよっか	25日 にじゅうごにち	26日 にじゅうろくにち	27日 にじゅうしちにち
28日 にじゅうはちにち	29日 にじゅうくにち	30日 さんじゅうにち	31日 さんじゅういちにち	何 몇, 무슨	何日 なんにち	何よう日 なんようび

54

◢ 시간

숫자	~時(じ) / ~시	~分(ふん) / ~분	~秒(びょう) / ~초
1	いちじ	いっぷん	いちびょう
2	にじ	にふん	にびょう
3	さんじ	さんぷん	さんびょう
4	よじ	よんぷん	よんびょう
5	ごじ	ごふん	ごびょう
6	ろくじ	ろっぷん	ろくびょう
7	しちじ	ななふん	ななびょう
8	はちじ	はっぷん・はちふん	はちびょう
9	くじ	きゅうふん	きゅうびょう
10	じゅうじ	じゅっぷん・じっぷん	じゅうびょう
11	じゅういちじ	じゅういっぷん	じゅういちびょう
12	じゅうにじ	じゅうにふん	じゅうにびょう
30		さんじゅっぷん・さんじっぷん・はん	さんじゅうびょう
何/몇	なんじ	なんぷん	なんびょう

* 三十分은 三十分으로도 발음하고 표기할 수 있고 半(반)으로도 씀.

제**2**장

JLPT N5 문법

① N5 필수 문법
② N5 기초 문법

일러
두기

○ 예 예문 / 참 참고
○ 예문 안에서 색 글자로 표시된 것은 표제어를 강조하기 위함입니다.
○ 한 번 익힌 문법 중에서 아직 완벽하게 익히지 못한 것은 ☑☐, 확실하게 익힌 것은 ☑☑처럼 체크 박스에 체크
　 하면서 학습하면 도움이 됩니다.

☐☐ 間 : ~하는 동안, ~하는 사이
예 休んでいる　間も　べんきょうする。 쉬는 동안에도 공부한다.

☐☐ あげる : (내가 남에게) 주다, 드리다
예 父に　プレゼントを　あげました。 아빠에게 선물을 드렸습니다.

☐☐ あまり : 그다지, 별로
참 あまり ~부정(ない) → '그다지(별로) ~하지 않다'
　 あまり　好きでは　ありません。 그다지 좋아하지 않습니다.

☐☐ いくら : 얼마나, 아무리
예 いくら　うれしいか。 얼마나 기쁜지.
참 いくら ～ても → '아무리 ~해도'
　 いくら　泣いても　彼は　もどって　こない。 아무리 울어도 그는 돌아오지 않아.

☐☐ 一番 : 가장, 첫째로
예 一番　楽しかった　ことは　何ですか。 가장 즐거웠던 일은 무엇입니까?

☐☐ いつ : 언제, 어느 때
예 いつ　帰りますか。 언제 돌아옵(갑)니까?

☐☐ いつも : 언제나, 항상
예 私は　いつも　あなたの　味方です。 나는 언제나 당신 편입니다.

□□ 今：지금, 이제

예 今 来た ばかりです。 지금 막 왔습니다.

□□ いろいろ：여러 가지

예 じじょうは いろいろ あると 思います。 사정은 여러 가지 있다고 생각합니다.

□□ 同じ：같은, 동일한, 어차피, 이왕에

예 今も 昔も 同じだ。 지금도 옛날도 같다.

참 同じ 〜なら → '어차피 〜할 바에는(하려면)'

同じ 買うなら 安い ほうが いい。 기왕 사려면 싼 편이 좋다.

□□ か：〜까?, 〜(인/일)지, 〜(인/일)가

예 あなたは 日本人ですか。 당신은 일본인입니까?

おいしいか どうか 分かりませんが・・・。 맛있을지 어떨지 모르겠습니다만….

□□ が：〜이, 〜가, 〜을, 〜를, 〜(지)만

예 公園に 子どもが います。 공원에 아이가 있습니다.

お金が 好きです。 돈을 좋아합니다.

お金は ありますが、時間が ありません。 돈은 있지만, 시간이 없습니다.

□□ かも：〜일지도

예 当たるかも 知れません。 맞을(당첨될)지도 모릅니다.

□□ から：〜부터, 〜(하)니까

① 시간·거리·공간적인 시발점

예 春から 秋まで 봄부터 가을까지

家から 学校まで 집에서 학교까지

今日から おれは! 오늘부터 나는!

② 원인 · 이유

예 寒いから 窓を 閉めて ください。 추우니까 창문을 닫아 주세요.

□□ くださる : (남이 나에게) 주시다
예 そぼが お年玉を くださいました。 할머니가 세뱃돈을 주셨습니다.

□□ くれる : (남이 나에게) 주다
예 友だちが ダイアリーを くれました。 친구가 다이어리를 주었습니다.

□□ けれど(も) : ~지만, ~(이기는)하나
예 この くだものは おいしいけれども 高い。 이 과일은 맛있지만, 비싸다.

□□ し : ~하고
예 この 部屋は 明るいし、駅から 近いし、とても 気に 入ります。

이 방은 밝고 역에서 가까워, 매우 마음에 듭니다.

□□ しか : ~밖에
참 ～しか ～ない(부정) → '~밖에 ~없다'

あなたしか いない。 당신밖에 없다.

□□ 少し : 조금, 약간
예 お金が 少し 足りない。 돈이 조금 모자라다.

□□ たいへん : 대단히, 몹시
예 たいへん お待たせ いたしました。 많이 기다리셨습니다.

□□ たくさん : 많이, 충분한
예 たくさん ください。 많이 주세요.

□□ 近<small>ちか</small>く : 가까이

예 近<small>ちか</small>くに 来<small>き</small>て ください。 가까이 와 주세요.

□□ だけ : (한정·한도) ~뿐, ~만, ~한

예 できるだけ 私<small>わたし</small>の ままで いたい。 가능한 한 내 모습 그대로 있고 싶다.

□□ ちょっと : 잠깐, 조금

예 ちょっと 待<small>ま</small>って ください。 잠깐 기다려 주세요.

□□ つもり : ~할 작정, ~할 예정

예 らいねん、日本<small>にほん</small>へ 遊<small>あそ</small>びに 行<small>い</small>く つもりだ。 내년에 일본에 갈 예정이다.

□□ で : ~로, ~에, ~에서, ~해서, ~때문에

① 장소

예 学校<small>がっこう</small>で 習<small>なら</small>って います。 학교에서 배우고 있습니다.

② 수단·방법

예 日本語<small>にほんご</small>で 書<small>か</small>いて ください。 일본어로 써 주세요.

③ 계산

예 全部<small>ぜんぶ</small>で いくらですか。 전부 해서 얼마입니까?

④ 원인·이유

예 かぜで 休<small>やす</small>みました。 감기 때문에 쉬었습니다.

□□ て いく : ~해 가다

예 だんだん 大<small>おお</small>きく なっていく。 점점 더 커져 가다.

□□ て いる : ~해(져) 있다, ~하고 있다

① 타동사 + て いる(진행)

예 パンを 食<small>た</small>べて いる。 빵을 먹고 있다.

② 자동사 + て いる(상태)

예 ドアが 開(あ)いて いる。 창문이 열려 있다.

□□ て ある : ~해(져) 있다(어떤 상태에 있음을 나타냄)

예 つくえの 上(うえ)に 本(ほん)が おいて ある。 책상 위에 책이 놓여(져) 있다.

□□ て おく : ~해 두다

예 テーブルの 下(した)に おいて おく。 테이블 아래 놔 두다.

□□ での : ~에서의

예 スマホでの メールアドレス 스마트폰에서의 메일 주소

韓国(かんこく)での せいかつ 한국에서의 생활

□□ では : ~에서는

예 年上(としうえ)の 人(ひと)の 前(まえ)では たばこを すわない。 연장자 앞에서는 담배를 피우지 않는다.

□□ ては いけない : ~해서는 안 된다

예 これを 食(た)べては いけない。 이것을 먹어서는 안 된다.

□□ でも : ~라도

예 コーヒーでも 飲(の)みませんか。 커피라도 마시지 않을래요?

□□ ても いい : ~해도 좋다, ~해도 된다

예 ここに すわっても いいですか。 여기에 앉아도 됩니까?

□□ と : ~와, ~과, ~(다/라)고

예 金(きん)と 銀(ぎん)の 中(なか)で どちらが 好(す)きですか。 금과 은 중에서 어느 쪽을 좋아합니까?

私(わたし)は ○○○と 申(もう)します。 저는 ○○○라고 합니다.

□□ どうぞ : 부디, 모쪼록

예 どうぞ　よろしく　おねがい　します。 부디 잘 부탁합니다.

□□ 時々 : 가끔, 때때로

예 友だちとは　時々　けんかも　します。 친구와는 가끔 싸움도 합니다.

□□ とても : 매우, 몹시

예 とても　人気が　あります。 매우 인기가 있습니다.

□□ とは : ~와는, ~라고는

예 私とは　古い　友人です。 저와는 오랜 친구입니다.

　　仲が　いいとは　言えない。 사이가 좋다고는 말할 수 없다.

□□ とも : ~와도, ~라고도, ~라도

예 あなたとも　お別れです。 당신과도 이별입니다.

　　それこそが　マナーだとも　言えます。 그게 바로 매너라고도 말할 수 있습니다.

　　どんなに　つらくとも　くじけるな。 아무리 괴로워도 꺾이지 마.

□□ なぜ : 왜, 어째서

예 なぜ　泣いて　いますか。 왜 울고 있습니까?

□□ など : ~등, ~따위

예 本や　ノートや　ボールペン　などが　あります。 책이랑 노트랑 볼펜 등이 있습니다.

□□ に : ~에, ~에게, ~(하)러, ~이, ~가, ~을, ~를

① 시간・장소・목적지

예 九時に　会う　約束でしたよね。 9시에 만나는 약속이었지요?

　　学校に　行きます。 학교에 갑니다.

② 대상

예 先生に　手紙を　書きました。 선생님에게 편지를 썼습니다.

③ 목적 · 의도

예 デパートへ　買い物に　行きました。 백화점에 쇼핑하러 갔습니다.

　　食べに　行きませんか。 먹으러 가지 않을래요?

④ 관형적 (동사 なる・あう 앞에)

예 上手に　なりました。 능숙해졌습니다.

　　友だちに　会います。 친구를 만납니다.

□□ には：~에는, ~에게는

예 私には　荷物が　重いです。 저에게는 짐이 무겁습니다.

□□ にも：~에도, ~에게도

예 きせきは　あなたにも　起こります。 기적은 당신에게도 일어납니다.

□□ の：~의, ~의 것, ~이, ~가

예 日本語の　本です。 일본어 책입니다.

　　それは　わたしのです。 그것은 제 것입니다.

　　私の　好きな　食べ物は　カレーです。 제가 좋아하는 음식은 카레입니다.

□□ ね：~군, ~지

예 今日は　いい　天気ですね。 오늘은 좋은 날씨군요.

□□ ので：~므로, ~때문에

예 雪が　降って　いるので　出かけませんでした。 눈이 내려서 외출하지 않았습니다.

□□ のに：~한데, ~는데도

예 ないのに　あると　言う。 없는데도 있다고 한다.

□□ は : ~은, ~는 → 조사로 사용될 때에는 [wa]로 발음한다.

예 私は 学生です。 저는 학생입니다.

□□ へ : ~로, ~에 → 조사로 사용될 때에는 [e]로 발음한다.

예 방향성 どこへ 向かいますか。 어디로 가십니까?

□□ へと : ~(으)로

예 口から 口へと 伝わる。 입에서 입으로 전해진다.

□□ へは : ~에는

예 あそこへは 行かない 方が いいです。 저곳에는 가지 않는 편이 좋습니다.

□□ へも : ~에도

예 どこへも 行きませんでした。 어디에도 가지 않았습니다.

□□ ほど : ~정도, ~수록

예 これ ほどが いい。 이 정도가 좋아.

　 多ければ 多いほど いい。 많으면 많을수록 좋다.

□□ また : 또, 다시

예 また お会いしましょう。 또 만납시다.

□□ まだ : 아직

예 まだ 分かりません。 아직 모르겠습니다.

□□ まっすぐ : 쭉, 똑바로, 곧장

예 まっすぐ 行って ください。 곧장 가 주세요.

□□ まで：~(기간)까지

예 おそくまで 勉強して いる。 늦게까지 공부하고 있다.

□□ までに：~(기한)까지, ~까지로

예 明日までに 出して ください。 내일 안에 제출해 주세요.
一人 一つまでに しましょう。 1인당 1개까지 합시다.

□□ みんな：모두, 다

예 みんな あげます。 모두 드립니다.

□□ も：~도

예 あれも これも ねがう 親心。 이것도 저것도 다 바라는 부모 마음.

□□ もっと：더, 더욱

예 もっと 頑張って ください。 더 힘내세요.

□□ もらう：받다

예 手紙を もらった ことが ありますか。 편지를 받은 적이 있습니까?

□□ や：~랑, ~나

예 机の 上に 本や ノートや ボールペン などが あります。

책상 위에 책이랑 노트랑 볼펜 등이 있습니다.

□□ やる：(동·식물에게 먹이나 물 등을) 주다, (내가 아랫사람이나 친구에게) 주다

예 ペットに えさを やりました。 애완동물에게 먹이를 주었습니다.

□□ ゆっくり：천천히, 충분히

예 ゆっくり 歩いても いいです。 천천히 걸어도 좋습니다.

□□ より : ~보다
예 彼女は 料理が 私より 上手です。 그녀는 요리를 저보다 잘합니다.

□□ を : ~을, ~를
예 日本語の 勉強を して います。 일본어 공부를 하고 있습니다.

□□ ～おわる : 다 ~하다
예 食べ終わる。 다 먹다. │ 飲み終わる。 다 마시다(복용하다).

□□ ～か どうか : ~지 어떨지
예 行くか どうか まだ 分かりません。 갈지 어떨지 아직 모르겠습니다.

□□ ～か ～ないか : ~지 ~지 않을지
예 行くか 行かないか 早く 決めて ください。 갈지 안 갈지 빨리 결정해 주세요.

□□ ～く する : ~(하)게 하다
예 顔を 赤く する。 얼굴을 붉히다.

□□ ～く なる : ~해지다
예 顔が 赤く なる。 얼굴이 붉어지다.

□□ ～くらい / ～ぐらい : ~쯤, 정도
예 あと どの くらいですか。 앞으로 어느 정도인가요?
　 20分ぐらいです。 20분 정도입니다.

□□ ～ことが できる : ~을(를) 할 수 있다
예 漢字で 書く ことが できる。 한자로 쓰는 것이 가능하다.

□□ ～た　あとで：~한 후에
예 お風呂に　入った　あとで　ご飯を　食べます。목욕한 후에 밥을 먹습니다.

□□ ～たい：~고 싶다(희망)
예 おいしい　パスタが　食べたい。맛있는 파스타를 먹고 싶다.

□□ ～た　ことが　ある：~한 적이 있다
예 日本語を　習った　ことが　ありますか。일본어를 배운 적이 있습니까?

□□ ～た　ほうが　いい：~하는 편이 좋다
예 たくさん　食べた　ほうが　いい。많이 먹는 편이 좋다.

□□ ～たまま：~한 채로
예 クーラーを　つけたまま　寝て　しまった。냉방기를 켠 채로 잠들어 버렸다.

□□ ～たり～たり(する)：~기도 ~기도(하다)
예 食べたり　飲んだり　しながら　遊びました。
먹기도 하고 마시기도 하고 하면서 놀았습니다.

□□ ～て　あげる：(내가 남에게) ~해 주다, ~해 드리다
예 彼女に　料理を　作って　あげました。그녀에게 요리를 만들어 주었습니다.

□□ ～て　から：~하고 나서
예 頭で　考えてから　言いましょう。머리로 생각하고 나서 말합시다.

□□ ～て　ください：~해 주세요
예 静かに　して　ください。조용히 해 주세요.

□□ ～て ください：(남이 나에게) ~해 주시다

예 家に 来て ください。집으로 와 주세요.

□□ ～て くる：~하고(해) 오다

예 妹が 部屋から 出て きた。여동생이 방에서 나왔다.

今日は 早く 帰って きてね。오늘은 빨리 돌아와.

□□ ～て くれる：(남이 나에게) ~해 주다

예 彼女は 料理を 作って くれました。그녀는 요리를 만들어 주었습니다.

□□ ～て しまう：~해 버리다

예 寝て しまいました。자 버렸습니다.

□□ ～て みる：~해 보다

예 あじみで 食べて みる。맛보기로 먹어 보다.

□□ ～て もらう：~해 받다

예 姉に 英語を 教えて もらいました。언니(누나)에게 영어를 배웠습니다.

□□ ～て やる：(내가 남에게) ~ 해 주다

예 今日こそ 勝って やる。오늘이야말로 이겨 주지.

□□ ～と いう：~라는, ~라고 하는

예 これは キムチと いう 食べ物です。이것은 김치라고 하는 음식입니다.

□□ ～ないで：~하지 않고

예 今日は 朝ご飯を 食べないで 学校へ 行った。

오늘은 아침밥을 먹지 않고 학교에 갔다.

□□ 〜ないで ください : ~(하)지 말아 주세요, ~하지 마세요

예 行かないで ください。 가지 말아 주세요

私を 一人に しないで ください。 나를 혼자 내버려 두지 말아 주세요.

□□ 〜ながら : ~하면서

예 歩きながら 食べる。 걸으면서 먹는다.

□□ 〜なくて : ~가 아니라, ~(하)지 않아서

예 私は 高校生じゃ なくて、大学生です。 저는 고등학생이 아니라 대학생입니다.

今日は 朝ご飯を 食べなくて おなか 空いた。

오늘은 아침밥을 먹지 않아서 배가 고프다.

□□ 〜なければ ならない : ~하지 않으면 안 된다

예 レポートは 明日までに 出さなければ なりません。

리포트는 내일 안에 제출하지 않으면 안 됩니다.

□□ 〜に する : ~(으)로 하다

예 キムチなべに する。 김치찌개로 하다.

きれいに する。 깨끗하게 하다.

□□ 〜にくい : ~(하)기 어렵다

예 食べにくい。 먹기 어렵다.

飲みにくい。 마시기(복용하기) 어렵다.

□□ 〜に なる : ~이/가 되다, 해지다

예 先生に なる。 선생님이 되다.

きれいに なる。 예뻐지다.

□□ ～はじめる : ~(하)기 시작하다

예 食べはじめる。먹기 시작하다. ｜ 飲みはじめる。마시기(복용하기) 시작하다.

□□ ～まえに : ~전에

예 ご飯を 食べるまえに 手を 洗って ください。밥을 먹기 전에 손을 씻어 주세요.

□□ ～やすい : ~(하)기 쉽다

예 食べやすい。먹기 쉽다.

飲みやすい。마시기(복용하기) 쉽다.

(1) 명사

명사는 사람이나 사물의 이름을 나타내는 품사로, 뒤에 'だ(이다)·です(입니다)' 등이 붙어 보통형 (반말체)과 정중형을 표현할 수 있습니다. 명사의 기본 패턴을 알아봅시다.

◤ 명사의 긍정 표현

> 명사 + だ(~이다)
> 명사 + です(~입니다)

예 学生だ。학생이다. | 学生です。학생입니다.

◤ 명사의 부정 표현

> 명사 + では ない(~이/가 아니다)
> 명사 + では ないです(~이/가 아닙니다)
> 　　　　では ありません(~이/가 아닙니다)

예 学生では　ない。학생이 아니다.
学生では　ないです。학생이 아닙니다.
＝学生では　ありません。학생이 아닙니다.

참 'では'는 회화체에서는 'じゃ'로 사용됩니다.

◤ 명사의 과거 표현

> 명사 + だった(~이었다)
> 명사 + でした(~이었습니다)

예 学生だった。학생이었다. | 学生でした。학생이었습니다.

◢ **명사의 과거 부정 표현**

> 명사 + では　なかった(~이/가 아니었다)
>
> 명사 + では　なかったです(~이/가 아니었습니다)
>
> 　　　では　ありませんでした(~이/가 아니었습니다)

예 学生^{がくせい}では　なかった。 학생이 아니었다.

学生^{がくせい}では　なかったです。 학생이 아니었습니다.

= 学生^{がくせい}では　ありませんでした。 학생이 아니었습니다.

◢ **명사의 연결형**

> 명사 + で(~이고)

예 中学生^{ちゅうがくせい}で、2年生^{ねんせい}です。 중학생이고 2학년입니다.

◢ **명사 기본 패턴 정리**

	보통형	정중형
긍정	だ	です
부정	では　ない	では　ないです では　ありません
과거	だった	でした
과거 부정	では　なかった	では　なかったです では　ありませんでした

참 'では'는 회화체에서 'じゃ'로 바꿀 수 있다는 것 꼭 기억하세요.

'では　ないです'는 'では　ありません'으로도 사용됩니다.

'では　なかったです'는 'では　ありませんでした'로도 사용됩니다.

(2) 형용사

　형용사란 사람이나 사물의 성질이나 상태를 나타내는 품사이며, 일본어의 형용사는 형태상 ナ형용사와 イ형용사로 구분됩니다. 어미(끝)가 'だ'로 끝나면 'ナ형용사', 어미(끝)가 'い'로 끝나면 'イ형용사'가 됩니다.

ナ형용사		イ형용사	
すきだ	좋아하다	おいしい	맛있다
きらいだ	싫어하다	たかい	높다, 비싸다
しずかだ	조용하다	やすい	싸다
じょうずだ	능숙하다	あかるい	밝다
まじめだ	성실하다	くらい	어둡다

(2-1) ナ형용사

　ナ형용사의 어미(끝)는 'だ'로 끝나며, ナ형용사의 활용은 명사와 많이 비슷합니다. ナ형용사의 기본 패턴을 알아봅시다.

◥ ナ형용사의 긍정 표현

> ナ형용사 어간 + だ(~하다)
> ナ형용사 어간 + です(~합니다)

　예　す<u>き</u>*だ*。좋아<u>하다</u>. ｜ すき<u>です</u>。좋아<u>합니다</u>.

◥ ナ형용사의 부정 표현

> ナ형용사 어간 + では ない(~하지 않는다)
> ナ형용사 어간 + では ないです(~하지 않습니다)
> 　　　　　　　　では ありません(~하지 않습니다)

　예　すき<u>では　ない</u>。좋아<u>하지 않는다</u>.

　すき<u>では　ないです</u>。좋아<u>하지 않습니다</u>.

　＝すき<u>では　ありません</u>。좋아<u>하지 않습니다</u>.

◢ ナ형용사의 과거 표현

> ナ형용사 어간 + だった(~했다)
>
> ナ형용사 어간 + でした(~했습니다)

예 すき<u>だった</u>。 좋아했다. | すき<u>でした</u>。 좋아했습니다.

◢ ナ형용사의 과거 부정 표현

> ナ형용사 어간 + では　なかった(~하지 않았다)
>
> ナ형용사 어간 + では　なかったです(~하지 않았습니다)
>
> 　　　　　　 では　ありませんでした(~하지 않았습니다)

예 すき<u>では　なかった</u>。 좋아하지 않았다.

　すき<u>では　なかったです</u>。 좋아하지 않았습니다.

　= すき<u>では　ありませんでした</u>。 좋아하지 않았습니다.

◢ ナ형용사 + 명사

어미 'だ'를 'な'로 바꾸고, 명사를 붙입니다.

> ナ형용사 어간 な(~한) + 명사

예 すき<u>な</u> ひとは いますか。 좋아<u>하는</u> 사람은 있습니까?

◢ ナ형용사 + 동사

어미 'だ'를 'に'로 바꾸고, 동사를 붙입니다.

> ナ형용사 어간 に(~하게) + 동사

예 しずか<u>に</u>　はなす。 조용<u>히</u> 이야기하다 | まじめ<u>に</u>　べんきょうする。 성실<u>하게</u> 공부하다

◢ ナ형용사의 연결형

> ナ형용사 어간 + で(~하고)

예 この　こうえんは　しずか<u>で</u>　きれいです。 이 공원은 조용<u>하고</u> 깨끗합니다.

ナ형용사 기본 패턴 정리

	보통형	정중형
긍정	だ	だ → です
부정	だ → では　ない	だ → では　ないです では　ありません
과거	だ → だった	だ → でした
과거 부정	だ → では　なかった	だ → では　なかったです では　ありませんでした

참 'では'는 회화체에서 'じゃ'로 바꿀 수 있다는 것 꼭 기억하세요.

'では　ないです'은 'では　ありません'으로도 사용됩니다.

'では　なかったです'는 'では　ありませんでした'로도 사용됩니다.

(2-2) イ형용사

イ형용사의 어미(끝)는 'い'로 끝납니다. イ형용사 기본 패턴을 알아봅시다.

◤ イ형용사의 긍정 표현

> イ형용사 사전형(~하다)
>
> イ형용사 사전형 + です(~합니다)

예 おいし<u>い</u>。맛있다. | おいしい<u>です</u>。맛있습니다.

◤ イ형용사의 부정 표현

> イ형용사 어간 + く ない(~하지 않다)
>
> イ형용사 어간 + く ないです(~하지 않습니다)
>
> く ありません(~하지 않습니다)

예 おいし<u>く</u>　ない。맛있<u>지 않다</u>.

おいし<u>く</u>　ないです。맛있<u>지 않습니다</u>.

= おいし<u>く</u>　ありません。맛있<u>지 않습니다</u>.

◤ イ형용사의 과거 표현

> イ형용사 어간 + かった(~했다)
>
> イ형용사 어간 + かったです(~했습니다)

예 おいし<u>かった</u>。맛있었다. | おいし<u>かったです</u>。맛있었습니다.

참 '~かったです(~했습니다)'와 '~でした(~했습니다)'를 혼동해서는 안 됩니다.

· イ형용사 : おいしいです → おいしいでした(X) | おいしかったです(O)

· ナ형용사 : しずかです　 → しずかでした(O)

· 명　 사 : がくせいです → がくせいでした(O)

◤ イ형용사의 과거 부정 표현

イ형용사 어간 + く　なかった(~하지 않았다)

イ형용사 어간 + く　なかったです(~하지 않았습니다)

　　　　　　く　ありませんでした(~하지 않았습니다)

예 おいし<u>く</u>　なかった。맛있지 않았다.

おいし<u>く</u>　なかったです。맛있지 않았습니다.

＝ おいし<u>く</u>　ありませんでした。맛있지 않았습니다.

◤ イ형용사 + 명사

イ형용사 사전형(~한) + 명사

예 おいし<u>い</u>　料理 맛있는 요리 ｜ たのし<u>い</u>　日本語 즐거운 일본어

◤ イ형용사 + 동사

어미 'い'를 'く'로 바꾸고, 동사를 붙여 줍니다.

イ형용사 어간 く(~하게) + 동사

예 おいし<u>く</u>　たべる。맛있게 먹다. ｜ たか<u>く</u>　とぶ。높이 날다.

◤ イ형용사의 연결형

イ형용사 어간 + くて(~하고, ~해서)

예 このケーキは　やす<u>くて</u>　おいしい。이 케이크는 싸고 맛있다.

わたしの　いえは　ちか<u>くて</u>　いいです。우리 집은 가까워서 좋습니다.

◢ イ형용사 기본 패턴 정리

	보통형	정중형
긍정	い	いです
부정	い → く　ない	い → く　ないです く　ありません
과거	い → かった	い → かったです
과거 부정	い → く　なかった	い → く　なかったです く　ありませんでした

참 'く　ないです'은 'く　ありません'으로도 사용됩니다.

　'く　なかったです'는 'く　ありませんでした'로도 사용됩니다.

참 '좋다'라는 イ형용사는 'いい' 혹은 'よい'라고 하는데, 활용할 때는 꼭 'よい'를 사용합니다.

	보통형	정중형
긍정	いい・よい	いいです・よいです
부정	~~いく　ない~~ よく　ない	~~いく　ないです~~ よく　ないです よく　ありません
과거	~~いかった~~ よかった	~~いかったです~~ よかったです
과거 부정	~~いく　なかった~~ よく　なかった	~~いく　なかったです~~ よく　なかったです よく　ありませんでした

(3) 동사

　동사란? 사람이나 사물의 움직임 또는 작용을 나타내는 품사입니다. 일본어의 동사는 형태상으로 1그룹·2그룹·3그룹으로 나뉩니다. 동사를 어떻게 분류하는지 먼저 알아보고, 기본 패턴을 알아봅시다.

◤ 동사의 특징

모든 동사의 어미는 'う단'으로 끝납니다.

う단 u	う	く	ぐ	す	つ	ぬ	ぶ	む	る

◤ 동사의 분류

1그룹 동사	★ う단으로 끝나고, '2그룹 동사'와 '3그룹 동사'를 제외한 동사 예 会う 만나다 ｜ 書く 쓰다 ｜ 急ぐ 서두르다 ｜ 話す 이야기하다 　　待つ 기다리다 ｜ 死ぬ 죽다 ｜ 遊ぶ 놀다 ｜ 読む 읽다 ｜ 乗る 타다 참 'る' 앞이 'あ·う·お단'이면 1그룹, 'い·え단'이면 2그룹 　　すわる [suwaru] 앉다 ｜ おくる [okuru] 보내다 ｜ のる [noru] 타다 ★ 예외 1그룹 동사: 2그룹 동사처럼 생겼지만, 1그룹인 동사 예 帰る 돌아가다(오다) ｜ 入る 들어가다(오다) ｜ 知る 알다 ｜ 切る 자르다 　　要る 필요하다 ｜ 走る 달리다
2그룹 동사	★ 'る'로 끝이 나고 'る' 앞에 'い·え단'이 오는 동사 예 おきる [okiru] 일어나다 ｜ ねる [neru] 자다
3그룹 동사	★불규칙 동사로 2가지뿐이다. 예 する 하다 ｜ くる 오다

(3-1) 동사의 정중 표현(ます형)

명사와 형용사는 'です(입니다)'를 붙여 정중형을 만들지만, 동사는 'ます(합니다)'를 붙여서 정중형을 만듭니다. 기본 패턴을 알아봅시다.

동사 구분	접속 방법	사전형		정중형(ます형)	
1그룹	어미 う단 → い단 + ます	あう かく いそぐ はなす まつ しぬ あそぶ よむ のる	만나다 쓰다 서두르다 이야기하다 기다리다 죽다 놀다 읽다 타다	あいます かきます いそぎます はなします まちます しにます あそびます よみます のります	만납니다 씁니다 서두릅니다 이야기합니다 기다립니다 죽습니다 놉니다 읽습니다 탑니다
2그룹	어미 る → ます	おきる ねる	일어나다 자다	おきます ねます	일어납니다 잡니다
3그룹	불규칙 동사	する くる	하다 오다	します きます	합니다 옵니다

참 예외 1그룹 동사: 2그룹 동사처럼 생겼지만, 1그룹인 동사

· かえる 돌아가다(오다) : かえます(X) → かえります(O) 돌아갑니다(옵니다)

· はいる 들어가다(오다) : はいます(X) → はいります(O) 들어갑니다(옵니다)

· はしる 달리다 : はします(X) → はしります(O) 달립니다

◢ 동사의 ます형의 활용

	ます형 활용		예문
긍정	ます	합니다	えいがを みます。 영화를 봅니다.
부정	ません	하지 않습니다	コーヒーは のみません。 커피는 마시지 않습니다.
과거	ました	했습니다	てがみを かきました。 편지를 썼습니다.
과거 부정	ませんでした	하지 않았습니다	がっこうへ いきませんでした。 학교에 가지 않았습니다.

(3-2) 동사의 연결형(て형)과 과거 표현

동사는 'て'를 붙여서 연결형(て형)을 만들고, 'た'를 붙여서 과거형(た형)을 만듭니다. 접속 방법을 알아봅시다. 1그룹의 경우 어미의 형태에 따라 접속 방법이 다르므로, 주의해야 합니다.

동사 구분	접속 방법	사전형		연결형(て형)		과거형(た형)	
1그룹	う つ ⇒ って / った る	あう まつ のる	만나다 기다리다 타다	あって まって のって	만나고(서) 기다리고(려서) 타고(서)	あった まった のった	만났다 기다렸다 탔다
	ぬ ぶ ⇒ んで / んだ む	しぬ あそぶ よむ	죽다 놀다 읽다	しんで あそんで よんで	죽고(어서) 놀고(아서) 읽고(어서)	しんだ あそんだ よんだ	죽었다 놀았다 읽었다
	く ⇒ いて / いた ぐ ⇒ いで / いだ	かく いそぐ	쓰다 서두르다	かいて いそいで	쓰고(써서) 서두르고(둘러서)	かいた いそいだ	썼다 서둘렀다
	す ⇒ して / した	はなす	이야기하다	はなして	이야기하고(해서)	はなした	이야기했다
	예외	いく	가다	~~いいて~~ いって	가고(서)	~~いいた~~ いった	갔다
2그룹	어미 る → て / た	おきる ねる	일어나다 자다	おきて ねて	일어나고(서) 자고(서)	おきた ねた	일어났다 잤다
3그룹	불규칙 동사	する くる	하다 오다	して きて	하고(해서) 오고(와서)	した きた	했다 왔다

참 'いく'는 예외로 'いいて·いいた'가 아니라, 'いって·いった'가 됩니다.

과거형 'た(했다)'의 정중형은 'ました(했습니다)'가 됩니다.

'て·た' 대신에 'たり·たら'를 넣으면, '~하기도 하고, ~하면'이라는 표현도 만들 수 있습니다.

(3-3) 동사의 부정 표현

동사는 'ない'를 붙여서 부정형(ない형)을 만듭니다. 접속 방법을 알아봅시다.

동사 구분	접속 방법	사전형		부정형(ない형)	
1그룹	어미 う단 → あ단 + ない	あう(예외)	만나다	あわない	만나지 않다
		かく	쓰다	かかない	쓰지 않다
		いそぐ	서두르다	いそがない	서두르지 않다
		はなす	이야기하다	はなさない	이야기하지 않다
		まつ	기다리다	またない	기다리지 않다
		しぬ	죽다	しなない	죽지 않다
		あそぶ	놀다	あそばない	놀지 않다
		よむ	읽다	よまない	읽지 않다
		のる	타다	のらない	타지 않다
2그룹	어미 る → ない	おきる	일어나다	おきない	일어나지 않다
		ねる	자다	ねない	자지 않다
3그룹	불규칙 동사	する	하다	しない	하지 않다
		くる	오다	こない	오지 않다

참 'あう'처럼 'う'로 끝나는 동사의 ない형은 'あ'로 바뀌는 것이 아니라 'わ'로 바뀝니다.

·あう(만나다) : ああない(X) → あわない(O) 만나지 않다

·かう(사다)　 : かあない(X) → かわない(O) 사지 않다

(3-4) 동사의 가정 표현

동사의 가정형(ば)은 아직 이루어지지 않은 조건을 가정하는 표현으로, '만약 ~하면'이라는 뜻을 가집니다. 1그룹 동사는 어미를 'え단'으로 바꾸고 'ば'를 붙이고, 2그룹 동사는 어미 'る'를 'れば'로 바꿔서 가정형을 만듭니다.

동사 구분	접속 방법	사전형		가정형(ば)	
1그룹	어미 う단 → え단 + ば	あう かく いそぐ はなす まつ しぬ あそぶ よむ のる	만나다 쓰다 서두르다 이야기하다 기다리다 죽다 놀다 읽다 타다	あえば かけば いそげば はなせば まてば しねば あそべば よめば のれば	만나면 쓰면 서두르면 이야기하면 기다리면 죽으면 놀면 읽으면 타면
2그룹	어미 る → れば	おきる ねる	일어나다 자다	おきれば ねれば	일어나면 자면
3그룹	불규칙 동사	する くる	하다 오다	すれば くれば	하면 오면

(3-5) 동사의 명령 표현

동사의 명령 표현은 '~해, ~해라'라는 의미로, 1그룹 동사는 어미를 'え단'으로 바꾸고, 2그룹 동사는 어미 'る'를 'ろ'로 바꿔서 명령형을 만들 수 있습니다.

동사 구분	접속 방법	사전형		명령형	
1그룹	어미 う단 → え단	あう かく いそぐ はなす まつ しぬ あそぶ よむ のる	만나다 쓰다 서두르다 이야기하다 기다리다 죽다 놀다 읽다 타다	あえ かけ いそげ はなせ まて しね あそべ よめ のれ	만나!, 만나라! 써!, 써라! 서둘러!, 서둘러라! 이야기해!, 이야기해라! 기다려!, 기다려라! 죽어!, 죽어라! 놀아!, 놀아라! 읽어!, 읽어라! 타!, 타라!
2그룹	어미 る → ろ	おきる ねる	일어나다 자다	おきろ ねろ	일어나!, 일어나라! 자!, 자라!
3그룹	불규칙 동사	する くる	하다 오다	しろ・せよ こい	해!, 해라! 와!, 와라!

(3-6) 동사의 가능 표현

가능 표현이란? '~할 수 있다'라는 의미로, 동사 '사전형'에 'ことが　できる'를 붙여서 표현하는 방법과 가능 동사를 만들어 사용하는 방법이 있습니다. 1그룹 동사는 어미를 'え단'으로 바꾸고 'る'를 붙이고, 2그룹 동사는 어미 'る'를 'られる'로 바꿔서 가능 동사를 만듭니다.

동사 구분	접속 방법	사전형		가능 동사	
1그룹	어미 う단 → え단 + る	あう	만나다	あえる	만날 수 있다
		かく	쓰다	かける	쓸 수 있다
		いそぐ	서두르다	いそげる	서두를 수 있다
		はなす	이야기하다	はなせる	이야기할 수 있다
		まつ	기다리다	まてる	기다릴 수 있다
		しぬ	죽다	しねる	죽을 수 있다
		あそぶ	놀다	あそべる	놀 수 있다
		よむ	읽다	よめる	읽을 수 있다
		のる	타다	のれる	탈 수 있다
2그룹	어미 る → られる	おきる	일어나다	おきられる	일어날 수 있다
		ねる	자다	ねられる	잘 수 있다
3그룹	불규칙 동사	する	하다	できる	할 수 있다
		くる	오다	こられる	올 수 있다

참 '동사 사전형 + ことが　できる (~할 수 있다)'로도 가능 표현을 만들 수 있습니다.

よむ　ことが　できる。읽을 수 있다. | たべる　ことが　できる。먹을 수 있다.

(3-7) 동사의 의지 · 권유 표현

동사의 의지 · 권유 표현은 '~해야지 · ~하자'라는 뜻으로, 1그룹 동사는 어미를 'お단'으로 바꾸고 'う'를 붙이고, 2그룹 동사는 어미 'る'를 'よう'로 바꿔서 의지 · 권유형을 만듭니다.

동사 구분	접속 방법	사전형		의지 · 권유형	
1그룹	어미 う단 → お단 + う	あう	만나다	あおう	만나야지 · 만나자
		かく	쓰다	かこう	써야지 · 쓰자
		いそぐ	서두르다	いそごう	서둘러야지 · 서두르자
		はなす	이야기하다	はなそう	이야기해야지 · 이야기하자
		まつ	기다리다	まとう	기다려야지 · 기다리자
		しぬ	죽다	しのう	죽어야지 · 죽자
		あそぶ	놀다	あそぼう	놀아야지 · 놀자
		よむ	읽다	よもう	읽어야지 · 읽자
		のる	타다	のろう	타야지 · 타자
2그룹	어미 る → よう	おきる	일어나다	おきよう	일어나야지 · 일어나자
		ねる	자다	ねよう	자야지 · 자자
3그룹	불규칙 동사	する	하다	しよう	해야지 · 하자
		くる	오다	こよう	와야지 · 오자

참 의지 · 권유형의 기타 표현으로는,
'의지 · 권유형 + と する ~(하)려고 한다', '의지 · 권유형 + と 思(おも)う ~(하)려고 생각하다' 등이
있습니다.

제 3 장

실전문제
정답 및 해석

제1회 실전문제 정답 및 해석

1	4	5	4	9	2	13	3	17	2
2	1	6	1	10	1	14	1	18	3
3	2	7	3	11	3	15	1	19	1
4	2	8	1	12	4	16	2	20	2

1 이것이 다무라 씨의 주소입니까?

2 내일 날씨는 어떻습니까?

3 이것은 부모님의 사진입니다.

4 오늘의 도시락은 카레입니다.

5 이것은 내년 달력입니다.

6 애완동물도 우리 가족입니다.

7 코끼리의 코는 왜 깁니까?

8 스토브 옆은 따뜻합니다.

9 이 아파트는 낡았지만 편리한 곳에 있습니다.

10 김 씨는 기무라 씨의 부인입니다.

(≒기무라 씨와 김 씨는 가족입니다.)

11 여동생은 방 청소를 했습니다.

12 저는 회사원인 여동생과 남동생이 있습니다.

13 이 근처에 병원은 있습니까?

14 친구와 쇼핑을 하는 것은 매우 즐겁습니다.

15 저 사람의 직업은 무엇입니까?

16 ~ 20

지난주 금요일에 친구 두 명과 세 명이서 신주쿠에 16 놀러 갔습니다. 신주쿠 역 17 까지는 전철로 3시간 정도 걸렸습니다. 우리들은 먼저 영화를 봤습니다. 일본 애니메이션이었습니다. 짧았지만, 매우 재미있었습니다. 18 그러고 나서 점심을 먹기 위해 레스토랑에 갔습니다. 먹고 싶은 것은 많았지만, 저는 파스타를 먹었습니다. 매우 맛있었습니다. 점심을 19 먹은 후, 신주쿠 역 근처에서 쇼핑을 20 하고 난 후 집에 돌아갔습니다.

제2회 실전문제 정답 및 해석

1	4	5	2	9	4	13	3	17	2
2	2	6	4	10	1	14	2	18	1
3	4	7	2	11	1	15	4	19	4
4	2	8	2	12	2	16	3	20	1

1 큰 가방이네요.

2 당신은 몇 명 형제입니까(형제가 몇 명입니까)?

3 일본의 자동차는 비쌉니다.

4 축구 시합은 몇 시부터입니까?

5 저 건물은 무엇입니까?

6 인터넷으로 게임을 합니다.

7 친구와 맛있는 카레를 만듭니다.

8 서점은 빵집 바로 옆에 있습니다.

9 저 사람은 머리카락이 깁니다.

10 딘 씨는 다나카 씨의 남편입니다.

(≒ 다나카 씨는 딘 씨의 부인입니다.)

11 저는 학교까지 버스로 갑니다.

12 저 슈퍼에서는 어떤 것을 팔고 있습니까?

13 어제부터 바빠서 어디에도 가지 못했습니다.

14 저 멋진 차는 비싸겠지요.

15 저는 오늘부터 학생이 아니고 회사원입니다.

16 ~ 20

내 방에는 책상과 의자와 침대 등이 16 놓여 있습니다. 문 근처에는 텔레비전도 있습니다. 남동생 방보다 좁지만, 남동생 방에는 텔레비전이 없습니다. 그래서 17 가끔 남동생이 제 방에서 텔레비전을 보고 싶다고 말합니다. 저는 남동생의 기분을 18 잘 알기 때문에, 남동생에게 제 방에서 19 자도 괜찮다고 말했습니다.

제 책상 위에는 언제나 영어 회화 책이 있습니다. 영어를 공부한 20 후에 미국에 유학 가고 싶다고 생각하고 있습니다. 그래서 매일 영어 공부를 하고 있습니다.

제3회 실전문제 정답 및 해석

1	4	5	4	9	4	13	2	17	4
2	1	6	4	10	2	14	1	18	2
3	4	7	2	11	2	15	3	19	4
4	3	8	2	12	4	16	3	20	2

1 이 와인은 싸고 맛있습니다.

2 저는 벚꽃을 좋아합니다.

3 건강한 아이네요.

4 이 휴대전화는 편리합니다.

5 이 사전은 가볍네요.

6 일본의 9월은 덥네요.

7 선생님은 매우 엄격하십니다.

8 어제는 하늘이 정말 파랬어요.

9 이것이 어제 산 새로운 자전거입니까?

10 올해 겨울은 별로 춥지 않네요.

　　(≒ 올해 겨울은 조금 춥네요.)

11 배가 아파서 어제밤부터 아무것도 먹지 못했습니다.

12 제 남동생은 일본어를 잘 합니다.

13 조금 더 큰 목소리로 이야기해 주세요.

14 여동생은 선생님이 아니라 회사원입니다.

15 제가 좋아하는 나라는 이탈리아입니다.

16 ~ 20

> 저의 가족은 다섯 명입니다. 아버지와 어머니, 언니와 오빠와 저입니다. 아버지는 병원 16 에서 일하고 있고, 언니와 오빠는 회사원입니다. 어머니는 집안일을 하고 있습니다. 어머니는 매일 가족 17 에게 밥을 18 만들거나 청소를 하거나 합니다. 그런 어머니께 아버지와 언니는 19 항상 고맙다고 말하지만, 저와 오빠는 어머니에게 고맙다고 20 말한 적이 한 번도 없습니다. 올해 어머니 생신에는 고맙다고 말할 생각입니다.

제4회 실전문제 정답 및 해석

1	2	5	3	9	3	13	3	17	3
2	1	6	1	10	1	14	1	18	3
3	2	7	2	11	1	15	2	19	2
4	1	8	2	12	1	16	1	20	2

1 저에게는 언니가 있습니다.

2 지금부터 집에 돌아갑니까?

3 남동생은 집을 나와서 도서관에 갔습니다.

4 겨울이 되면 추워집니다.

5 제 눈을 보고 이야기해 주십시오.

6 음식 중에서 무엇을 제일 좋아합니까?

7 내일은 시험이니까 오늘은 일찍 잡니다.

8 사토 씨에게 전화를 겁니다.

9 꽃은 빨간 것이 좋습니다.

10 어제 갔던 대학은 좁았습니다.

　　(≒ 어제 갔던 대학은 넓지 않습니다.)

11 저는 홍차로 하겠습니다.

12 잠자기 전에 샤워를 합니다.

13 우에다 씨의 우산은 어느 것입니까?

14 어떤 요리를 제일 좋아합니까?

15 싸고 맛있는 과일은 어느 것입니까?

16 ~ 20

> 오늘은 매우 16 더웠습니다. 17 그래서 친구와 함께 수영장에 갔습니다. 수영장에는 18 많은 사람이 있었습니다. 더워서 모두 수영장에 19 와 있다고 생각했습니다. 저는 친구와 20 수영하거나 아이스크림을 먹거나 했습니다. 매우 기분 좋은 하루였습니다.

제5회 실전문제 정답 및 해석

1	4	5	3	9	3	13	4	17	4
2	1	6	3	10	4	14	3	18	1
3	2	7	4	11	4	15	1	19	3
4	4	8	4	12	4	16	2	20	2

1 음악 선생님을 만났습니다.

2 한자는 매우 어렵네요.

3 사과는 싼 것도 비싼 것도 있습니다.

4 미국의 여름은 정말로 덥네요.

5 저는 빨간 케이스가 좋습니다.

6 남동생과 오사카에 놀러 갔습니다.

7 일본 친구에게 메일을 보냈습니다.

8 저는 밝은 색의 신발을 좋아합니다.

9 여름방학에는 바다에서 수영하는 것이 기대됩니다.

10 이 문제는 매우 어렵습니다.

(≒ 이 문제는 매우 어렵습니다.)

11 내일부터 시험이기 때문에 늦게까지 공부합니다.

12 숙제를 하고 나서 친구와 놉니다.

13 첸 씨는 어떤 스포츠를 좋아합니까?

14 바나나와 사과 중에 어느 쪽을 좋아합니까?

15 집에는 고양이가 한 마리밖에 없습니다.

16 ~ 20

한국의 이 씨는 학교 수업에서 '내가 가고 싶은 곳'을 소개합니다.

저는 아직 일본어 16 를 잘 못하지만, 잘 부탁드립니다. 제가 제일 가고 싶은 곳은 일본의 신주쿠입니다. 신주쿠에는 젊은 사람들이 많이 17 놀러 온다고 들었습니다. 신주쿠에 가서 친구를 많이 만들고 싶습니다. 친구를 만들어서 일본어로 이야기하고 싶기 때문입니다. 일본인이 제 일본어를 듣고 18 이해할지 못할지 걱정이지만, 일본어로 19 여러 가지 이야기를 해 보고 싶습니다. 일본어가 빨리 20 능숙해지고 싶다고 생각합니다. 여러분, 저와 함께 일본으로 놀러 갑시다.

제6회 실전문제 정답 및 해석

1	3	5	2	9	2	13	3	17	1
2	1	6	2	10	1	14	4	18	4
3	3	7	2	11	2	15	4	19	1
4	1	8	2	12	3	16	1	20	2

1 큰 차를 샀습니다.

2 비행기는 빠릅니다.

3 어제는 일찍 일어나서 방 청소를 했습니다.

4 파란 바다를 좋아합니다.

5 그 케이크는 싸고 맛있습니다.

6 오후에는 비가 내린다고 들었습니다.

7 우체국에서 우표를 삽니다.

8 예쁜 옷을 입고 파티에 갔습니다.

9 오늘은 아무도 만나지 않습니다.

10 여기는 병원입니다.

(≒ 여기에서는 약을 받습니다.)

11 학교 앞에는 서점이나 신발가게 등이 있습니다.

12 사토 씨보다 야마다 씨가 키가 작습니다.

13 좋아하는 요리는 무엇입니까?

14 역 근처에는 병원이 없습니다.

15 할머니를 만나기 위해서 비행기를 타고 도쿄에 갔습니다.

16 ~ 20

다음 주부터 여름방학입니다. 여름방학 16 동안에 일주일간 일본에 여행 17 을 갑니다. 아버지와 어머니, 여동생과 저 4명 18 이서 갑니다. 내일은 어머니와 백화점에 가서 쇼핑을 합니다. 저는 새로운 옷을 살 생각입니다. 아버지는 새로운 신발 19 이 갖고 싶다고 말했습니다. 어머니와 여동생은 예쁜 가방이 갖고 싶다고 했습니다. 20 처음인 일본 여행이 기대됩니다.

제7회 실전문제 정답 및 해석

1	3	5	1	9	3	13	3	17	4
2	1	6	4	10	3	14	1	18	3
3	1	7	4	11	1	15	3	19	2
4	3	8	3	12	2	16	1	20	1

1 지난 주 남동생이 태어났습니다.

2 오늘은 먼저 잡니다.

3 이 종이에 이름을 써 주세요.

4 밖은 눈이 내리고 있습니다.

5 친구에게 편지를 보냅니다.

6 여기서 담배를 피워서는 안 됩니다.

7 죄송하지만, 잠시 도와주세요.

8 회사까지 지하철을 타고 갑니다.

9 바람이 강하게 불어서 외출하지 않았습니다.

10 상자 안에 책을 넣었습니다.

　　(≒ 상자 안에 책이 들어 있습니다.)

11 어제 선생님을 만났습니까?

12 손을 깨끗이 씻읍시다.

13 다나카 씨, 오늘 기운이 없네요.

14 지난주, 일본어 책을 사러 갔습니다.

15 내일 고국의 할아버지께 전화를 할 겁니다.

16 ~ 20

　　여러분은 취미가 있습니까? 좋아하는 것은 있습니까? 저는 음악을 듣는 16 것을 좋아합니다. 집에 있을 때는 언제나 음악을 듣습니다. 공부 할 때도, 집 17 을 나와서 학교에 갈 때도 듣습니다. 전철 18 을 타고 있을 때도 듣습니다. 음악 중에서는 록을 제일 좋아합니다. 더 음악 공부를 해서 뮤지션 19 이 되고 싶습니다. 하지만 걸으면서 이어폰을 사용해서 들으면 다른 소리도 목소리도 안 들리기 20 때문에 위험해요.

제8회 실전문제 정답 및 해석

1	3	5	2	9	1	13	1	17	1
2	3	6	2	10	4	14	2	18	4
3	2	7	3	11	2	15	1	19	1
4	3	8	4	12	2	16	3	20	3

1 이 인형은 매우 귀엽습니다.

2 이번 주 토요일에 동물원으로 놀러 갑니다.

3 선생님은 지금 요리 책을 복사하고 있습니다.

4 저는 매일 신문을 읽습니다.

5 여름방학에는 바다에 놀러 갑니다.

6 추워서 난로를 켭니다.

7 도서관에서 자료를 찾습니다.

8 내일은 눈이 내립니다.

9 둥근 버튼을 눌러 주세요.

10 여기는 회의실입니다.

　　(≒ 여기에서는 회사원들이 이야기합니다.)

11 저는 어느 것이든 좋습니다.

12 학교 수업은 9시부터 12시까지입니다.

13 학교에 도시락을 들고 갑니다.

14 다음 주 시합은 매우 중요하기 때문에 쉴 여유가 없습니다.

15 겨울이 되어 추워졌으니 감기 조심하세요.

16 ~ 20

　　어제 대학 선배 16 를 만났다. 오랜만에 만나서 많이 이야기해서 매우 17 즐거운 시간이었다. 선배는 대학을 졸업하기 전부터 회사가 정해져 있었다. 나도 슬슬 회사에 들어갈 준비를 18 하지 않으면 안 된다. "회사 설명회에도 19 가는 편이 좋아."라고 선배가 말했다. 하지만 무엇을 하고 싶은지, 어떤 일을 하고 싶은지, 어떤 회사에 들어가고 싶은지 20 아직 모르겠다.

1	1	5	4	9	4	13	1	17	4
2	3	6	2	10	3	14	1	18	1
3	3	7	2	11	1	15	1	19	1
4	1	8	1	12	3	16	4	20	3

1 일본도 한국도 여름은 정말 덥네요.

2 중국도 한국도 1월은 춥네요.

3 검은 스웨터를 좋아합니다.

4 그저께는 텔레비전을 보고 늦게 잤습니다.

5 오늘은 케이크를 만들었습니다.

6 오늘은 따뜻하니까 코트를 벗습니다.

7 저 가방은 싸지만 튼튼합니다.

8 테이블 위에 컴퓨터를 놓았습니다.

9 일본의 라멘은 싸고 맛있습니다.

10 저는 다음 주에 중국을 여행할 겁니다.

  (≒ 저는 다음 주에 중국에서 쇼핑할 겁니다.)

11 저는 여동생으로부터 책을 받았습니다.

12 저는 9시에 집을 나옵니다.

13 책상 위에는 아무것도 없습니다.

14 저번주 일요일은 어디에도 가지 않았습니다.

15 어제 먹은 요리는 조금 비쌌습니다.

16 ~ 20

아래에 두 개의 문장이 있습니다.

(1) 제가 살고 있는 마을은 매우 조용하고 깨끗한 곳입니다. 하지만, 지하철이 16 없어서 불편합니다. 회사에서 먼 곳이지만 넓은 집에 17 살까, 좁아도 가까운 집에 살까를 결정할 때, 멀어도 넓은 집으로 했습니다.

(2) 그저께부터 추워졌습니다. 어제는 하루 18 종일 날씨가 좋지 않았습니다. 어제 저녁부터 눈이 19 내리기 시작했습니다. 지금도 계속 내리고 있습니다. 오후부터는 20 갤 것이라고 했습니다.

1	3	5	4	9	4	13	2	17	1
2	3	6	4	10	1	14	4	18	4
3	3	7	2	11	2	15	1	19	4
4	4	8	2	12	1	16	2	20	2

1 동물원에서 큰 코끼리를 봤습니다.

2 여동생은 매일 소고기를 먹고 있다.

3 이 가게의 메밀국수는 맛있다.

4 전철은 버스보다 빠릅니다.

5 지금부터 편의점에 갑시다.

6 겨울바람은 찹니다.

7 병원에 있는 아버지가 매우 걱정입니다.

8 세탁을 해서 셔츠가 깨끗해졌습니다.

9 여기에 이름을 크게 써 주십시오.

10 재작년 여름방학에 할아버지 집에 갔습니다.

  (≒ 2년 전에 엄마의 아빠 집에 갔습니다.)

11 일이 바빠서 아직 밥을 못 먹었습니다.

12 어제 시험은 어려웠습니다.

13 배가 고파서 밥을 먹었습니다.

14 집 앞에 서 있는 사람은 누구입니까?

15 일요일에 영화를 보러 가지 않겠습니까?

16 ~ 20

우리 마을을 소개하겠습니다. 우리 마을은 그다지 16 크지는 않습니다. 하지만 매우 17 조용하고 깨끗한 곳입니다. 집 근처에는 큰 공원이 있습니다. 공원에는 여러 나무나 꽃이 있습니다. 이름을 알 수 없는 나무와 꽃도 많습니다. 저는 매일 아침 공원을 산책합니다. 매일 산책하는 것은 18 힘들지만, 매우 기분이 좋습니다.

이 공원은 벚꽃 19 으로 유명합니다. 많은 사람이 벚꽃을 보기 위해 옵니다. 봄에는 우리 가족도 도시락을 가지고 벚꽃을 보러 가거나 합니다. 내년 봄에는 친구도 20 불러서 함께 가려고 합니다.

제11회 실전문제 정답 및 해석

1	4	5	3	9	2	13	1	17	2
2	2	6	3	10	1	14	1	18	4
3	2	7	3	11	2	15	2	19	3
4	3	8	1	12	1	16	1	20	4

1 학교까지 걸어서 10분 정도 걸립니다.

2 병원은 학교 동쪽에 있습니다.

3 즐거운 음악을 듣습니다.

4 선생님의 이야기를 들었습니까?

5 어제는 피곤해서 샤워를 하지 않았다.

6 안경을 쓰고 있는 사람을 압니까?

7 추우니까 창문을 닫아 주세요.

8 오키나와는 12월이 되어도 춥지 않아요.

9 이 기타는 오래됐지만, 소리는 좋습니다.

10 친구 집까지의 길을 잘못 알았습니다.
  (≒ 친구 집을 몰랐습니다.)

11 컵에 차가운 우유가 들어 있습니다.

12 역에서 버스를 탔습니다.

13 교실에서 친구를 기다리고 있습니다.

14 여동생은 언제나 책을 읽으면서 음악을 듣습니다.

15 단 것을 먹은 후의 커피는 매우 맛있습니다.

16 ~ 20

지난주 일요일, 친구인 다나카 씨와 동물원에 갔습니다. 동물원에서 여러 동물을 봤습니다. 우리나라에는 16 없는 동물도 많이 있었습니다. 그중에서 저는 코끼리를 보는 것이 재밌었습니다. 코끼리는 몸이 매우 컸습니다. 귀도 컸습니다. 코는 매우 길었습니다. 17 4개의 발도 매우 두꺼웠습니다. 이렇게 큰 코끼리는 하루에 어느 정도 먹을까요? 동물원 직원에게 물었습니다. 동물원 직원은 "코끼리는 풀이나 바나나를 많이 먹습니다."라고 말했습니다. 18 그리고 "코끼리의 코는 사람의 손과 같습니다."라고 말했습니다. 아마 코끼리는 코로 먹기 때문이겠지요. 코끼리는 코를 능숙하게 19 사용했습니다. 코끼리의 코는 매우 편리하다고 생각했습니다. 저도 코끼리의 코를 20 가지고 싶습니다.

제12회 실전문제 정답 및 해석

1	2	5	2	9	1	13	3	17	3
2	4	6	2	10	2	14	4	18	1
3	3	7	2	11	3	15	4	19	2
4	4	8	3	12	4	16	4	20	1

1 저 산은 일본에서 제일 높습니다.

2 야마다 씨는 낡은 옷을 많이 가지고 있습니다.

3 제 여동생은 귀엽습니다.

4 다리가 짧은 동물은 무엇입니까?

5 저는 채소를 싫어합니다.

6 방이 더러워서 청소를 했습니다.

7 좋은 날씨네요. 어딘가 가지 않겠습니까?

8 케이크를 만드는 방법을 알고 있습니까?

9 눈은 하얗습니다.

10 저는 빵을 매우 좋아합니다.
  (≒ 저는 빵을 매우 좋아합니다.)

11 집 근처에 지하철이 생겼습니다.

12 도서관에서 일본어 공부를 했습니다.

13 테이블 위에 커피가 있습니다.

14 저는 드라마를 좋아하지 않기 때문에 텔레비전은 보지 않습니다.

15 편의점 근처에는 우체국이나 병원 등이 있습니다.

16 ~ 20

미국의 톰 씨가 쓴 글입니다.
이번 주, 일본어 수업에서 새로운 단어를 배웠습니다. 'かかる'와 'かける'입니다. 'かかる'는 돈·시간과 함께 쓰여서, '돈이 들다' '시간이 걸리다'라고 합니다. 'かける'는 전화·열쇠와 같이 쓰여서, '전화를 걸다' '열쇠를 채우다'라고 합니다. 'かかる' 앞에는 'が', 'かける' 앞에는 'を'를 쓰는 것 16 을 알았습니다. 하지만, 알고 있어도 이야기 할 때는 아직 17 틀리거나 합니다. 'あう'나 'のる' 앞에는 'に'를 사용합니다. 이것은 전에 배웠기 때문에 '친구를 만나다' '버스를 타다'라고 18 정확하게 사용할 수 있습니다. 이것은 이제 19 어렵지 않습니다. 하지만 이번 주 새로 배운 'かかる'와 'かける'는 아직 어렵습니다. 좀 더 공부하고 싶습니다. 새로운 일본어를 20 배우는 것은 매우 재미있습니다.

제13회 실전문제 정답 및 해석

1	3	5	1	9	4	13	2	17	3
2	4	6	1	10	1	14	4	18	4
3	1	7	3	11	4	15	4	19	3
4	3	8	2	12	1	16	3	20	2

1 빨간 코트가 좋습니다.

2 슈퍼 근처에서 만납시다.

3 저는 자전거를 한 대 갖고 있습니다.

4 공항에서 비행기를 탑니다.

5 동물원에서 판다를 봤습니다.

6 저는 채소를 싫어하기 때문에 별로 먹지 않습니다.

7 우유를 냉장고에 넣어 주세요.

8 오늘은 돈이 없어서 아무것도 살 수 없습니다.

9 남동생은 빨리 달릴 수 없습니다.

10 선생님은 학생에게 질문을 합니다.

　　(≒ 선생님은 학생에게 묻습니다.)

11 저는 테니스를 좋아합니다.

12 집 앞에 고양이가 있습니다.

13 교실에 사진을 붙여서는 안 됩니다.

14 내일까지 다나카 씨에게 리포트를 내 주세요.

15 김 씨는 내일 파티에 오겠지요.

16 ~ 20

　　내일모레는 아버지의 생일입니다. 이번 아버지의 생일에는 파티를 하기로 했습니다. 내일모레는 금요일 16 이기 때문에 수업이 있습니다. 수업이 17 끝난 후, 빨리 집으로 돌아와서 준비 18 하지 않으면 안 됩니다. 어머니는 아버지가 좋아하는 요리를 만든다 19 고 말했습니다. 시간이 20 별로 없기 때문에 생일 케이크는 역 앞의 가게에서 살 예정입니다. 지금부터 매우 기대됩니다.

제14회 실전문제 정답 및 해석

1	2	5	1	9	2	13	3	17	3
2	2	6	3	10	3	14	4	18	2
3	3	7	4	11	3	15	2	19	4
4	3	8	1	12	2	16	1	20	2

1 다음 주 이탈리아에 갑니다.

2 내일은 형과 만납니다.

3 저 하얀 음식은 무엇입니까?

4 매일 아침 우유를 마십니다.

5 콘서트를 예약했습니다.

6 친구에게 일본어책을 빌립니다.

7 오빠의 책상 위는 언제나 깨끗합니다.

8 그녀는 오늘 기운이 없습니다.

9 나카무라 씨는 오래된 잡지를 집 밖에 두었습니다.

10 텔레비전 뉴스는 어렵습니다.

　　(≒ 텔레비전 뉴스는 간단하지 않습니다.)

11 비행기를 타고 말레이시아에 갔습니다.

12 집에서 학교까지 1시간 정도 걸립니다.

13 회사까지 자전거로 갑니다.

14 자기 전에 술을 마시지 않는 편이 좋다고 생각합니다.

15 셔츠를 사러 백화점에 갔다 왔습니다.

16 ~ 20

　　친구와 함께 매일 운동 16 할 약속을 했습니다. 돈을 써서 체육관에 다니는 것이 아닙니다. 무리해서 달리는 것 17 도 아닙니다. 우리의 운동은 '워킹'이라고 18 하는 것으로, 매일 아침 만나서 함께 걸을 19 뿐입니다. 첫째 날은 3킬로미터부터 걷기 시작해서, 한 달 뒤에는 10킬로미터 정도 20 걷고 싶다고 생각합니다.

제15회 실전문제 정답 및 해석

1	2	5	4	9	3	13	2	17	1
2	1	6	4	10	3	14	4	18	3
3	4	7	3	11	3	15	1	19	4
4	1	8	4	12	4	16	3	20	2

1 작년 여름은 매우 더웠습니다.

2 저는 지금 은행에 있습니다.

3 새로운 카메라네요.

4 러시아의 겨울은 매우 춥네요.

5 내가 좋아하는 것은 커피입니다.

6 저 사람은 무서운 얼굴을 하고 있다.

7 매주 산에 올라갑니다.

8 동생은 어머니와 전혀 이야기하지 않습니다.

9 이 레스토랑은 친절하고 요리도 맛있습니다.

10 은행은 저 건물 옆에 있습니다.

　　(≒ 은행은 저 건물 근처에 있습니다.)

11 언젠가 또 만나고 싶습니다.

12 오늘이나 내일 같이 밥 어떻습니까?

13 저는 좋은 선생님이 되고 싶습니다.

14 도서관에서는 조용히 공부하세요.

15 저는 매일 숙제를 하고 나서 놉니다.

16 ~ 20

　　오늘은 제 생일이었습니다. 집에서 친구와 생일 파티를 했습니다. 김 씨와 첸 씨가 왔습니다. 김 씨와 첸 씨는 외국에서 온 유학생입니다. 두 사람 16 다 학교 앞에서 혼자 살고 있습니다. 하지만 저는 아버지와 어머니와 셋이서 살고 있습니다. 어머니는 제 생일이기 때문에 맛있는 요리를 17 가득 만들었습니다. 우리는 많이 먹었습니다. 김 씨와 첸 씨는 어머니에게 "어머니의 요리는 매우 맛있습니다."라고 말했습니다. 어머니는 "고마워"라고 말했습니다. 밥을 18 먹은 후, 모두 생일 노래를 불렀습니다. 그리고 나서 선물을 받았습니다. 정말 기뻤습니다. 두 사람에게 받은 선물은 19 소중히 하고 싶다고 생각합니다. 또 다음에 김 씨와 첸 씨를 불러 함께 20 놀고 싶습니다. 오늘은 정말 즐거운 하루였습니다.

제16회 실전문제 정답 및 해석

1	2	5	3	9	2	13	2	17	4
2	4	6	1	10	1	14	1	18	1
3	3	7	2	11	4	15	3	19	3
4	2	8	3	12	4	16	2	20	2

1 하얀 코트를 받았습니다.

2 매일 작문을 씁니다.

3 도서관에서 책을 읽었습니다.

4 채소는 빨간 것도 파란 것도 있습니다.

5 어머니와 함께 한국 식당에 갔습니다.

6 병으로 쉬었습니다. 지금은 건강합니다.

7 모자를 쓰고 있는 사람은 누구입니까?

8 더우니까 창문을 열어 주세요.

9 저는 매일 아침 5킬로미터 정도 달립니다.

10 저는 동물원에서 일하고 있습니다.

　　(≒ 저는 동물원에서 일을 하고 있습니다.)

11 전부해서 얼마입니까?

12 고향의 가족에게 전화를 겁니다.

13 우체국에서 편지를 부칩니다.

14 어제 친구를 만나서 영화를 봤습니다.

15 어머니에게 받은 귀여운 옷을 입어 보았습니다.

16 ~ 20

　　하나코와 타로는 '제일 기뻤던 일'을 작문했습니다. 쓴 작문을 친구들 앞에서 읽었습니다.

　　(1) 하나코의 작문

　　저의 "가장 기뻤던 일"은 남동생이 태어났던 것입니다. 태어났을 때의 남동생은 매우 16 작고 귀여웠습니다. 아버지도 어머니도 저도 모두 기뻤습니다. 저는 귀여운 남동생의 얼굴을 보는 것을 17 매우 좋아합니다.

　　(2) 타로의 작문

　　저의 "가장 기뻤던 일"은 아버지께 18 좋아하는 책을 받은 것입니다. 저는 책을 읽는 것을 매우 좋아합니다. 남동생은 게임을 좋아해서, 매일 게임을 합니다. 19 하지만 저는 게임은 별로 좋아하지 않기 때문에, 매일 책을 읽습니다. 책을 읽을 때가 가장 즐겁습니다. 책은 저의 20 좋은 친구입니다.

1	2	5	3	9	4	13	3	17	4
2	4	6	4	10	3	14	3	18	2
3	3	7	1	11	2	15	2	19	3
4	1	8	2	12	1	16	1	20	2

1 일본어 공부는 즐겁습니다.

2 어떤 영화를 좋아합니까?

3 일본어 시험은 쉬웠습니다.

4 이 바지는 저에게는 조금 짧네요.

5 추우니까 난로를 켭시다.

6 어릴 때는 '소중한 친구'라는 노래를 자주 불렀습니다.

7 벌써 겨울이네요. 꽤 추워졌습니다.

8 사전이 없으면 제 것을 빌려 드릴게요.

9 기린의 목은 매우 깁니다.

10 그저께는 비 때문에 힘들었습니다.

(≒ 그저께는 좋은 날씨가 아니었습니다.)

11 그 사전은 제 것입니다.

12 이 종이를 가위로 잘라 주세요.

13 죄송합니다만, 공항까지 어떻게 갑니까?

14 학생이기 때문에 술을 팔고 있는 곳에서 아르바이트를 해서는 안 됩니다.

15 아버지는 일이 바빠서 밥도 먹지 않고 회사에 갔습니다.

16 ~ 20

남동생인 타로는 학교에서 작문을 썼습니다.

나의 몸

저의 몸은 매우 작습니다. 밥을 먹어도 16 전혀 크지 않습니다. 왜일까요? 형에게 물어봐도 모릅니다. 형은 매우 큽니다. 저도 17 빨리 크고 18 싶어서, 많이 밥을 먹습니다. 19 하지만 커지지 않습니다. 저는 어째서 크지 않는 걸까요. 배 속을 20 봐 보고 싶습니다.

1	1	5	1	9	3	13	3	17	3
2	3	6	4	10	4	14	3	18	2
3	4	7	3	11	2	15	2	19	3
4	2	8	4	12	4	16	1	20	2

1 고향의 어머니께 편지를 씁니다.

2 친구와 전화를 합니다.

3 영화관이나 역 앞은 사람이 많습니다.

4 어떤 파스타를 좋아합니까?

5 더운 날은 맥주가 맛있습니다.

6 너무 추워서 따뜻한 차를 마시고 싶습니다.

7 칼은 위험합니다.

8 어머니의 카레는 매우 맛있습니다.

9 이 슈퍼는 쌉니다.

10 메일을 보내지 않아도 좋습니다.

(≒ 메일을 보내지 않아도 괜찮습니다.)

11 늦게 일어나서 학교에 가지 않았습니다.

12 내일은 한자 시험이니까 공부하는 편이 좋습니다.

13 밥을 먹지 않고 학교에 갔습니다.

14 죄송합니다만, 오늘은 먼저 돌아가 주세요.

15 어제 아버지가 사 주신 책은 매우 재미있습니다.

16 ~ 20

역 앞 건물의 1층에는 신발가게와 은행과 빵집 등이 있습니다. 2층부터 4층까지는 16 큰 서점이 들어가 있습니다. 5층에는 이탈리안 레스토랑이 있고, 6층에는 일본 요리를 팔고 있는 레스토랑이 있습니다. 17 또, 제일 위의 7층에는 수영장이 18 있어서, 친구와 놀러 가서 즐거운 시간을 보내거나 합니다. 서점에도 자주 갑니다. 서점에서는 책을 읽거나 사거나 합니다. 일본어 공부가 되는 책을 사서 읽는 것이 19 제일가는 즐거움입니다. 내일도 놀러 갈 생각입니다. 내일은 신발 가게에서 20 예쁜 신발을 사서 고향에 있는 어머니께 선물하고 싶습니다.

제19회 실전문제 정답 및 해석

1	1	5	1	9	4	13	2	17	1
2	1	6	1	10	1	14	1	18	2
3	2	7	4	11	2	15	3	19	1
4	2	8	3	12	3	16	2	20	3

1 오늘은 숙제가 많이 있습니다.

2 이 볼펜은 쌉니다.

3 공원에 꽃이 없었습니다.

4 머리가 아파서, 병원에 갑니다.

5 다나카 씨는 방에서 공부하고 있습니다.

6 저 가수는 유명하기 때문에 콘서트 표가 비쌉니다.

7 상자에 오래된 옷을 넣습니다.

8 고향에 돌아가는 것은 돈이 듭니다.

9 다나카 씨로부터 공항에 4시에 도착한다고 연락이 왔습니다.

10 저는 오늘 택시로 왔습니다.

　(≒ 저는 오늘 차로 왔습니다.)

11 역 근처에 살고 있습니다.

12 냉장고 안 과일을 전부 먹어치웠습니다.

13 더우니까 에어컨을 켭니다.

14 시험 후에는 푹 쉬는 것이 좋습니다.

15 여러분, 도서관에서는 조용히 해 주세요.

16 ~ 20

일본에서 한국 16 까지는 배로 2시간 정도 걸립니다. 배는 싸고 시간도 그렇게 17 걸리지 않아서 항상 탑니다. 지난 달 친구인 야마자키 씨와 함께 한국에 놀러 갔다 왔습니다. 후쿠오카에서 18 배를 타고 1시간 40분만에 부산에 도착했습니다. 부산은 음식 가격이 싸다고 들었지만, 그렇게 싸지는 않았습니다. 야마자키 씨와 저는 역 앞에 있는 레스토랑에 가서 한국의 매운 라면을 먹어 19 보았습니다. 정말 매웠습니다. 하지만 그 다음 날에도 먹으러 20 가고 싶어질 정도로 맛있었습니다. 내년에도 또 한국에 놀러 가고 싶습니다.

제20회 실전문제 정답 및 해석

1	1	5	1	9	3	13	2	17	4
2	1	6	4	10	2	14	2	18	4
3	3	7	1	11	2	15	3	19	1
4	2	8	4	12	2	16	3	20	2

1 이 가방은 가볍네요.

2 이 연필은 깁니다.

3 회사에서 전화가 걸려 왔습니다.

4 남동생과 함께 즐겁게 테니스를 합니다.

5 영화관에는 오늘도 사람이 많네요.

6 내일은 눈이 내립니다.

7 차에서 내려서 걸어갔습니다.

8 이 아이스크림은 맛있네요.

9 친구와 가라오케에 가서 많이 불렀습니다.

10 오늘은 집에서 세탁을 했습니다.

　(≒ 오늘은 집에서 옷을 빨았습니다.)

11 집까지 택시로 2000엔 정도입니다.

12 우리 학교에서 5명이 고향으로 돌아갔습니다.

13 여기는 비싸니까 사지 말아 주십시오.

14 테이블 위에 사전이 놓여 있습니다.

15 여동생은 예쁜 드레스를 갖고 싶다고 말하고 있습니다.

16 ~ 20

유학생인 마이클 씨가 일본인 친구에게 쓴 문장입니다.

오카다 씨, 안녕하세요. 건강하십니까? 저는 도쿄에서 일본어 공부를 열심히 하고 있습니다. 일본인 친구도 많이 생겼고, 일본어로 이야기하는 것도 16 전보다 어렵지 않습니다. 지금은 매우 즐겁습니다. 학교에서는 매일 반의 모두와 함께 점심을 먹습니다. 저는 메밀국수나 라멘 17 등을 좋아하기 때문에 하루에 한 번은 라멘 18 이나 메밀국수를 먹고 있습니다. 오카다 씨는 어떻습니까? 메밀국수와 라멘 중에 19 어느 쪽을 좋아합니까? 내일부터는 또 시험이 시작됩니다. 일본어 시험은 어렵기 때문에, 늦게까지 공부할 20 생각입니다.

그러면, 또 메일 보내겠습니다.

안녕히 주무세요.

◦◦ 독해

독해 실전문제 정답 및 해석

문제 4		문제 5		문제 6	
1	3	4	4	6	1
2	3	5	4		
3	3				

☑ 다음 (1)~(3)의 문장을 읽고, 질문에 답하시오. 답은 1·2·3·4에서 가장 알맞은 것을 하나 고르시오.

(1)

> 중국에서 처음으로 '피영'이라는 인형을 봤습니다. 일본에서는 본 적이 없는 신기한 인형이었습니다. 여러 색으로 만든 귀여운 인형이었습니다. 모자를 쓰고 있는 것이랑 동물이랑 어린아이 등 다양한 형태의 것이 있었습니다. 중국에서는 옛날부터 유명했다고 중국인 친구에게 들었습니다. 사고 싶어서 얼마인지 물었지만, 비싸서 살 수 없었습니다. 다음에 중국에 올 때는 사 가고 싶다고 생각했습니다.

1 '피영'에 대한 설명으로 옳은 것은 어느 것입니까?

1 일본에서 본 적이 있다.
2 오래되지 않고 새로 생긴 인형이다.
3 피영은 여러 모양의 것이 있다.
4 피영은 어른 인형뿐이고 어린아이 인형은 없다.

(2)

> 일본어의 'じょうぶ'에는 사람이 건강하다는 의미가 있다. "저 아이는 건강하네요"라고 말하거나 "이 고양이는 튼튼하구나"라고 말하기도 한다. 그러나 사람만이 아니라 사물에도 사용한다. "저 차는 튼튼하다", "저 가방은 튼튼하다"라고도 한다. 일본어를 공부하는 유학생이 자주 틀리는 말 중의 하나다.

2 본문에 대해 바르게 설명한 것은 어느 것입니까?

1 'じょうぶ'는 사람에게만 쓰는 말이다.
2 'じょうぶ'는 사물에만 쓰는 말이다.
3 'じょうぶ'에는 '건강한 사람'이라는 의미가 있다.
4 'じょうぶ'에는 '건강한 가방'이라는 의미가 있다.

(3)

> 지난달 일본어 작문 테스트는 80점이었습니다. 그러나 이번 달 테스트는 10점 낮았습니다. 그래서 다음 달 테스트를 열심히 노력할 작정으로 지난주부터 일본인 친구인 야마다 씨와 작문 공부를 시작했습니다. 자주 틀리는 단어랑 한자 등을 외우는 연습을 매일 하고 있습니다.

3 본문에 대해 바르게 설명한 것은 어느 것입니까?

1 지난달 작문 테스트가 어려웠다.
2 이번 달 작문 테스트는 쉬웠다.
3 지난주부터 선생님과 작문 공부를 시작했다.
4 야마다 씨는 매일 한자를 외우는 연습을 하고 있다.

☑ 다음 문장을 읽고, 질문에 답하시오. 답은 1·2·3·4에서 가장 알맞은 것을 하나 고르시오.

> 다나카 씨는 여름휴가 때 중국에서 오는 첸 씨에게 편지를 썼습니다.
>
> 첸 씨, 잘 지내시죠?
> 일본은 아주 덥습니다, 중국은 어떤가요?
> 첸 씨가 일본에 올 때, 저는 미국으로 갑니다. 만날 수 없어서 유감입니다.
> 첸 씨, 내 방과 우리 마을을 소개하겠습니다.
> 내 방은 아파트 가장 위에 있어서 매우 덥습니다. 그렇지만 저녁에는 조금 시원해져서 잘 때는 괜찮습니다. 방은 좁지만, 책상이랑 냉장고 등 여러 가지 있습니다. 모두 첸 씨 것이라고 생각하고 사용해 주세요.
> 아파트 근처에 'いいとも'라는 빵집이 있습니

다. 아주 맛있으니까 가 보세요. 그리고 빵집 옆 식당도 맛있습니다. 그런데 빵집 건너편 편의점은 매우 비싸니까 다른 곳으로 가는 것이 좋습니다.

첸 씨, 이런저런 얘기를 많이 썼습니다만, 여기는 매우 편리한 곳입니다. 근처에 역도 있으니 여러 곳으로 놀러 다녀 보세요.

그럼, 또 봐요.

4 본문에 대해 바르게 설명한 것은 어느 것입니까?

1 다나카 씨 마을은 모두가 다 비쌉니다.
2 다나카 씨 방은 1층에 있습니다.
3 여름휴가 때 다나카 씨와 첸 씨는 함께 삽니다.
4 다나카 씨는 첸 씨에게 방을 빌려줍니다.

5 다나카 씨 집 근처에 없는 것은 어느 것입니까?

1 빵집
2 편의점
3 역
4 슈퍼마켓

☑ 오른 쪽 페이지를 보고 아래 질문에 답하시오. 답은 1·2·3·4에서 가장 알맞은 것을 하나 고르시오.

오늘 학교에서 '영화회' 포스터를 봤습니다. 여름방학이니까 친구가 많이 올 거라고 생각합니다. 영화도 보고 싶고, 과자도 받고 싶어서 갈 작정입니다. 집에 가서 가족들에게 이 포스터에 대해서 얘기하려고 합니다.

6 과자를 갖고 싶습니다. 누구와 가면 좋을까요?

1 부모님
2 슈퍼마켓 언니
3 옆집 할머니
4 친구

즐거운 영화회

★ 매주 토요일 아침 10:00
★ 역 앞 공원에서
★ 가족과 함께 오면 과자를 선물
★ 친구와 함께 오면 주스를 선물
★ 형제와 함께 오면 아이스크림을 선물

※사진을 찍어서는 안 됩니다.

∘∘ 청해

청해 실전문제 정답 및 해석

1	3	5	3	9	2	13	3	17	2
2	3	6	1	10	1	14	1	18	2
3	2	7	2	11	3	15	3	19	3
4	1	8	1	12	2	16	3	20	2

문제 문장을 듣고, 1에서 3 중에서 가장 알맞은 것을 하나 골라 주세요.

1

M：何を 飲みますか。

F：1 コンビニに 行きます。
　　2 ケーキに します。
　　3 紅茶に します。

1

남: 무엇을 마시겠습니까?
여: 1 편의점에 갑니다.
　 2 케이크로 하겠습니다.
　 3 홍차로 하겠습니다.

2

F：すみません。びじゅつかんは　どこに　ありますか。

M：1　この　道を　まっすぐ　見せます。

2　前に　います。

3　あの　病院の　となりです。

남: 실례합니다. 미술관은 어디에 있습니까?

여: 1 이 길을 곧장 보여줍니다.

2 앞에 있습니다.('いる'는 미술관의 존재를 나타낼 수 없다.)

3 저 병원 옆입니다.

3

F：来年の　カレンダーを　買いましたか。

M：1　いいえ、昨日　買う　つもりです。

2　いいえ、今日　買いに　行きます。

3　いいえ、去年　買って　きます。

여: 내년 달력을 샀습니까?

남: 1 아니오, 어제 살 작정입니다.

2 아니오, 오늘 사러 갑니다.

3 아니오, 작년에 사오겠습니다.

4

M：今度　いっしょに　食事に　行きませんか。

F：1　ちょっと　忙しくて。

2　はい、食べて　みて　ください。

3　おなかが　すきましたね。

남: 다음에 같이 식사하러 가지 않겠습니까?

여: 1 좀 바빠서.

2 네, 먹어 보십시오.

3 배가 고프네요.

5

F：田中さん、何で　来ましたか。

M：1　でんしゃで　来ます。

2　バスで　行きました。

3　じてんしゃで　来ました。

여: 다나카 씨 뭘로(뭘 타고) 오셨어요?

남: 1 전철로 옵니다.

2 버스로 갔습니다.

3 자전거로 왔습니다.

6

F：私も　いっしょに　行きましょうか。

M：1　あ、ありがとうございます。

2　はい、行きました。

3　いいえ、行きません。

여: 저도 같이 갈까요?

남: 1 아, 고맙습니다.

2 네, 갔습니다.

3 아니오, 안 갑니다.

7

F : おしごとは　何_{なん}ですか。

M : 1　きょうは　あまり　ありません。

　　2　レストランで　りょうりを　して　います。

　　3　先生_{せんせい}の　おかあさんです。

7

여: 무슨 일 하세요?

남: 1 오늘은 별로 없습니다.

　　2 레스토랑에서 요리를 하고 있습니다.

　　3 선생님의 어머니입니다.

8

F : それは　鈴木_{すずき}さんの　かばんですか。

M : 1　はい、私_{わたし}のです。

　　2　これは　かばんでは　ありません。

　　3　いいえ、鈴木_{すずき}さんのです。

8

여: 그것은 스즈키 씨의 가방입니까?

남: 1 네. 제 것입니다.

　　2 이것은 가방이 아닙니다.

　　3 아니오, 스즈키 씨의 것입니다.

9

F : この　へや、せまく　ありませんか。

M : 1　はい、すこし　ひろいですね。

　　2　そうですね、ちょっと　せまいですね。

　　3　そうですか、いいですね。

9

여: 이 방, 좁지 않나요?

남: 1 네, 좀 넓습니다.

　　2 그렇네요. 좀 좁네요.

　　3 그렇군요, 좋네요.

10

F : レポートは　終_おわりましたか。

M : 1　はい、もう　だしましたよ。

　　2　いいえ、また　やりますよ。

　　3　いいえ、あまり　終_おわりません。

10

여: 리포트는 다 마쳤습니까?

남: 1 네, 이미 제출했어요.

　　2 아니오, 또 하겠습니다.

　　3 아니오, 별로 끝나지 않습니다.

11

F : きのう　友_{とも}だちに　会_あいましたか。

M : 1　はい、また　会_あいますよ。

　　2　そうですね、会_あう　ことが　できませんね。

　　3　いいえ、会_あう　ことが　できませんでした。

11

여: 어제 친구를 만났습니까?

남: 1 네, 또 만나요.

　　2 글쎄요, 만날 수가 없군요.

　　3 아니오, 만날 수가 없었습니다.

F：きょうも　べんきょうしますか。

M：1　はい、今から　映画館に　行きます。

　　2　いいえ、きょうは　かいものに　行きます。

　　3　はい、きょうは　銀行に　行きます。

12

여: 오늘도 공부합니까?

남: 1 네, 이제 영화관에 갑니다.

　　2 아니오, 오늘은 쇼핑하러 갑니다.

　　3 네, 오늘은 은행에 갑니다.

13

M：一緒に　病院へ　行きましょうか。

F：1　はい、行って　あげます。

　　2　はい、一緒に　行きません。

　　3　はい、お願いします。

13

남: 함께 병원에 갈까요?

여: 1 네, 가 드릴게요.

　　2 네, 함께 안 갑니다.

　　3 네, 부탁드리겠습니다.

14

F：この　本は　どこで　借りましたか。

M：1　図書館です。

　　2　花屋です。

　　3　会議室です。

14

여: 이 책은 어디에서 빌렸습니까?

남: 1 도서관에서요.

　　2 꽃집에서요.

　　3 회의실에서요.

15

M：今日の　テスト　難しかったね。

F：1　遊ぶしかないね。

　　2　図書館に　行くしか　ないね。

　　3　次に　がんばるしか　ないね。

15

남: 오늘 테스트 어렵더라.

여: 1 놀 수밖에 없지.

　　2 도서관에 갈 수밖에 없지.

　　3 다음에 노력할 수밖에 없지.

16

F：かばん、あいて　いますよ。

M：1　見ないで　ください。

　　2　かばんが　ほしいです。

　　3　知らなかったです。

16

여: 가방 열려 있어요.

남: 1 보지 말아 주세요.

　　2 가방 갖고 싶어요.

　　3 (열려 있었는지) 몰랐어요.

17

M：会社、何時に　終わりますか。

F：1　おわります。
　　2　夜遅くです。
　　3　行きません。

17

남: 회사 몇 시에 끝나요?

여: 1 끝납니다.
　　2 밤늦게요.
　　3 안 갑니다.

18

F：元気が　ないけど、どうしたの。

M：1　レポートを　出したんです。
　　2　宿題を　忘れたんです。
　　3　おふろに　入ったんです。

18

여: 기운 없어 보이는데 무슨 일이야?

남: 1 리포트를 제출했어요.
　　2 숙제한 것을 깜빡했어요.
　　3 목욕을 했어요.

19

F：おいしい　料理を　作って　待って　います。

M：1　おいしい　カレーを　買って　いきます。
　　2　おいしい　パスタを　買って　いきます。
　　3　おいしい　ケーキを　買って　いきます。

19

여: 맛있는 요리 만들어놓고 기다릴게요.

남: 1 맛있는 카레를 사 갈게요.
　　2 맛있는 파스타를 사 갈게요.
　　3 맛있는 케이크를 사 갈게요.

20

M：明日は　日本語の　授業が　ありますか。

F：1　いいえ、昨日の　テストです。
　　2　いいえ、明日の　授業は　休みです。
　　3　いいえ、今日は　図書館に　行きます。

20

남: 내일은 일본어 수업이 있나요?

여: 1 아니오, 어제 테스트예요.
　　2 아니오, 내일 수업은 쉬어요.
　　3 아니오, 오늘은 도서관에 가요.

제4장

모의테스트
정답 및 해석

1교시 언어지식(문자 · 어휘)　정답

문제 1
1 ③	2 ②	3 ①	4 ①	5 ③
6 ②	7 ④	8 ②	9 ①	10 ②
11 ①	12 ④			

문제 2
| 13 ② | 14 ③ | 15 ④ | 16 ① | 17 ② |
| 18 ① | 19 ④ | 20 ④ | | |

문제 3
| 21 ④ | 22 ④ | 23 ④ | 24 ③ | 25 ③ |
| 26 ④ | 27 ① | 28 ② | 29 ③ | 30 ② |

문제 4
| 31 ① | 32 ③ | 33 ① | 34 ③ | 35 ① |

1교시 언어지식(문법) · 독해　정답

문제 1
1 ④	2 ③	3 ④	4 ④	5 ①
6 ③	7 ②	8 ②	9 ②	10 ①
11 ①	12 ①	13 ①	14 ①	15 ③
16 ②				

문제 2
| 17 ① | 18 ① | 19 ④ | 20 ③ | 21 ③ |

문제 3
| 22 ④ | 23 ① | 24 ② | 25 ③ | 26 ① |

문제 4
| 27 ③ | 28 ④ | 29 ③ |

문제 5
| 30 ② | 31 ② |

문제 6
| 32 ③ |

2교시 청해　정답

문제 1
| 1 ④ | 2 ② | 3 ③ | 4 ④ | 5 ② |
| 6 ① | 7 ④ | | | |

문제 2
| 1 ③ | 2 ② | 3 ③ | 4 ③ | 5 ② |
| 6 ④ | | | | |

문제 3
| 1 ③ | 2 ① | 3 ④ | 4 ① | 5 ③ |

문제 4
| 1 ② | 2 ② | 3 ② | 4 ② | 5 ③ |
| 6 ③ | | | | |

1교시 언어지식(문자 · 어휘)　해석

문제1 _____의 단어는 히라가나로 어떻게 씁니까? 1 · 2 · 3 · 4에서 가장 적절한 것을 하나 골라 주세요.

1 오늘은 사람이 많네요.

2 이 방은 좁습니다.

3 무거운 상자네요.

4 다나카 씨는 매일 커피를 마시고 있습니다.
　　1 마시고　2 살고　3 쉬고　4 놀고

5 집 앞에 개가 있습니다.
　　1 돌　2 앞　3 집　4 위

6 영어 수업은 재밌습니다.

7 우리 할머니는 자상합니다.

8 나는 소고기를 아주 좋아합니다.

9 친구에게 편지를 보냈습니다.

10 일본어 공부를 위해서 일본 음악을 듣고 있습니다.

11 술에 약한 회사원이 많아지고 있다.
　　1 약하다　　　　　2 파랗다
　　3 강하다　　　　　4 단단하다

12 지금 다니는 회사에서 죽을 때까지 최선을 다하고 싶다고 생각합니다.

문제2 _____의 단어는 어떻게 씁니까? 1 · 2 · 3 · 4에서 가장 적절한 것을 하나 골라 주세요.

13 친구 생일 파티에서 사진을 찍었습니다.

14 나는 일요일에 쇼핑을 합니다.

15 5시 정도에 도쿄에 도착합니다.

16 오늘 저녁, 같이 영화를 보지 않겠습니까?

17 다나카 씨는 오래된 책을 사토 씨에게 빌렸습니다.
　　1 무겁다　　　　　2 오래되다
　　3 싸다　　　　　　4 비싸다

18 역 근처 아파트는 비쌉니다.
　　1 비싸다　　　　　2 싸다
　　3 오래되다　　　　4 가볍다

19 이 휴대전화는 매우 편리합니다.
　　1 사용　2 불편함　3 불필요함　4 편리함

20 길을 잘못 들어서 늦어졌습니다.

   1 마을   3 집   4 길

문제3 ( )에 무엇을 넣으면 좋을까요? 1 · 2 · 3 · 4에서 가장 적절한 것을 하나 골라 주세요.

21 어제 간 대학은 작았지만, 이 대학은 크네요.

   1 적다   2 많다   3 빠르다   4 크다

22 이 테이블은 튼튼하지만, 무거워서 들 수가 없습니다.

   1 좁아서   2 작아서

   3 가벼워서   4 무거워서

23 걷는 것을 좋아하지 않아서 집에서 가까운 곳에서 만났습니다.

   1 싼   2 비싼   3 먼   4 가까운

24 여동생은 학교 근처에 있는 풀장에서 놀고 있습니다.

   1 아르바이트   2 체크인

   3 풀장   4 맥주

25 손이 지저분하네요. 깨끗이 씻읍시다.

   1 위험하다   2 나쁘다

   3 지저분하다   4 어둡다

26 이 한자는 어렵습니다.

   1 맛있다   2 달다   3 맵다   4 어렵다

27 오늘은 숙제가 많습니다.

   1 많다   2 크다   3 무겁다   4 넓다

28 꽃을 받아서 매우 기쁩니다.

   1 재밌다   2 기쁘다

   3 맛있다   4 지저분하다

29 친구와 가라오케에 가서 노래를 많이 불렀습니다.

   1 봤습니다   2 읽었습니다

   3 (노래를) 불렀습니다.   4 (사람을) 불렀습니다.

30 고향(에 계신) 어머니에게 편지를 보냅니다.

   1 삽니다   2 보냅니다

   3 읽습니다   4 이야기합니다

문제4 _____의 문장과 대체로 같은 의미의 문장이 있습니다. 1 · 2 · 3 · 4에서 가장 적절한 것을 하나 골라 주세요.

31 이 아파트는 새 것이 아닙니다.

   1 이 아파트는 오래됐습니다.

   2 이 아파트는 깨끗합니다.

   3 이 아파트는 조용합니다.

   4 이 아파트는 새것입니다.

32 방문은 열려 있습니다.

   1 방문은 열리지 않습니다.

   2 방문은 닫혀 있습니다.

   3 방문은 닫혀 있지 않습니다.

   4 방문은 열려 있지 않습니다.

33 야마다 씨는 도서관에 있습니다.

   1 야마다 씨는 책을 읽고 있습니다.

   2 야마다 씨는 기타를 칩니다.

   3 야마다 씨는 영화를 봅니다.

   4 야마다 씨는 병이 낫습니다.

34 오늘 아침 집에서 빨래를 했습니다.

   1 오늘 아침 청소를 했습니다.

   2 오늘 아침 쇼핑을 했습니다.

   3 오늘 아침 옷을 빨았습니다.

   4 오늘 아침 요리를 했습니다.

35 겨울에는 스케이트를 타는 것이 기다려진다.

   1 겨울에는 스케이트를 타고 싶습니다.

   2 겨울에는 스케이트를 타고 싶지 않습니다.

   3 겨울에는 스케이트가 시시합니다.

   4 겨울에는 스케이트가 시시하지 않습니다.

1교시 언어지식(문법) 해석

문제1 ( )에 무엇을 넣으면 좋을까요? 1 · 2 · 3 · 4에서 가장 적절한 것을 하나 골라 주세요.

1 커피를 마시면서 신문을 읽습니다.

   1 작정/계획   2 뿐/만

   3 정도   4 ~(하)면서

2 테스트 때, 사전을 사용해도 됩니까?

   1 사용해도   2 사용해서는

   3 사용해   4 사용하는

3 오후에는 쇼핑하러 갑니다.

   1 와/과　2 에서　3 이/가　4 ~하러

4 텔레비전은 별로 안 봅니다.

   1 매우　2 대단히　3 자주　4 별로

5 어제는 왜 학교에 오지 않았습니까?

   1 왜　2 얼마　3 어느 정도　4 아직

6 여름방학에 어디로 갈 생각입니까?

   1 어디가　2 어디도　3 어디로　4 어디는

7 도서관 근처에서는 조용히 해주십시오.

동사 앞에서는 사전형인 'しずか'에 'に'를 붙여야 합니다.

8 더워서 얼굴이 빨개졌습니다.

동사 앞에서는 사전형인 'あかい'의 어미를 'く'로 바꿔야 합니다.

9 피곤하니까 집에 돌아가고 싶습니다.

희망을 나타내는 'たい'는 '동사의 ます형'에 접속하기 때문에 1그룹 동사인 '帰^{かえ}る'의 'ます형 帰り'에 'たい'가 접속된 2번이 정답입니다.

10 고국에는 언제 돌아갑니까?

   1 언제　2 무엇　3 어느 쪽　4 어느 분

11 월요일은 회의에 나갑니다.

   1 와/과　2 에/에게　3 을/를　4 이/가

12 내일부터 백화점에서 일합니다.

   1 에서　2 에/에게　3 을/를　4 의

13 다음 주 금요일까지 리포트를 제출해 주세요.

이 경우, 특정 기간 안에 언제라도 좋으니 무언가를 완료해야 한다는 의미이므로 'まで'에 'に'를 붙인 1번이 정답입니다.

14 어떤 요리를 좋아합니까?

'好^すき(좋아함), きらい(싫어함), 上手^{じょうず}(잘함), 下手^{へた}(못함)'의 경우 조사 が와 함께 사용되므로 1번이 정답입니다.

15 비행기를 타고 말레이시아에 갔습니다.

'のる(자동차 등을 타다)'는 조사 'に'와 함께 사용되므로 2번이 정답입니다.

16 위험하니까 들어가지 말아 주십시오.

문제2　＿＿＿　★　에 들어가는 것은 어느 것일까요? 1·2·3·4에서 가장 적절한 것을 하나 골라 주세요.

17 아침에 일어나서 샤워를 한 후에 아침밥을 먹습니다.

   3 起^おきて　　★1 シャワーを

   4 してから　　　2 ごはんを

18 가방 안에 있는 노트를 가져와 주십시오.

   3 ある　　　　　4 ノートを

   2 持^もって　　★1 きて

19 우에다 씨로부터 받은 과자를 먹어 봤습니다.

   3 もらった　　　1 おかしを

  ★4 食^たべて　　　2 みました

20 A 「일본어를 배운 적이 있습니까?」

   B 「네, 고등학생 때 배웠습니다.」

   4 こうこうせいの　★3 とき

   2 に　　　　　　　1 ならいました

21 많이 먹어서 배가 나오고 말았습니다.

  ★3 食^たべて　　　2 おなかが

   4 出^でて　　　　　1 しまいました

문제3　22 에서 26 에 무엇을 넣으면 좋을까요? 문장의 의미를 생각하여, 1·2·3·4에서 가장 적절한 것을 하나 골라 주세요.

김정민 씨와 마이클 씨는 모레 같은 반 모두의 앞에서 자기소개를 합니다. 두 사람은 자기소개 문장을 만들었습니다.

（1）

처음 뵙겠습니다. 김정민입니다. 작년 한국에서 22 왔습니다.

저는 23 애니메이션을 좋아합니다. 한국 애니메이션은 잘 알고 있습니다. 그렇지만 일본 애니메이션은 24 별로 알지 못합니다. 일본에서는 일본 애니메이션을 많이 보고 싶습니다.

여러분, 아무쪼록 잘 부탁드리겠습니다.

（2）

여러분, 안녕하세요. 마이클입니다.

저는 늦게까지 도서관에서 매일 공부하고 있습

니다. 지금은 학교 근처에서 형과 남동생과 살고
있습니다. 형제와 함께 살고 있어서 [25] 외롭지
않습니다.

　저는 일본 친구를 많이 [26] 사귀고 싶습니다.
여러분, 우리 집에 놀러 와 주세요.

　아무쪼록 잘 부탁드리겠습니다.

[22] 1　오지 않습니다　　2　오지 않았습니다
　　3　옵니다　　　　　　4　왔습니다

[23] '好き(좋아함), きらい(싫어함)'는 조사 'が'를 사용
　　하며 이 조사는 우리말로 '을/를'로 해석됩니다. 그
　　렇기 때문에 정답은 1번입니다.

[24] 1　매우　2　별로　3　작정　4　그렇기 때문에

[25] い형용사의 부정형은 'い'를 'く'로 바꿔야 하므로 1
　　번과 2번은 정답이 될 수 없으며, 현재 외롭지 않다
　　는 의미이므로 'ありませんでした'가 아닌 'あり
　　ません'을 선택해야 합니다. 따라서 정답은 3번입
　　니다.

[26] 1　사귀고 싶습니다　　　2　있습니다
　　3　보고 싶습니다　　　　4　만납니다

1교시 독해 해석

문제4　다음 (1)~(3) 문장을 읽고, 질문에 답하시오. 답
　　　은 1·2·3·4에서 가장 절절한 것을 하나 골
　　　라 주세요.

(1)

　우리 집에는 지금, 아홉 명이 있습니다. 어른이
네 명이고 어린이가 다섯 명입니다. 할아버지와
할머니는 건강합니다. 아버지는 늘 바쁩니다. 어
머니는 매우 자상합니다. 누나는 책을 좋아해서
늘 책을 읽고 있습니다. 그렇지만 형과 나는 게임
을 좋아해서 매일 게임을 합니다. 아버지 친구 자
녀 두 명이 우리 집에 와 있습니다. 겨울방학 2개
월간 함께 있습니다.

[27] 우리 가족은 몇 명입니까?
　　1　아홉 명
　　2　여덟 명
　　3　일곱 명
　　4　다섯 명

(2)

　어머니도 저도 영화를 매우 좋아합니다. 어머
니는 큰 스크린을 가까이에서 보면 눈이 아프다
고 합니다. 그리고 저는 뒤쪽에서 보는 것은 좋아
하지 않습니다. 우리는 항상 둘이서 나란히 보기
때문에 옆에 아무도 없는 자리에 앉고 싶습니다.

[28] 두 사람은 아래에 있는 자리 중에서 어디에 앉습니까?

(3)

　아르바이트 마치고 나니 어머니에게서 메일이
왔습니다.

　리카. 아르바이트 끝났니? 아르바이트 마치고
나서 슈퍼에 가서 우유 좀 사 오렴. 저녁밥 카레
에 넣으려고 해. 내일 아침 먹을 샌드위치는 사오
지 않아도 돼. 엄마가 만들 거니까. 그리고 과자
는 사면 안 되는 거 알지? 일찍 들어오렴.

[29] 리카는 슈퍼에서 무엇을 삽니까?
　　1　샌드위치
　　2　과자
　　3　마실 것
　　4　카레

다음 문장을 읽고, 질문에 답하시오. 답은 1·2·3·4에서 가장 절절한 것을 하나 골라 주세요.

> 어제는 고등학교 때 친구와 함께 저녁 식사를 하기로 한 약속이 있었습니다. 1년 만에 만날 약속이었기 때문에 매우 기대했습니다. 나는 일찍 집을 나와서 약속 시간보다 40분이나 일찍 도착했습니다. 책을 읽으면서 천천히 기다렸습니다. 시간이 돼도 친구는 오지 않았습니다. 버스가 오지 않은 건가? 바쁘니까 늦는 것이라고 생각했습니다. 그렇게 30분이 지났습니다. 친구가 염려되기 시작했습니다. 메일을 보내봤습니다. '미안해. 지금 일이 끝나서 바로 갈게. 기다리고 있어!'라는 답장이 왔습니다. 빨리 온다고 해도 30분은 걸립니다. 약속 시간에 늦을 때는 기다리는 사람에게 연락합시다.

30 친구는 왜 오지 않았습니까?
   1 버스가 오지 않아서
   2 바빴기 때문에
   3 다른 약속이 있었기 때문에
   4 약속을 깜빡 잊어서

31 이 사람은 친구를 기다리면서 무엇을 했습니까?
   1 밥을 먹었다.
   2 책을 읽었다.
   3 친구 회사에 갔다.
   4 다른 친구에게 메일을 보냈다.

오른 쪽 페이지를 보고 아래 질문에 답하시오. 답은 1·2·3·4에서 가장 적절한 것을 하나 골라 주세요.

> 나는 책을 아주 좋아해서 앞으로 매주 '책 읽기 모임'에 가려고 합니다. 학교는 매일 오후 두 시에 끝납니다. 월요일과 금요일은 학교에서 영어를 배우고 있어서 3시 40분에 끝납니다. 화요일 3시부터 4시까지는 피아노 교실에 가야 합니다. 목요일 4시부터는 수영을 배우러 갑니다. 일요일만큼은 가족과 느긋하게 보내고 싶습니다.

32 나는 어느 도서관의 '책 읽기 모임'에 갈 수가 있나요?
   1 A 도서관
   2 B 도서관
   3 C 도서관
   4 D 도서관

즐거운 '책 읽기 모임'!
많이들 오세요~

	요일	시간
A도서관	매주 일요일	오전 11시 30분~12시
	매일	오후 1시 30분~2시 30분
B도서관	매주 화요일	오후 3시 30분~4시 30분
	네 번째 주 수요일	오후 2시~3시
C도서관	매주 수요일	오후 2시 30분~3시 30분
	네 번째 주 토요일	오전 11시~11시 30분
D도서관	매주 목요일	오후 3시 30분~4시 30분
	첫 번째 주 수요일	오후 3시~4시

2교시 청해 해석

문제1 문제1에서는, 먼저 질문을 들어 주세요. 그리고 문제용지의 1에서 4중에서 가장 적절한 것을 하나 골라 주세요.

れい

病院で 先生と 女の人が 話して います。女の人は これから まず 何を しますか。

先生 ：かぜですね。すぐ この くすりを 飲んで ください。
女の人：ごはんを 食べませんでしたが、だいじょうぶですか。
先生 ：これは だいじょうぶです。きょうは 家に かえって 早く ねて ください。

おんなの 人は これから まず なにを しますか。
1 くすりを のむ。
2 ごはんを たべる。
3 うちに かえる。
4 すぐに ねる。

예

병원에서 의사 선생님과 여자가 이야기하고 있습니다. 여자는 이제부터 먼저 무엇을 합니까?

선생님 : 감기네요. 바로 이 약을 드세요.
여자 ： 밥을 안 먹었는데 괜찮습니까?
선생님 : 이것은 괜찮습니다. 오늘은 집에 돌아가서 일찍 자세요.

여자는 이제부터 먼저 무엇을 합니까?
1 약을 먹는다.
2 밥을 먹는다.
3 집에 돌아간다.
4 바로 잔다.

1ばん

駅前で お母さんと 子どもが 話して います。子どもは、家に 帰って さきに 何を しますか。

F ： 今日も いっぱい 遊んだから、家に 帰って シャワー しましょう。
M：え〜。さっき 買った ケーキを 先に 食べたい。
F ：うーん。じゃあ、シャワーを 先に したら、ジュースと ケーキを あげます。
M：分かった。ジュース、ジュース。

子どもは、家に 帰って さきに 何を しますか。
1 いっぱい 遊ぶ。
2 ケーキを 食べる。
3 ジュースを 飲む。
4 シャワーを する。

1번

역 앞에서 어머니와 어린아이가 이야기하고 있습니다. 어린아이는 집에 돌아가서 제일 먼저 무엇을 합니까?

여 : 오늘도 실컷 놀았으니까 이제 집에 가서 샤워해야지.
남 : 싫은데. 아까 산 케이크 먼저 먹으면 안 돼?
여 : 안 돼. 그럼, 샤워를 먼저 하면 주스와 케이크를 줄게.
남 : 알았어. 주스, 주스.

어린아이는 집에 돌아가서 먼저 무엇을 합니까?
1 실컷 논다.
2 케이크를 먹는다.
3 주스를 마신다.
4 샤워를 한다.

2ばん

男の人が　話して　います。男の人は　どこで　薬を　もらいますか。

M：友だちと　いっしょに　韓国へ　りょこうに　行きます。

F：そうですか。何日ぐらいですか。

M：2週間です。それで　今日は　びょういんへ　薬を　もらいに　行きます。

F：その　薬は　やっきょくには　ないんですか。

M：はい、韓国でも　売って　いませんし。

F：じゃ、私も　いっしょに　行きます。でも　その　前に　食事を　しましょう。

男の人は　どこで　薬を　もらいますか。

1　やっきょく
2　びょういん
3　韓国
4　レストラン

3ばん

男の人と　女の人が　話して　います。男の人は　これから　何を　しますか。

M：あしたから　りょこうですね。

F：そうですね。これから　かいものに　行きませんか。

M：私は　ほかの　会社の　人と　約束が　あって。

F：そうですか。その　後は　どうですか。

M：すみません。その　後、ゆうびんきょくに　行って　てがみを　出します。

F：では、てがみを　出して　から　電話を　して　ください。待って　いますから。

M：ありがとうございます。電話します。

男の人は　これから　何を　しますか。
1　電話を　します。
2　かいものに　行きます。
3　ほかの　会社の　人に　会います。
4　ゆうびんきょくに　行きます。

2번

남자가 이야기하고 있습니다. 남자는 어디에서 약을 받습니까?

남 : 친구와 함께 한국으로 여행 갑니다.

여 : 그래요? 며칠 정도요?

남 : 2주일입니다. 그래서 오늘은 병원에 약을 받으러 갑니다.

여 : 그 약은 약국에는 없어요?

남 : 네, 한국에서도 안 팔고 있고.

여 : 그럼 저도 함께 갈게요. 근데 그 전에 식사합시다.

남자는 어디에서 약을 받습니까?
1　약국
2　병원
3　한국
4　레스토랑

3번

남자와 여자가 이야기하고 있습니다. 남자는 이제부터 무엇을 합니까?

남 : 내일부터 여행이네요.

여 : 그렇군요. 이제부터 쇼핑하러 가지 않을래요?

남 : 나는 다른 회사 사람과 약속이 있어서.

야 : 그래요? 그 후에는 어떻습니까?

남 : 미안합니다. 약속 후 우체국에 가서 편지를 보내야 해서요.

여 : 그럼, 편지를 보낸 후에 전화해 주세요. 기다릴게요.

남 : 고맙습니다. 전화하겠습니다.

남자는 이제부터 무엇을 합니까?
1　전화를 합니다.
2　쇼핑하러 갑니다.
3　다른 회사 사람을 만납니다.
4　우체국에 갑니다.

4ばん

男の人と 女の人が 話して います。男の人は これから 何を しますか。

M：中村さん、わたしの かばんを 見ませんでしたか。
F：どんな かばんですか。
M：黒くて 少し 大きい かばんです。
F：私、今 かいぎしつから 来ましたが、そこに 黒い かばん が ありましたよ。
M：でも 私は かいぎしつには 行きませんでした。しょくどう には 行きましたが。
F：そうですか。たぶん そこですね。
M：あ、そうですね。

男の人は これから 何を しますか。
1 かばんを 買いに 行きます。
2 かいぎを します。
3 女の人を 待ちます。
4 しょくどうに 行きます。

5ばん

男の人と 女の人が 話して います。女の人は これから 何を しますか。

M：中村さん、今から 映画館の バイトですか。
F：バイトに 行く 前に 病院に 行きます。
M：どこか 悪いんですか。
F：いいえ。昨日、病院に めがねを おいて きて しまって。 それを 取りに 行って 図書館に 行った あと バイトに 行きます。
M：そうですか。今日も いそがしいですね。バイト がんばって ください。

女の人は、これから どこへ 行きますか。
1 学校へ 行く。
2 病院へ 行く。
3 図書館へ 行く。
4 映画館へ 行く。

4번

남자와 여자가 이야기하고 있습니다. 남자는 이제부터 무엇을 합니까?

남 : 나카무라 씨, 내 가방 못 봤나요?
여 : 어떤 가방입니까?
남 : 검은색이고 좀 큰 가방이에요.
여 : 저, 지금 회의실에서 왔는데요. 거기에 검은색 가방이 있었어요.
남 : 그래요? 난 회의실에는 가지 않았는데요. 식당에는 갔지만요.
여 : 그렇군요. 그렇다면 아마도 거기 있겠네요.
남 : 아, 네 그렇군요.

남자는 이제부터 무엇을 합니까?
1 가방을 사러 갑니다.
2 회의를 합니다.
3 여자를 기다립니다.
4 식당에 갑니다.

5번

남자와 여자가 이야기하고 있습니다. 여자는 이제부터 무엇을 합니까?

남 : 나카무라 씨, 이제부터 영화관 아르바이트 가나요?
여 : 아르바이트 가기 전에 병원에 갑니다.
남 : 어디 몸이 안 좋은가요?
여 : 아뇨, 어제 병원에 안경을 두고 와 버려서요. 그것을 가지러 갔다가 도서관에 간 후에 아르바이트하러 가려고요.
남 : 그렇군요. 오늘도 바쁘네요. 아르바이트 힘내세요.

여자는, 이제부터 무엇을 합니까?
1 학교에 간다.
2 병원에 간다.
3 도서관에 간다.
4 영화관에 간다.

動物えんで　男の人と　女の人が　話して　います。二人は　これから　何を　しますか。

F：ここが　昨日、テレビに　出て　いた　動物えんよ。

M：ここか。人が　たくさん　いて、つかれて　しまうかもしれないな。

F：パンダの　赤ちゃんが　いるから、みんな　見に　来るんでしょうね。

M：人も　多いし、パンダの　赤ちゃんだけ　見て　早く　家に　帰った　ほうが　いいね。

F：そうだね。あかちゃんを　見てから　食事を　して　家で　ゆっくり　休もう。

二人は、これから　何を　しますか。

1　パンダを　見に　行く。
2　家に　帰る。
3　食事を　する。
4　ゆっくり　休む。

男の学生と　先生が　話して　います。新聞に　どんな　写真を　はりますか。

M：先生、この前　みんなで　とった　写真です。見て　ください。

F：わぁ。たくさん　ありますね。今度、クラスで　出す　新聞に　はりましょうか。

M：はい。みんなが　わらって　いる　写真が　いいですね。

F：そうですね。この　写真は　どうですか。

M：いいですね。これに　しましょう。

新聞に　どんな　写真を　はりますか。

1　ないて　いる　写真
2　食べて　いる　写真
3　話して　いる　写真
4　わらって　いる　写真

동물원에서 남자와 여자가 이야기하고 있습니다. 둘은 이제부터 무엇을 합니까?

여 : 여기가 어제 텔레비전에 나온 동물원이야.

남 : 여기구나. 사람이 많아서 좀 피곤해질지도 모르겠는걸.

여 : 새끼 판다가 있으니까 사람들이 보러 오는 거겠지.

남 : 사람도 많고 하니까 새끼 판다만 보고 빨리 집에 가는 게 낫겠다.

여 : 그래. 새끼 판다 보고 나서 식사하고 느긋하게 집에서 쉬자.

둘은 이제부터 무엇을 합니까?
1　판다를 보러 간다.
2　집에 돌아간다.
3　식사를 한다.
4　느긋하게 쉰다.

남학생과 선생님이 이야기하고 있습니다. 신문에 어떤 사진을 붙입니까?

남: 선생님, 얼마 전 모두 함께 찍은 사진이에요. 보세요.

여: 우와. 많네요. 이번에 우리 반에서 만드는 신문에 붙일까요?

남: 네. 모두가 웃고 있는 사진이 좋겠죠?

여: 그래요. 이 사진은 어때요?

남: 좋습니다. 이것으로 합시다.

신문에 어떤 사진을 붙입니까?
1　울고 있는 사진
2　먹고 있는 사진
3　이야기하는 사진
4　웃고 있는 사진

문제2　문제2에서는, 먼저 질문을 들어 주십시오. 그리고 이야기를 듣고, 질문용지 1에서 4 중에서 가장 적절한 것을 하나 골라 주세요.

れい

男の　学生と　女の　学生が　話して　います。二人は　いつ
映画を　見ますか。

M：月よう日の　授業の　あとは　アルバイトですか。
F：はい。毎日　して　います。
M：いそがしいですね。いっしょに　映画を　見たかったんですが。
F：今度の　土よう日は　いいですよ。日よう日は　かいものに
　　いくけど。
M：じゃ、金よう日に　時間と　ばしょを　きめましょう。

二人は　いつ　映画を　見ますか。
1　げつようび
2　きんようび
3　どようび
4　にちようび

1ばん

男の人と　女の人が　話して　います。女の人は　あしたの
テストは　どう　なると　言って　いますか。

F：あしたからは　漢字の　テストですね。
M：はい、きのうの　作文の　テストは　むずかしく　なかったから
　　あしたの　テストは　むずかしいかも　しれませんね。
F：テストは　だんだん　むずかしく　なるという　話が　あるけど
　　ほんとうに　そうですかね。
M：たぶん　そう　なるでしょう。
F：わたしは　そうは　思いたく　ありません。田中先生は　やさし
　　いから　やさしい　テストに　なると　思います。

女の人は　あしたの　テストは　どう　なると　言って　いますか。
1　むずかしく　なる。
2　いそがしく　なる。
3　やさしく　なる。
4　おもしろく　なる。

예

남학생과 여학생이 이야기하고 있습니다. 두 사람은 언제 영화를 봅니까?

남 : 월요일 수업 후에 아르바이트해요?
여 : 네, 매일 하고 있어요.
남 : 바쁘네요. 함께 영화 보고 싶었는데.
여 : 이번 주 토요일은 괜찮아요. 일요일은 쇼핑하러 가지만.
남 : 그럼, 금요일에 시간과 장소를 정합시다.

두 사람은 언제 영화를 봅니까?
1　월요일
2　금요일
3　토요일
4　일요일

1번

남자와 여자가 이야기하고 있습니다. 여자는 내일 테스트는 어떻게 될 거라고 말합니까?

여 : 내일부터는 한자 테스트네요.
남 : 네, 어제 작문 테스트는 어렵지 않았으니까 내일 테스트는 어려울지도 몰라요.
여 : 테스트는 갈수록 어려워진다는 이야기가 있는데 정말 그럴까요?
남 : 아마도 그렇게 되겠죠.
여 : 나는 그렇게 될 거라고 생각하고 싶지 않아요. 다나카 선생님은 자상하니까 쉬운 테스트가 될 거라고 생각해요.

여자는 내일 테스트는 어떻게 될 거라고 말합니까?
1　어려워진다.
2　바빠진다.
3　쉬워진다.
4　재밌어진다.

2ばん

学校で 先生が 学生に 話して います。この 先生は 子どもの とき、何に なりたかったと 言って いますか。

F：みなさんの ゆめは 何ですか。行きたい 大学や したい 仕事が ありますか。明日の 授業では、みなさんの ゆめの 話を するので、家で よく 考えて きて ください。これは しゅくだいです。
先生は、子どもの ときは パン屋さん、小学生の ときは 本屋さん、中学生の ときは 花屋さん、そして 高校生の ときに 学校の 先生に なりたいと 思いました。兄弟も みんな 先生なので、先生に なる ことが できて とても うれしいです。

この 先生は 子どもの とき、何に なりたかったと 言って いますか。
1 花屋さん
2 パン屋さん
3 本屋さん
4 学校の 先生

2번

학교에서 선생님이 학생에게 이야기하고 있습니다. 이 선생님은 어릴 때, 무엇이 되고 싶었다고 말하고 있나요?

여 : 여러분의 꿈은 뭔가요? 가고 싶은 대학이나 하고 싶은 일이 있습니까? 내일 수업에서는 여러분들의 꿈 이야기를 할테니까 잘 생각하고 와 주세요. 이것은 숙제예요.
선생님은 어릴 때 빵집 주인, 초등학생 때는 서점 주인, 중학교 때는 꽃집 주인, 그리고 고등학교 때는 학교 선생님이 되고 싶다고 생각했어요. 형제들 모두 선생님이어서 선생님이 될 수 있어서 매우 기쁩니다.

이 선생님은 어릴 때, 무엇이 되고 싶었다고 말하고 있나요?
1 꽃집 주인
2 빵집 주인
3 서점 주인
4 학교 선생님

3ばん

男の人と 女の人が 話して います。女の人は どうして 電話を しませんでしたか。

F：おそく なって 本当に ごめんなさい。
M：何が あったの？ 電話を しても 出ないし。すごく しんぱいしたんだよ。
F：ごめんなさい。電車が 止まって しまって。
M：じゃ、電話か メールでも して くれたら よかったのに。
F：実は、ケータイを 家に おいて きて しまって。
M：本当に もう。あー おなか すいた。ご飯 食べに 行こう。

女の人は どうして 電話を しませんでしたか。
1 やくそくを わすれたから
2 電車が とまったから
3 ケータイを わすれたから
4 おなかが すいたから

3번

남자와 여자가 이야기하고 있습니다. 여자는 왜 전화를 하지 않았습니까?

여 : 늦어져서 정말 죄송합니다.
남 : 무슨 일 있었던 거야? 전화해도 받지 않고. 크게 걱정했어.
여 : 죄송합니다. 전철이 멈춰 버려서요.
남 : 그럼, 전화나 메일이라도 보내줬으면 좋았을 텐데.
여 : 실은 휴대전화를 집에 놔 두고 와서요.
남 : 뭐야, 정말. 아~ 배고프다. 밥 먹으러 가자.

여자는 왜 전화를 하지 않았습니까?
1 약속을 깜빡해서
2 전철이 멈춰 버려서
3 휴대전화를 집에 두고 와서
4 배가 고파서

4ばん

会社で 男の人と 女の人が 話して います。社長は 今、何人で 住んで いますか。

F ：ねえ、新しい 社長、どんな 人なの？
M ：イタリアの 会社に 10年 いたと 聞いたよ。イタリアの 人と けっこんして。
F ：すごいね。子どもは いるの？
M ：二人 いて、まだ イタリアで 高校に かよって いると 言って いたよ。
F ：じゃあ、今は おくさんと 二人で 住んで いるの？
M ：いや、妹さんも いっしょに 住んで いると 聞いたよ。

社長は 今、何人で 住んで いますか。
1 一人
2 二人
3 三人
4 四人

4번

회사에서 남자와 여자가 이야기하고 있습니다. 사장님은 지금 몇 명이서 살고 있습니까?

여 : 저기, 새로 온 사장님, 어떤 사람이야?
남 : 이탈리아 회사에 10년 있었다고 들었어. 이탈리아 사람과 결혼해서.
여 : 멋지다. 아이는 있어?
남 : 둘 있는데, 아직 이탈리아에서 고등학교 다닌다고 들었어.
여 : 그럼, 지금은 사모님과 둘이서 살고 있는 거야?
남 : 아니, 여동생도 함께 살고 있다고 들었어.

사장님은 지금 몇 명이서 살고 있습니까?
1 한 명
2 두 명
3 세 명
4 네 명

5ばん

家で ニュースを 見て います。ぞうの あかちゃんは いつ 見る ことが できますか。

M ：朝の ニュースです。今日、東京動物えんで ぞうの あかちゃんが 生まれました。今年 はじめての うれしい ニュースです。あかちゃんは これから 6ヶ月くらい お母さんと 一緒に います。来年の 春に あかちゃんを 見る ことが できます。ぞうの あかちゃんには まだ 名前が ありません。みなさんが 考えた 名前を 12月までに 教えて ください。そのう 中から 一つ えらびます。1月に ホームページで 知らせます。

ぞうの あかちゃんは いつ 見る ことが できますか。
1 今年の 春
2 来年の 春
3 今年の 12月
4 来年の 1月

5번

집에서 뉴스를 보고 있습니다. 아기 코끼리는 언제 볼 수 있나요?

남 : 아침 뉴스입니다. 오늘 도쿄동물원에서 아기 코끼리가 태어났습니다. 올해 첫 기쁜 뉴스입니다. 아기 코끼리는 앞으로 6개월 정도 어미 코끼리와 같이 지냅니다. 내년 봄에 아기 코끼리를 볼 수 있습니다. 아기 코끼리에게는 아직 이름이 없습니다. 여러분들이 생각한 이름을 12월까지 가르쳐 주십시오. 그중에서 하나를 선택하겠습니다. 1월에 홈페이지를 통해서 알려드리겠습니다.

새끼 코끼리는 언제 볼 수 있나요?
1 올해 봄
2 내년 봄
3 올해 12월
4 내년 1월

6ばん

男の人と　女の人が　話して　います。男の人は　どうして　ねむる　ことが　できませんでしたか。

F：元気が　ないですね。何か　ありましたか。

M：きのう　ゆっくり　ねむる　ことが　できませんでした。

F：家に　かえって　からも　しごとを　しましたか。

M：いいえ、家では　あまり　しごとを　しません。

F：では　おそくまで　テレビでも　見ましたか。

M：いいえ、テレビでは　なく、朝の　5時ごろまで　まんがの　本を　読みました。

F：それは　つかれますよ。今日　たいへんですね。

男の人は　どうして　ねむる　ことが　できませんでしたか。

1　とても　つかれたから

2　夜　おそくまで　テレビを　見たから

3　しごとが　たいへんだったから

4　朝まで　まんがの　本を　読んだから

6번

남자와 여자가 이야기하고 있습니다. 남자는 왜 잠들 수 없었나요?

여 : 기운 없어 보이네요. 무슨 일 있어요?

남 : 어제 푹 잘 수가 없었어요.

여 : 집에 돌아가서도 일을 했나요?

남 : 아뇨, 집에서는 그다지 일을 하지 않습니다.

여 : 그럼 늦게까지 텔레비전이라도 봤어요?

남 : 아뇨, 텔레비전이 아니라, 아침 다섯 시까지 만화책을 읽었어요.

여 : 그럼 당연히 지치죠. 오늘 좀 힘들겠네요.

남자는 왜 잠들 수 없었나요?

1　매우 피곤해서

2　밤늦게까지 텔레비전을 봐서

3　일이 힘들어서

4　아침까지 만화책을 읽어서

문제3　문제3에서는 그림을 보면서 질문을 들어 주십시오. →(화살표)의 사람은 뭐라고 말합니까? 1에서 3 중에서 가장 알맞은 것을 하나 골라 주세요.

れい

F：家に　かえりました。何と　言いますか。

M：1　いって　きます。

　　2　おかえりなさい。

　　3　ただいま。

예

여 : 집에 돌아왔습니다. 뭐라고 말합니까?

남 : 1　다녀오겠습니다.

　　2　잘 다녀왔어요?

　　3　다녀왔습니다.

1ばん

F：レストランで　店の　人を　よびます。何と　言いますか。

M：1　いらっしゃいませ。

　　2　ここです。

　　3　すみません。

1번

여 : 레스토랑에서 종업원을 부릅니다. 뭐라고 말합니까?

남 : 1　어서 오십시오.

　　2　여기입니다.

　　3　저기요.

2ばん

M：あさ、学校で　先生に　会いました。何と　言いますか。

F：1　おはようございます。

　　2　おげんきですか。

　　3　何時に　来ましたか。

2번

남 : 아침에 학교에서 선생님을 만났습니다. 뭐라고 말합니까?

여 : 1　안녕하세요.

　　2　잘 지내셨죠?

　　3　몇 시에 왔습니까?

3ばん

M：トムさんが　げんかんの　前に　立って　います。田中さんは　何と　言いますか。

F：1　くつを　ぬいで　中へ　どうぞ。

　　2　くつを　はいて　中へ　どうぞ。

　　3　くつを　使って　中へ　どうぞ。

3번

남 : 톰 씨가 현관 앞에 서 있습니다. 다나카 씨는 뭐라고 말합니까?

여 : 1　신발을 벗고 안으로 들어오십시오.

　　2　신발을 신고 안으로 들어오십시오.

　　3　신발을 사용해서 안으로 들어오십시오.

4ばん

M：図書館に　来ました。とても　うるさい　人が　います。何と　言いますか。

F：1　すみません、しずかに　して　しまいます。

　　2　すみません、しずかに　して　ください。

　　3　すみません、しずかに　しては　いけません。

4번

남 : 도서관에 왔습니다. 매우 시끄러운 사람이 있습니다. 뭐라고 말합니까?

여 : 1　죄송하지만, 조용히 해 버립니다.

　　2　죄송하지만, 조용히 해 주십시오.

　　3　죄송하지만, 조용히 해서는 안 됩니다.

5ばん

M：きょうは　友だちの　たん生日です。何と　言いますか。

F：1　ありがとう。

　　2　おめでとう。

　　3　おはよう。

5번

남 : 오늘은 친구의 생일입니다. 뭐라고 말합니까?

여 : 1　고마워.

　　2　축하해.

　　3　안녕.

문제4　문제4는 그림 등이 없습니다. 문장을 듣고, 1에서 3 중에서 가장 알맞은 것을 하나 골라 주세요.

れい

F：きょうは　なんにちですか。

M：1　あしたです。

　　2　ここのかです。

　　3　きんようびです。

예

여 : 오늘은 며칠입니까?

남 : 1　내일입니다.

　　2　9일입니다.

　　3　금요일입니다.

1ばん

M：いっしょに　行きましょうか。

F：1　はい、どうぞ。

2　はい、いいですよ。

3　はい、いっしょに　行きました。

1번

남 : 함께 갈까요?

여 : 1　네, 들어오세요.

2　네, 좋아요.

3　네, 함께 갔습니다.

2ばん

M：すみません。いま　時間　だいじょうぶですか。

F：1　はい、いません。

2　はい、ありません。

3　はい、ちょっと　待って　ください。

2번

남 : 죄송합니다. 지금 시간 괜찮으세요?

여 : 1　네, 없습니다. (사람이나 생물
이 없음을 나타내는 표현)

2　네, 없습니다.

3　네, 잠깐 기다려 주십시오.

3ばん

F：それじゃ、また　あした。

M：1　じゃ、また　おととい。

2　じゃ、しつれいします。

3　じゃ、いそがしいです。

3번

여 : 그럼, 내일 또 봐요.

남 : 1　그럼, 또 그저께.

2　그럼, 실례하겠습니다.

3　그럼, 바쁩니다.

4ばん

F：あしたは　会社に　行きますか。

M：1　いいえ、休む　くらいです。

2　いいえ、休む　つもりです。

3　いいえ、休みたく　ありません。

4번

여 : 내일 회사에 갑니까?

남 : 1　아뇨, 쉴 정도입니다.

2　아뇨, 쉴 예정입니다.

3　아뇨, 쉬고 싶지 않습니다.

5ばん

M：今日の　パーティーは　何時からですか。

F：1　5時までです。

2　6時に　なりました。

3　7時に　始まります。

5번

남 : 오늘 파티는 몇 시부터입니까?

여 : 1　5시까지입니다.

2　6시가 되었습니다.

3　7시에 시작됩니다.

6ばん

F：この　写真は　どこで　撮りましたか。

M：1　パスタです。

2　夏休みです。

3　おおさかです。

6번

여 : 이 사진은 어디에서 찍었습니까?

남 : 1　파스타입니다.

2　여름방학입니다.

3　오사카입니다.

제2회 모의테스트 정답 및 해석

1교시 언어지식(문자 · 어휘) 정답

문제 1
1	②	2	④	3	③	4	④	5	②
6	①	7	④	8	①	9	③	10	①
11	②	12	④						

문제 2
| 13 | ③ | 14 | ③ | 15 | ④ | 16 | ④ | 17 | ① |
| 18 | ① | 19 | ④ | 20 | ① | | | | |

문제 3
| 21 | ④ | 22 | ① | 23 | ③ | 24 | ① | 25 | ① |
| 26 | ② | 27 | ① | 28 | ② | 29 | ① | 30 | ② |

문제 4
| 31 | ① | 32 | ② | 33 | ① | 34 | ① | 35 | ② |

1교시 언어지식(문법) · 독해 정답

문제 1
1	③	2	②	3	②	4	④	5	③
6	②	7	②	8	④	9	④	10	②
11	②	12	③	13	②	14	③	15	④
16	②								

문제 2
| 17 | ① | 18 | ④ | 19 | ② | 20 | ② | 21 | ④ |

문제 3
| 22 | ③ | 23 | ③ | 24 | ④ | 25 | ① | 26 | ③ |

문제 4
| 27 | ④ | 28 | ② | 29 | ④ |

문제 5
| 30 | ④ | 31 | ③ |

문제 6
| 32 | ② |

2교시 청해 정답

문제 1
| 1 | ② | 2 | ① | 3 | ④ | 4 | ④ | 5 | ② |
| 6 | ① | 7 | ③ | | | | | | |

문제 2
| 1 | ③ | 2 | ① | 3 | ② | 4 | ③ | 5 | ① |
| 6 | ④ | | | | | | | | |

문제 3
| 1 | ① | 2 | ③ | 3 | ① | 4 | ③ | 5 | ② |

문제 4
| 1 | ② | 2 | ② | 3 | ② | 4 | ① | 5 | ② |
| 6 | ③ | | | | | | | | |

1교시 언어지식(문자 · 어휘) 해석

문제1 ＿＿＿의 단어는 히라가나로 어떻게 씁니까? 1 · 2 · 3 · 4에서 가장 적절한 것을 하나 골라 주세요.

1 책상 밑에 가방이 있습니다.
　　1 위　2 아래/밑　3 왼쪽　4 근처/이웃

2 우에다 씨는 음식 중에서 무엇을 가장 좋아합니까?

3 이 역은 매우 불편합니다.
　　1 방　2 문　3 역　4 집

4 이 카메라는 비쌉니다.
　　1 덥다/뜨겁다　　2 낮다
　　3 깊다　　　　　4 높다, 비싸다

5 어머니는 지금 청소를 하고 있습니다.
　　1 삼촌/아저씨　　2 어머니
　　3 아버지　　　　4 할머니

6 죄송합니다, 다시 한 번 말해 주십시오.
　　1 말해　2 팔아　3 해　4 있어

7 우리 집에는 전화가 없습니다.

8 내일 다나카 씨와 산에 오를 약속을 했습니다.
　　1 산　2 지금　3 머리　4 말

9 오늘은 1월 7일입니다.
　　1 6일　2 5일　3 7일　4 8일

10 어두워서 전기를 켰습니다.

11 꽃집 오른쪽에 새 상점이 생겼다.
　　1 안　2 오른쪽　3 옆　4 밖

12 나는 영어를 잘 못합니다.

문제2 ＿＿＿의 단어는 어떻게 씁니까? 1 · 2 · 3 · 4에서 가장 적절한 것을 하나 골라 주세요.

13 여기에 주소와 이름을 써 주십시오.

14 가방이 매우 무겁습니다.
　　1 생각　　　　　2 무겁다
　　3 오래되다/낡다　4 가볍다

15 부엌에서 요리를 합니다.

16 역에서 가까운 집이 좋습니다.
　　1 싸다　2 높다/비싸다　3 멀다　4 가깝다

17 내 고향(조국)은 태국입니다.

18 저것은 무엇인지 가르쳐 주십시오.

19 나는 미국에서 태어났다.

20 도서관에서 리포트를 씁니다.

    3 レシート 리시트/영수증

문제3 ( )에 무엇을 넣으면 좋을까요? 1·2·3·4에서 가장 적절한 것을 하나 골라 주세요.

21 이 지갑은 포켓(주머니)에 안 들어갑니다.
    1 손수건 2 셔츠 3 커피 4 포켓

22 역에서 표를 사서 전철을 탔습니다.
    1 표 2 우표 3 병 4 찻집

23 오늘은 많이 먹어서 배가 부릅니다.
    1 발 2 머리 3 배 4 산

24 빵을 사와 주십시오.
    1 와 2 읽어/불러 3 태어나 4 마셔

25 이 백화점은 일요일에는 사람들로 가득해집니다.
    1 백화점 2 샤워 3 스포츠 4 스푼

26 저 건물은 매우 높습니다.
    1 그쪽 2 매우 3 많이 4 아직

27 이것은 전부해서 얼마입니까?
    1 전부해서   2 튼튼해서/건강해서
    3 편리해서   4 유명해서

28 전기가 꺼져서 교실 안은 어두워졌습니다.
    1 낮아 2 넓어 3 어두워 4 하얘

29 벌써 끝났나요?
    1 벌써/이미 2 점점 더 3 조금 4 잠깐

30 버스가 오지 않아서 택시를 타고 돌아갔습니다.
    1 도어/문 2 택시 3 화장실 4 기타

문제4 _____의 문장과 대체로 같은 의미의 문장이 있습니다. 1·2·3·4에서 가장 적절한 것을 하나 골라 주세요.

31 여기는 풀장입니다.
    1 여기에서는 수영합니다.
    2 여기에서는 오릅니다.
    3 여기에서는 우표를 삽니다.

4 여기에서는 약을 받습니다.

32 축구 선생님은 외국인입니다.
    1 선생님은 이 나라 사람입니다.
    2 선생님은 다른 나라 사람입니다.
    3 선생님은 남자입니다.
    4 선생님은 여자입니다.

33 그저께 친구에게 전화를 해서 화요일인 어제 만났습니다.
    1 월요일에 친구에게 전화를 했습니다.
    2 일요일에 친구에게 전화를 했습니다.
    3 수요일에 친구에게 전화를 했습니다.
    4 목요일에 친구에게 전화를 했습니다.

34 어머니는 매일 요리를 만듭니다.
    1 어머니는 매일 요리를 합니다.
    2 어머니는 매일 요리를 먹습니다.
    3 어머니는 매일 요리를 삽니다.
    4 어머니는 매일 요리를 팝니다.

35 나는 과일을 아주 좋아합니다.
    1 나는 영화를 좋아합니다.
    2 나는 사과를 좋아합니다.
    3 나는 스포츠를 좋아합니다.
    4 나는 자전거를 좋아합니다.

1교시 언어지식(문법)·독해 해석

문제1 ( )에 무엇을 넣으면 좋을까요? 1·2·3·4에서 가장 적절한 것을 하나 골라 주세요.

1 겨울이 돼서 추워졌습니다.
동사 앞에 오는 'い형용사'의 'い'는 'く'로 바뀌기 때문에 정답은 3번입니다.
    1 더워 2 덥다 3 추워 4 춥다

2 교실에 아무도 없네요.
    1 있습니다(사람/동물) 2 없습니다(사람/동물)
    3 있습니다(사물/식물) 4 없습니다(사물/식물)

3 백화점에 친구를 만나러 갑니다.
'に' 앞에 동사의 'ます형'이 오면 목적을 나타내는 의미가 되어 '~하러'의 의미가 되므로 정답은 'あいに'가 됩니다.

4 찬 것은 마시지 않는 것이 좋습니다.

5 생일에 새 가방을 갖고 싶습니다.

  1 아쉽다   2 ~인 것 같다

  3 갖고 싶다   4 맛있다

6 감기에 걸려서 병원에 갑니다.

  1 와/과 2 에/에게 3 을/를 4 이/가

7 카레를 만드는 것은 시간이 걸립니다.

  1 에서/로 2 이/가 3 을/를 4 의/인

8 도서관 안에서는 옆 사람과 이야기하지 마세요.

  'ください' 앞에 '동사의 부정형+で'가 되면 '~하지 말아'의 의미가 되므로 'はなさないで'가 정답입니다.

9 고향의(에 있는) 가족에게 선물을 보냈습니다.

  1 이/가 2 에/에게 3 을/를 4 의/인

10 서점에서 책을 사서 집에 돌아갔습니다.

11 친구와 함께 자전거를 탔습니다.

12 아주 더워서 창문을 열었습니다.

13 사용하지 않는 것은 다른 사람에게 줍시다.

14 친구들과 함께 밥을 먹습니다.

15 지금 버스를 내렸습니다.

16 방에 들어가기 전에 신발을 벗습니다.

  '동사 사전형 + 前に'는 '~하기 전에'라는 뜻이고, '동사 た형 + 後で'는 '~한 후에'라는 의미이므로 정답은 2번입니다.

문제2   ★   에 들어가는 것은 어느 것일까요? 1·2·3·4에서 가장 적절한 것을 하나 골라 주세요.

17 일이 끝난 후에 식사하러 가지 않겠습니까?

  3 しごとが   ★1 おわった

  4 あとで   2 食事に

18 야마다 씨는 초밥을 먹어 본 적이 있습니까?

  2 すしを   1 食べた

  ★4 ことが   3 ありますか

19 A 「화장실은 어디입니까?」

  B 「화장실은 계단 앞입니다.」

  3 は 4 かいだん ★2 の 1 まえ

20 이것은 남동생에게 주기 위해 산 것입니다.

  3 弟に   4 あげるために

  ★2 かった   1 もの

21 이것은 작년에 어머니에게 받은 손수건입니다.

  3 きょねん   2 ははに

  ★4 もらった   1 ハンカチ

문제3 22 에서 26 에 무엇을 넣으면 좋을까요? 문장의 의미를 생각하여, 1·2·3·4에서 가장 적절한 것을 하나 골라 주세요.

일본에서 일본어 공부를 하고 있는 미국인 유학생이 쓴 문장입니다.

기무라 선생님께

선생님, 안녕하세요. 22 잘 지내시죠?

오사카는 어제부터 아침저녁으로 추워지기 시작했습니다. 이제 곧 겨울이네요. 일본에 온 지 다음 주면 23 1년이 됩니다. 일본어 공부는 힘들지만, 일본인 친구가 많이 생겨서 즐거운 하루하루를 보내고 있습니다.

어제는 같은 반 모두와 24 피크닉을 갔습니다. 맛있는 음식도 많이 먹고 일본어로 많이 25 이야기할 수 있었습니다. 매우 즐거운 하루였습니다. 내일부터는 일본어 테스트가 시작됩니다. 오늘부터 저녁 늦게까지 도서관에서 일본어 공부를 할 26 작정입니다.

---

22 1 괜찮습니까?   2 튼튼합니까?

  3 잘 지내십니까? 4 어떻습니까?

23 '명사+に なる'는 '~이(가) 되다'라는 의미이므로, '一年に'가 정답이 됩니다. 이처럼 명사 뒤에 동사가 오게 되면 명사에 'に'를 붙이면 됩니다.

24 '여행을 가다, 소풍을 가다'의 '~을 가다'는 '〜に 行く'이고, 정답은 4번이 됩니다. 1번 선택지 '피크닉을'뒤에는 'する'가 붙어야 적당합니다.

25 '~을 할 수 있다'의 가능 표현은 '동사 사전형'에 'ことが できる'만 붙여주면 됩니다.

26 문맥상 '오늘부터 ~할 작정(예정)이다'가 와야 하므로, '동사 사전형'에 'つもりだ'를 붙이면 됩니다.

문제4 다음 (1)~(3) 문장을 읽고, 질문에 답하시오. 답은 1·2·3·4에서 가장 절절한 것을 하나 골라 주세요.

(1)

> 우리 집 근처에 병원이 있습니다. 병원 건너편에 우체국이 있습니다. 우체국 옆에 편의점이 있습니다. 이 편의점은 우리 집 건너편에 있습니다. 편의점 옆은 학교입니다. 우리 집과 학교는 아주 가깝습니다.

27 우리 마을은 어느 것입니까?

1
2
3
4

(2)

> 오늘은 12월 14일입니다. 내 생일은 4일 전이었습니다. 가족도 친구도 모두가 축하해주었습니다. 모두가 케이크를 먹거나 어머니가 만든 요리를 먹기도 하고 즐거웠습니다. 선물도 많이 받았습니다.

28 내 생일은 언제입니까?

1 12월 8일   2 12월 10일

3 12월 12일   4 12월 14일

(3)

> 이번 주 날씨입니다. 내일은 흐리겠습니다. 저녁 늦게부터 비가 내리기 시작하겠습니다. 모레도 비가 내립니다. 그 다음 날 오후부터 잠깐 날이 개일 것으로 보입니다. 그러나 언제 비가 내릴지 모르므로 우산은 반드시 가지고 외출해야 할 듯합니다.

29 비는 언제부터 내립니까?

1 오늘 낮   2 오늘 저녁

3 내일 낮   4 내일 저녁

문제5 다음 문장을 읽고, 질문에 답하시오. 답은 1·2·3·4에서 가장 적절한 것을 하나 골라 주세요.

> 내 취미는 노래를 부르는 것입니다.
>
> 얼마 전에 텔레비전에서 어린아이가 노래를 매우 잘 하는 것을 봤습니다. 그것을 보고 '굉장하네'라고 생각했습니다. 그래서 부모님에게 "나도 텔레비전에 나와서 노래하고 싶어요!"라고 말했더니, 어머니가 "좋지. 힘내렴."이라고 말해주셨습니다. 아버지는 "아버지도 노래를 좋아한단다. 노래를 잘 부르기 위해서 매일 연습하는 것이 좋을 듯하구나."라고 말했습니다.
>
> 나는 매일 노래 연습을 해서 커서 유명한 사람이 되고 싶습니다. 그래서 돈을 많이 받아서 아버지와 어머니에게 집을 선물할 겁니다.
>
> 여름방학에 노래 연습을 많이 해서, 아버지와 어머니 생신파티에서 노래를 부르고 싶습니다.

30 부모님에게 텔레비전에 나오고 싶다고 말했더니 아버지는 뭐라고 말했습니까?

1 힘내렴.

2 노래를 별로 좋아하지 않아.

3 돈이 없단다.

4 매일 연습하렴.

31 여름방학에 어떤 일을 하겠다고 말하고 있습니까?

1 유명한 사람이 된다.
2 텔레비전에 나온다.
3 노래 연습을 한다.
4 집을 선물한다.

문제6 오른쪽 페이지를 보고 아래 질문에 답하시오. 답은 1·2·3·4에서 가장 적절한 것을 하나 골라 주세요.

지난주 수요일에 '겨울방학 수영교실' 포스터를 봤습니다. 나는 일요일 오전 중에는 텔레비전을 보고 싶으니까 금요일이나 토요일이 좋다고 했습니다. 우리 아버지는 금요일은 바쁘다고 안 된다고 했습니다. 어머니도 토요일이 가장 저렴한 날이니까 좋다고 해서 다음 주부터 갈 생각입니다.

32 가족끼리 갈 수 있는 요일은 어느 것입니까?

1 일요일 오후
2 토요일 오후
3 일요일 오전
4 토요일 오전

겨울방학 수영 교실
가족과 함께라면 누구라도 OK !

요일	오전	오후
월	강좌 없음	16,000엔 (17:00~18:30)
화	16,000엔 (10:00~11:30)	16,000엔 (17:00~18:30)
수	강좌 없음	17,000엔 (18:00~19:30)
목	15,000엔 (09:00~10:30)	17,000엔 (19:00~20:30)
금	17,000엔 (10:00~11:30)	16,000엔 (20:00~21:30)
토	15,000엔 (08:00~09:30)	13,000엔 (17:00~18:30)
일	18,000엔 (08:30~10:00)	강좌 없음

2교시 청해 해석

문제1 문제1에서는, 먼저 질문을 들어 주세요. 그리고 문제용지의 1에서 4중에서 가장 적절한 것을 하나 골라 주세요.

れい

病院で 先生と 女の人が 話しています。女の人は これから
まず 何を しますか。

先生　　：かぜですね。すぐ この くすりを 飲んでください。
女の人：ごはんを 食べませんでしたが、だいじょうぶですか。
先生　　：これは だいじょうぶです。きょうは 家に かえって
　　　　　早く ねて ください。

おんなの 人は これから まず なにを しますか。
1　くすりを のむ。
2　ごはんを たべる。
3　うちに かえる。
4　すぐに ねる。

예

병원에서 의사 선생님과 여자가 이야기 하고 있습니다. 여자는 이제부터 먼저 무엇을 합니까?

선생님 : 감기네요. 바로 이 약을 드세요.
여자　 : 밥을 안 먹었는데 괜찮습니까?
선생님 : 이것은 괜찮습니다. 오늘은 집에 돌아가서 일찍 자세요.

여자는 이제부터 먼저 무엇을 합니까?
1　약을 먹는다.
2　밥을 먹는다.
3　집에 돌아간다.
4　바로 잔다.

1ばん

男の人と 女の人が 電話で 話して います。ふたりは あした
何を 見ますか。

M：あしたの デートは 何を する?
F：あした 雨が 降ると ニュースで 言って いたよ。
M：そうか。サッカーも やきゅうも 見たかったんだけど。
　　だめか。
F：雨の 日には バレーボールか バスケットボールだよね。
M：でも イギリスの サッカーチームが 来ると 言うから
　　サッカーが 見たいな。
F：じゃ、そうしましょう。

ふたりは あした 何を 見ますか。

1번

남자와 여자가 전화로 이야기하고 있습니다. 둘은 내일 무엇을 봅니까?

남 : 내일 테이트는 뭐 할까?
여 : 내일 뉴스에서 비 온다고 하던데?
남 : 그래? 축구도 야구도 보고 싶었는데. 안 되겠네.
여 : 비 오는 날은 배구나 농구가 제일이지.
남 : 그렇지만 영구 축구팀이 온다고 하니까 축구가 보고 싶어지네.
여 : 그럼, 그렇게 합시다.

두 사람은 내일 무엇을 봅니까?

2ばん

男の人と 女の人が 話して います。二人は これから どんな
映画を 見に 行きますか。

M：いっしょに 映画を 見に 行きませんか。

F ：おもしろい 映画でも ありますか。

M：きれいな アフリカを 見る ことが できる いい 映画が
あります。

F ：あ、そうですか。わたしは こわい ものが あまり 好きじゃ
ないので ちょうど いい かも しれませんね。

M：ぞうや キリン などの 動物も 出て いて 子どもが 見
ても いい 映画なので だいじょうぶだと 思いますよ。

F ：そうですか。アメリカの 有名な 歌手の コンサートを
映画に した ものも おもしろいと 聞きましたが、それは
今度に しましょう。

二人は これから どんな 映画を 見に 行きますか。

3ばん

男の子と 女の子が 話して います。男の子は 今から 何を
しますか。

F ：ひろし君、冬休みの しゅくだい、ぜんぶ した？

M：ううん、まだ。漢字の れんしゅうが たくさん あるよ。

F ：大丈夫？ 私は きのう 終わったよ。

M：あさってから 学校だから、今日から しないと 間に合わな
いかな。

F ：うん、あと 2日しか ないし、今日から がんばった ほうが
いいよ。

M：わかった。がんばるよ。

男の子は 今から 何を しますか。
1 学校に 行きます。
2 明日から がんばります。
3 漢字の れんしゅうを します。
4 しゅくだいを します。

2번

남자와 여자가 이야기하고 있습니다. 둘은 지금부터 어떤 영화를 보러 갑니까?

남 : 같이 영화 보러 가지 않을래요?
여 : 재밌는 영화라도 있어요?
남 : 아름다운 아프리카를 볼 수 있는 좋은 영화가 있어요.
여 : 아, 그래요? 나는 무서운 것을 별로 좋아하지 않아서 딱 좋을지도 모르겠네요.
남 : 코끼리랑 기린 같은 동물도 나와서 어린아이가 봐도 좋은 영화니까 괜찮을 거라고 생각해요.
여 : 그렇군요. 유명한 미국 가수 콘서트를 영화로 만든 것도 재미있다고 들었는데, 그건 다음에 보러 갑시다.

둘은 지금부터 어떤 영화를 보러 갑니까?

3번

남자아이와 여자아이가 이야기를 하고 있습니다. 남자아이는 이제부터 무엇을 합니까?

여 : 히로시, 겨울방학 숙제 다 했어?
남 : 아니, 아직. 한자 연습이 많이 있어서.
여 : 괜찮겠어? 난 어제 끝났는데.
남 : 모레부터 개학하니까, 오늘부터 하지 않으면 시간에 맞출 수 없겠지?
여 : 응, 앞으로 이틀밖에 안 남았으니, 오늘부터 노력하는 게 좋을 거야.
남 : 그래, 힘낼게.

남자아이는 이제부터 무엇을 합니까?
1 학교에 갑니다.
2 내일부터 힘을 냅니다.
3 한자 연습을 합니다.
4 숙제를 합니다.

4ばん

大学で 男の人と 女の人が 話して います。女の人は これから 何を しますか。

M：中山さん、もう 12時ですよ。食事に 行きませんか。

F：すみません。佐藤先生が「今日の 2時までに この 本を コピーして ください」と 言いましたから、今 コピーして います。

M：そうですか。では、何か 食べものを 買って 来ましょうか。

F：いいえ、コピーを ぜんぶ してから 食べに 行きたいです。

M：あ、では、何か てつだいましょうか。

F：ありがとうございます。でも すぐ 終わると 思います。

女の人は これから 何を しますか。
1 本を かえします。
2 食べものを 買いに 行きます。
3 食事に 行きます。
4 コピーを します。

5ばん

女の人と アルバイトの 男の人が 話して います。男の人は これから 何を しますか。

F：田中君、ドアの 前に ある はこを 中に 入れて ください。それから、りんごを 洗って ください。

M：はい。はこを 入れて りんごを 洗うんですね。

F：そうです。あ、りんごを 洗う 前に そうじを して ください。

M：はい、分かりました。

F：おねがいします。

男の人は これから 何を しますか。
1 りんごを 洗う。
2 はこを 入れる。
3 そうじを する。
4 せんたくを する。

대학에서 남자와 여자가 이야기하고 있습니다. 여자는 이제부터 무엇을 합니까?

남 : 나카야마 씨, 벌써 12시예요. 식사하러 가지 않을래요?

여 : 미안해요. 사토 선생님이 "오늘 두 시까지 이 책을 복사해 주세요"라고 해서 지금 복사하고 있어요.

남 : 그렇군요. 그럼 뭔가 먹을 것을 사 올까요?

여 : 아뇨, 복사를 다 하고 나서 먹으러 가고 싶어요.

남 : 아, 그럼, 좀 도와드릴까요?

여 : 고맙습니다만, 이제 곧 끝납니다.

여자는 이제부터 무엇을 합니까?
1 책을 반납합니다.
2 먹을 것을 사러 갑니다.
3 식사하러 갑니다.
4 복사를 합니다.

5번

여자와 아르바이트생 남자가 이야기하고 있습니다. 남자는 이제부터 무엇을 합니까?

여 : 다나카, 문 앞에 있는 상자를 안에 들여놔 주세요. 그리고 사과를 씻어 주세요.

남 : 네. 상자를 들여놓고 사과를 씻으면 되는 거죠?

여 : 그렇습니다. 아, 사과를 씻기 전에 청소를 해 주세요.

남 : 네, 알겠습니다.

여 : 부탁드립니다.

남자는 이제부터 무엇을 합니까?
1 사과를 씻는다.
2 상자를 들여놓는다.
3 청소를 한다.
4 세탁을 한다.

6ばん

男の人と　女の人が　話して　います。女の人は　これから　どこへ　行きますか。

M：明日は　漢字の　テストですね。たくさん　勉強しましたか。
F：え、明日、テストが　ありますか。
M：はい。昨日、先生が　授業を　始める　前に　話して　いましたよ。
F：そうですか。聞いて　いませんでした。教科書が　学校に　あります。
M：え、じゃあ　今から　学校に　行って　一緒に　勉強しましょう。
F：勉強は　図書館で　しましょう。先に　行って　ください。
M：分かりました。あとで　会いましょう。

女の人は　これから　どこへ　行きますか。

1　学校
2　病院
3　図書館
4　びじゅつ館

7ばん

女の人が　話して　います。女の人は　夏休みに　何を　しますか。

F：あしたから　夏休みが　はじまるので　何か　習いたいと　思って　います。ピアノを　ひく　ことや　およぐ　ことは　好きですが、近くに　プールも　なく　家に　ピアノも　ないので　できません。でも　友だちの　お父さんが　昔　使って　いた　ギターを　くれると　言いました。明日　ギターを　もらいに　友だちの　家に　行きます。ギターを　ひく　ことは　初めてですが　がんばって　練習しようと　思います。

女の人は　夏休みに　何を　しますか。

1　およぎに　行く。
2　ピアノを　ひく。
3　ギターを　練習する。
4　友だちの　家に　行く。

6번

남자와 여자가 이야기하고 있습니다. 여자는 이제부터 어디에 갑니까?

남 : 내일은 한자 테스트가 있는 날이네요. 공부 많이 했어요?
여 : 네? 내일 테스트가 있습니까?
남 : 네. 어제 선생님이 수업 시작하기 전에 말했어요.
여 : 그래요? 못 들었습니다. 교과서가 학교에 있어요.
남 : 그래요? 그럼 지금부터 학교에 가서 같이 공부합시다.
여 : 공부는 도서관에서 합시다. 먼저 가세요.
남 : 알겠습니다. 나중에 봅시다.

여자는 이제부터 어디에 갑니까?

1　학교
2　병원
3　도서관
4　미술관

7번

여자가 이야기를 합니다. 여자는 여름방학에 무엇을 합니까?

여 : 내일부터 여름방학이 시작되니까 뭔가 배우고 싶습니다. 파아노를 치는 것이나 수영하는 것은 좋아하는데, 근처에 수영장도 없고 집에 피아노도 없어서 불가능합니다. 하지만 친구 아버지가 옛날에 사용했던 기타를 준다고 했습니다. 내일 기타를 받으러 친구 집에 갑니다. 기타를 치는 것은 처음이지만, 열심히 연습하려고 합니다.

여자는 여름방학에 무엇을 합니까?

1　수영하러 간다.
2　피아노를 친다.
3　기타를 연습한다.
4　친구 집에 간다.

문제2에서는, 먼저 질문을 들어 주십시오. 그리고 이야기를 듣고 질문용지 1에서 4중에서 가장 적절한 것을 하나 골라 주세요.

れい

男の 学生と 女の 学生が 話して います。二人は いつ 映画を 見ますか。

M : 月よう日の 授業の あとは アルバイトですか。
F : はい。毎日 して います。
M : いそがしいですね。いっしょに 映画を 見たかったんですが。
F : 今度の 土よう日は いいですよ。日よう日は かいものに いくけど。
M : じゃ、金よう日に 時間と ばしょを きめましょう。

二人は いつ 映画を 見ますか。
1 げつようび
2 きんようび
3 どようび
4 にちようび

예

남학생과 여학생이 이야기하고 있습니다. 두 사람은 언제 영화를 봅니까?

남 : 월요일 수업 후에 아르바이트해요?
여 : 네, 매일 하고 있어요.
남 : 바쁘네요. 함께 영화 보고 싶었는데.
여 : 이번주 토요일은 괜찮아요. 일요일은 쇼핑하러 가지만.
남 : 그럼, 금요일에 시간과 장소를 정합시다.

두 사람은 언제 영화를 봅니까?
1 월요일
2 금요일
3 토요일
4 일요일

1ばん

男の人と 女の人が 話して います。女の人は 何時に 駅前まで 行きますか。

F : あしたも 今日と 同じ 6時で いいですね。
M : はい、私は 6時10分 前に 駅前で 待って います。
F : ただ 今日 仕事が あって あした 10分ぐらい おそく なるかもしれません。
M : あっ、そうですか。わかりました。
F : ありがとうございます。あしたも よろしく おねがいします。
M : それでは、また あした。

女の人は 何時に 駅前まで 行きますか。
1 5時 50分
2 6時
3 6時 10分
4 6時 20分

1번

남자와 여자가 전화로 대화를 하고 있습니다. 여자는 몇 시에 역 앞까지 갑니까?

여 : 내일도 오늘과 같은 6시에 괜찮죠?
남 : 네, 저는 6시 10분 전에 역 앞에서 기다리겠습니다.
여 : 단지 오늘 일이 있어서 10분 정도 늦을지도 모릅니다.
남 : 아, 그렇군요. 알겠습니다.
여 : 고맙습니다. 내일도 잘 부탁드립니다.
남 : 그럼, 내일 만나요.

여자는 몇 시에 역 앞까지 갑니까?
1 5시 50분
2 6시
3 6시 10분
4 6시 20분

2ばん

女の 学生と 男の 学生が 話して います。いちばん むずかしい テストは どれですか。

F：木村さん、きょうの 日本語の テストは どうでしたか。
M：とても むずかしかったです。
F：私も たくさん まちがえたと 思います。
M：でも きのうの 漢字の テストは もっと むずかしかったですね。
F：そうですね。でも 先生が あしたの 作文の テストは きょうより やさしいと 言いましたよ。
M：それは よかった。今から いっしょに べんきょうしましょう。

いちばん むずかしい テストは どれですか。
1 漢字の テスト
2 作文の テスト
3 ひらがなの テスト
4 カタカナの テスト

2번

여학생과 남학생이 이야기하고 있습니다. 가장 어려운 테스트는 어느 것입니까?

여 : 기무라 씨, 오늘 일본어 테스트는 어땠습니까?
남 : 아주 어려웠습니다.
여 : 나도 많이 틀린 것 같아요.
남 : 그렇지만 어제 한자 테스트는 더 어려웠죠?
여 : 맞아요. 하지만 선생님이 내일 작문 테스트는 오늘보다 쉽다고 말했어요.
남 : 그건 다행이네요. 이제부터 같이 공부합시다.

가장 어려운 테스트는 어느 것입니까?
1 한자 테스트
2 작문 테스트
3 히라가나 테스트
4 가타카나 테스트

3ばん

男の 人と 女の 人が 話して います。女の 人は どうして キムチを 食べますか。

M：ナターシャさん、これは キムチと いう 食べ物です。韓国人は キムチが 大好きで、毎日 食べる 人が 多いです。
F：キムチですか。わぁ、すごく 赤いです。
M：少し からいですが、おいしいですよ。からだにも いいし。食べて みますか。
F：はい。韓国で 有名な ものなので、食べて みたいです。
M：少し 食べて みてください。
F：おいしいです。うわ～、後から からいです！ 水を ください。

女の 人は どうして キムチを 食べますか。
1 おなかが すいているから
2 からい ものが 好きだから
3 韓国人で 有名な ものだから
4 からだに いいから

3번

남자와 여자가 대화를 하고 있습니다. 여자는 왜 김치를 먹습니까?

남 : 나타샤 씨, 이것은 김치라는 음식입니다. 한국인은 김치를 아주 좋아해서 매일 먹는 사람이 많습니다.
여 : 김치라고요? 우와, 정말 빨갛네요.
남 : 좀 맵지만, 맛있어요. 몸에도 좋고요. 먹어 보겠어요?
여 : 네. 한국에서 유명한 음식이니까 먹어 보고 싶어요.
남 : 조금 먹어 보세요.
여 : 맛있어요. 우와, 좀 지나니까 맵네요! 물 주세요.

여자는 왜 김치를 먹습니까?
1 배가 고프니까
2 매운 음식을 좋아하니까
3 한국에서 유명한 음식이니까
4 몸에 좋으니까

4ばん

男の人と 女の人が 話して います。女の人は だれに 手紙を 書きましたか。

M：きれいな 手紙ですね。田中さんに あげるんですか。

F：いいえ。もうすぐ 父の日なので 書きました。

M：そうなんですか。手紙を 読んで ないて しまうんじゃ ない ですか。

F：父に 手紙を 書くのは 初めてなので、楽しみです。

M：ハンカチを じゅんびした ほうが いいですね。

女の人は だれに 手紙を 書きましたか。
1 田中さん
2 お母さん
3 お父さん
4 男の人

5ばん

家の中で 男の人と 女の人が 話して います。男の人は どこに かばんを おきますか。

F：かばん 重いでしょ。

M：ううん、だいじょうぶ。そんなに 重くないよ。

F：でも ノートパソコンも 入って いるでしょう。テーブルの 上に おいて いいよ。

M：うん、ありがとう。
　　でも すぐ 帰るから、ドアの 前に おくよ。

F：あそこは ほかの にもつが いっぱい あるから。

M：じゃ、テーブルの 下は。

F：そこは ずっと そうじして いないの。

M：あっ、そうか。じゃ そこに おくしか ないか。

家の中で 男の人は どこに かばんを おきますか。
1 テーブルの 上
2 テーブルの 下
3 ドアの 前
4 にもつの 前

4번

남자와 여자가 이야기하고 있습니다. 여자는 누구에게 편지를 썼습니까?

남 : 예쁜 편지네요. 다나카 씨에게 주는 겁니까?

여 : 아니요. 이제 곧 아버지의 날이라서 썼습니다.

남 : 그렇군요. 편지 읽고 울음을 터뜨리지는 않을까요?

여 : 아버지에게 편지를 쓰는 건 처음이어서 어떨지 기다려지네요.

남 : 손수건 준비하는 게 좋을 듯하네요.

여자는 누구에게 편지를 썼습니까?
1 다나카 씨
2 어머니
3 아버지
4 남자

5번

집 안에서 남자와 여자가 대화하고 있습니다. 남자는 어디에 가방을 둡니까?

여 : 가방 무겁죠?

남 : 아니, 괜찮아. 별로 안 무거워.

여 : 그래도 노트북 들어 있잖아요. 테이블 위에 올려 두어도 돼요.

남 : 응, 고마워. 그런데 바로 갈 거니까 문 앞에 둘게.

여 : 거긴 다른 짐이 많이 있으니까.

남 : 그럼 테이블 아래는?

여 : 거긴 계속 청소 안 했어.

남 : 아, 그래? 그럼 거기에 둘 수밖에 없겠네.

남자는 어디에 가방을 둡니까?
1 테이블 위
2 테이블 아래
3 문 앞
4 짐 앞

6ばん

男の人と　女の人が　話して　います。女の人は　どうして　日よう日の　昼に　ねる　ことが　できませんか。

M：日よう日に　どこか　行きますか。
F：いいえ、家に　います。
M：家で　何を　しますか。
F：朝、そうじと　せんたくを　します。それから　いつもは　本を　読んだり、ねたり　します。でも　今週の　日よう日は　友だちが　あそびに　来るので、昼に　ねる　ことは　できないと　思います。いろいろな　料理を　作る　つもりです。
M：そうですか。日よう日なのに　たいへんですね。
F：でも　友だちに　会う　ことが　できて　うれしいです。

女の人は　どうして　日よう日の　昼に　ねる　ことが　できませんか。

1　そうじと　せんたくを　するから
2　本を　読むから
3　友だちの　家に　行くから
4　いろいろな　りょうりを　するから

6번

남자와 여자가 이야기하고 있습니다. 여자는 왜 일요일 낮에 잘 수가 없나요?

남 : 일요일에 어딘가 갑니까?
여 : 아뇨, 집에 있습니다.
남 : 집에서 뭐 해요?
여 : 아침에 청소와 빨래를 합니다. 그런 후에 보통은 책을 읽거나 자거나 합니다. 하지만 이번 주 일요일은 친구가 놀러 와서 낮에 잘 수가 없네요. 다양한 요리를 만들려고요.
남 : 그렇군요. 일요일인데 고생하겠네요.
여 : 하지만 친구를 만날 수 있어서 기뻐요.

여자는 왜 일요일 낮에 잘 수가 없나요?
1　청소와 세탁을 하기 때문에
2　책을 읽기 때문에
3　친구 집에 가기 때문에
4　여러 요리를 하기 때문에

문제3　문제3에서는 그림을 보면서 질문을 들어 주십시오. →(화살표)의 사람은 뭐라고 말합니까? 1에서 3 중에서 가장 알맞은 것을 하나 골라 주세요.

れい

F：家に　かえりました。何と　言いますか。
M：1　いってきます。
　　2　おかえりなさい。
　　3　ただいま。

예

여 : 집에 돌아왔습니다. 뭐라고 말합니까?
남 : 1　다녀오겠습니다.
　　2　잘 다녀왔어요?
　　3　다녀왔습니다.

1ばん

M：たん生日プレゼントを　もらいました。何と　言いますか。
F：1　ありがとうございます。
　　2　始まります。
　　3　おねがいします。

1번

남 : 생일 선물을 받았습니다. 뭐라고 말합니까?
여 : 1　감사합니다.
　　2　시작됩니다.
　　3　부탁드립니다.

2ばん

F：本を わすれました。友だちに 何と 言いますか。

M：1 その本、いっしょに 見て ほしい。

2 その本、いっしょに 見て あげようか。

3 その本、いっしょに 見ても いい？

2번

여 : 책을 깜빡했습니다. 친구에게 뭐라고 말합니까?

남 : 1 그 책, 같이 봤으면 해.

2 그 책, 같이 봐 줄까?

3 그 책, 같이 봐도 돼?

3ばん

M：子どもが ないて います。何と 言いますか。

F：1 どうしたの？ だいじょうぶ？

2 すみません、しずかに して ください。

3 お母さんは 元気ですか？

3번

남 : 아이가 울고 있습니다. 뭐라고 말합니까?

여 : 1 무슨 일이니? 괜찮아?

2 죄송하지만, 조용히 해 주세요.

3 어머니는 안녕하시죠?

4ばん

F：お店で ピザを 買います。何と 言いますか。

M：1 お元気ですか。

2 たくさん ください。

3 カードで おねがいします。

4번

여 : 가게에서 피자를 삽니다. 뭐라고 말합니까?

남 : 1 건강하십니까?

2 많이 주세요.

3 카드로 부탁드립니다.

5ばん

M：本屋で 本を 買って、お金を はらいます。何と 言いますか。

F：1 ありがとうございます。

2 お願いします。

3 借ります。

5번

남 : 서점에서 책을 사고 돈을 지불합니다. 뭐라고 말합니까?

여 : 1 감사합니다.

2 부탁합니다.

3 빌리겠습니다..

문제4 문제4는 그림 등이 없습니다. 문장을 듣고, 1에서 3 중에서 가장 알맞은 것을 하나 골라 주세요.

れい

F：きょうは なんにちですか。

M：1 あしたです。

2 ここのかです。

3 きんようびです。

예

여 : 오늘은 며칠입니까?

남 : 1 내일입니다.

2 9일입니다.

3 금요일입니다.

1ばん

F：お国<ruby>国<rt>くに</rt></ruby>は　どちらですか。

M：1　あちらです。

　　2　カナダです。

　　3　どこへも　行<ruby>行<rt>い</rt></ruby>きません。

1번

여 : 고향은 어디세요?

남 : 1　저쪽입니다.

　　2　캐나다입니다.

　　3　아무데도 가지 않습니다.

2ばん

M：おでかけですか。

F：1　はい、どうぞ。

　　2　はい、どこにも。

　　3　はい、ちょっと　買<ruby>買<rt>か</rt></ruby>い<ruby>物<rt>もの</rt></ruby>に。

2번

남 : 외출하세요?

여 : 1　네, 들어오십시오.

　　2　네, 아무데도.

　　3　네, 잠시 쇼핑하러요.

3ばん

F：あのう、これ　あなたのですか。

M：1　はい、そうです。

　　2　はい、あなたのです。

　　3　はい、がんばります。

3번

여 : 저기요, 이거 당신 건가요?

남 : 1　네, 그렇습니다.

　　2　네, 당신 겁니다.

　　3　네, 힘내겠습니다.

4ばん

M：どの　ぼうしが　山田<ruby>山田<rt>やまだ</rt></ruby>さんのですか。

F：1　あの　青<ruby>青<rt>あお</rt></ruby>い　ぼうしです。

　　2　この　かばんが　私<ruby>私<rt>わたし</rt></ruby>のです。

　　3　その　赤<ruby>赤<rt>あか</rt></ruby>い　ぼうしが　ほしいです。

4번

남 : 어느 모자가 야마다 씨의 것입니까?

여 : 1　저 파란 모자입니다.

　　2　이 가방이 나의 것입니다.

　　3　그 빨간 모자가 갖고 싶습니다.

5ばん

F：おなかが　すきませんか。

M：1　そうですね。時間<ruby>時間<rt>じかん</rt></ruby>が　かかります。

　　2　そうですね。何<ruby>何<rt>なに</rt></ruby>を　食<ruby>食<rt>た</rt></ruby>べましょうか。

　　3　そうですね。おいしい　ラーメンでしたね。

5번

여 : 배 안 고파요?

남 : 1　그러게요. 시간이 걸립니다.

　　2　그러게요. 무엇을 먹을까요?

　　3　그러게요. 맛있는 라면이었죠.

6ばん

M：これ、　ちょっと　使<ruby>使<rt>つか</rt></ruby>っても　いいですか。

F：1　はい、どうも。

　　2　はい、見<ruby>見<rt>み</rt></ruby>て　ください。

　　3　はい、使<ruby>使<rt>つか</rt></ruby>っても　いいです。

6번

남 : 이거, 좀 써도 됩니까?

여 : 1　네, 고맙습니다.

　　2　네, 보세요.

　　3　네, 사용해도 됩니다.

딱! 한권 JNPT N5 かいとうようし
第1回 (げんごちしき (もじ・ごい))

なまえ
Name

〈 ちゅうい　Notes 〉

1. くろいえんぴつ(HB、No.2) でかいてください。
   (ペンやボールペンではかかないでください)
   Use a black medium soft (HB or No.2) pencil.
   (Do not use any kind of pen.)

2. かきなおすときは、けしゴムできれいにけして
   ください。
   Erase any unintended marks completely.

3. きたなくしたり、おったりしないでください。
   Do not soil or bend this sheet.

4. マークれい　Marking examples

よいれい Correct Example	わるいれい Incorrect Examples
●	⊘ ⊗ ◯ ⦿ ⊙ ⊖

もんだい　1

	1	2	3	4
1	①	②	③	④
2	①	②	③	④
3	①	②	③	④
4	①	②	③	④
5	①	②	③	④
6	①	②	③	④
7	①	②	③	④
8	①	②	③	④
9	①	②	③	④
10	①	②	③	④
11	①	②	③	④
12	①	②	③	④

もんだい　2

	1	2	3	4
13	①	②	③	④
14	①	②	③	④
15	①	②	③	④
16	①	②	③	④
17	①	②	③	④
18	①	②	③	④
19	①	②	③	④
20	①	②	③	④

もんだい　3

	1	2	3	4
21	①	②	③	④
22	①	②	③	④
23	①	②	③	④
24	①	②	③	④
25	①	②	③	④
26	①	②	③	④
27	①	②	③	④
28	①	②	③	④
29	①	②	③	④
30	①	②	③	④

もんだい　4

	1	2	3	4
31	①	②	③	④
32	①	②	③	④
33	①	②	③	④
34	①	②	③	④
35	①	②	③	④

딱! 한권 JNPT N5 かいとうようし

第1回 げんごちしき (ぶんぽう)・どっかい

なまえ
Name

〈ちゅうい Notes〉

1. くろいえんぴつ(HB、No.2) でかいてください。
（ペンやボールペンではかかないでください。）
Use a black medium soft (HB or No.2) pencil.
(Do not use any kind of pen.)

2. かきなおすときは、けしゴムできれいにけして
ください。
Erase any unintended marks completely.

3. きたなくしたり、おったりしないでください。
Do not soil or bend this sheet.

4. マークれい Marking examples

よいれい Correct Example	わるいれい Incorrect Examples
●	⊘ ⊗ ○ ◑ ⊖ ⊙

もんだい 1

1	①	②	③	④
2	①	②	③	④
3	①	②	③	④
4	①	②	③	④
5	①	②	③	④
6	①	②	③	④
7	①	②	③	④
8	①	②	③	④
9	①	②	③	④
10	①	②	③	④
11	①	②	③	④
12	①	②	③	④
13	①	②	③	④
14	①	②	③	④
15	①	②	③	④
16	①	②	③	④

もんだい 2

17	①	②	③	④
18	①	②	③	④
19	①	②	③	④
20	①	②	③	④
21	①	②	③	④

もんだい 3

22	①	②	③	④
23	①	②	③	④
24	①	②	③	④
25	①	②	③	④
26	①	②	③	④

もんだい 4

27	①	②	③	④
28	①	②	③	④
29	①	②	③	④

もんだい 5

30	①	②	③	④
31	①	②	③	④

もんだい 6

32	①	②	③	④

딱! 한번 JNPT N5 かいとうようし
第1回 ちょうかい

なまえ
Name

〈 ちゅうい Notes 〉

1. くろいえんぴつ(HB, No.2) でかいてください。
（ペンやボールペンではかかないでください）
Use a black medium soft (HB or No.2) pencil.
(Do not use any kind of pen.)

2. かきなおすときは、けしゴムできれいにけしてください。
Erase any unintended marks completely.

3. きたなくしたり、おったりしないでください。
Do not soil or bend this sheet.

4. マークれい Marking examples

よいれい Correct Example	わるいれい Incorrect Examples
●	⊗ ◐ ○ ⦵ ⊘ ●

もんだい 1

れい	①	●	③	④
1	①	②	③	④
2	①	②	③	④
3	①	②	③	④
4	①	②	③	④
5	①	②	③	④
6	①	②	③	④
7	①	②	③	④

もんだい 2

れい	●	②	③	④
1	①	②	③	④
2	①	②	③	④
3	①	②	③	④
4	①	②	③	④
5	①	②	③	④
6	①	②	③	④

もんだい 3

れい	①	●	③
1	①	②	③
2	①	②	③
3	①	②	③
4	①	②	③
5	①	②	③

もんだい 4

れい	①	②	③
1	①	②	③
2	①	②	③
3	①	②	③
4	①	②	③
5	①	②	③
6	①	②	③

딱! 한권 JNPT N5 かいとうようし
第2回 げんごちしき (もじ・ごい)

なまえ
Name

〈 ちゅうい Notes 〉

1. くろいえんぴつ(HB、No.2)でかいてください。
   (ペンやボールペンではかかないでください)
   Use a black medium soft (HB or No.2) pencil.
   (Do not use any kind of pen.)

2. かきなおすときは、けしゴムできれいにけして
   ください。
   Erase any unintended marks completely.

3. きたなくしたり、おったりしないでください。
   Do not soil or bend this sheet.

4. マークれい　Marking examples

よいれい Correct Example	わるいれい Incorrect Examples
●	⊘ ⊗ ◯ ◑ ⊙ ⦵

もんだい 1

1	①	②	③	④
2	①	②	③	④
3	①	②	③	④
4	①	②	③	④
5	①	②	③	④
6	①	②	③	④
7	①	②	③	④
8	①	②	③	④
9	①	②	③	④
10	①	②	③	④
11	①	②	③	④
12	①	②	③	④

もんだい 2

13	①	②	③	④
14	①	②	③	④
15	①	②	③	④
16	①	②	③	④
17	①	②	③	④
18	①	②	③	④
19	①	②	③	④
20	①	②	③	④

もんだい 3

21	①	②	③	④
22	①	②	③	④
23	①	②	③	④
24	①	②	③	④
25	①	②	③	④
26	①	②	③	④
27	①	②	③	④
28	①	②	③	④
29	①	②	③	④
30	①	②	③	④

もんだい 4

31	①	②	③	④
32	①	②	③	④
33	①	②	③	④
34	①	②	③	④
35	①	②	③	④

막! 한권 JNPT **N5** かいとうようし

第2回 (げんごちしき (ぶんぽう)・どっかい)

なまえ
Name

〈 ちゅうい Notes 〉

1. くろいえんぴつ(HB、No.2) でかいてください。
   (ペンやボールペンではかかないでください)
   Use a black medium soft (HB or No.2) pencil.
   (Do not use any kind of pen.)

2. かきなおすときは、けしゴムできれいにけして
   ください。
   Erase any unintended marks completely.

3. きたなくしたり、おったりしないでください。
   Do not soil or bend this sheet.

4. マークれい Marking examples

よいれい Correct Example	わるいれい Incorrect Examples
●	⊘ ⊗ ◓ ◔ ◑ ⊖

もんだい 1

1	①	②	③	④
2	①	②	③	④
3	①	②	③	④
4	①	②	③	④
5	①	②	③	④
6	①	②	③	④
7	①	②	③	④
8	①	②	③	④
9	①	②	③	④
10	①	②	③	④
11	①	②	③	④
12	①	②	③	④
13	①	②	③	④
14	①	②	③	④
15	①	②	③	④
16	①	②	③	④

もんだい 2

17	①	②	③	④
18	①	②	③	④
19	①	②	③	④
20	①	②	③	④
21	①	②	③	④

もんだい 3

22	①	②	③	④
23	①	②	③	④
24	①	②	③	④
25	①	②	③	④
26	①	②	③	④

もんだい 4

27	①	②	③	④
28	①	②	③	④
29	①	②	③	④

もんだい 5

30	①	②	③	④
31	①	②	③	④

もんだい 6

32	①	②	③	④

第2回 ちょうかい

なまえ
Name

〈ちゅうい Notes〉

1. くろいえんぴつ(HB、No.2)でかいてください。
（ペンやボールペンではかかないでください）
Use a black medium soft (HB or No.2) pencil.
(Do not use any kind of pen.)

2. かきなおすときは、けしゴムできれいにけして
ください。
Erase any unintended marks completely.

3. きたなくしたり、おったりしないでください。
Do not soil or bend this sheet.

4. マークれい Marking examples

よいれい Correct Example	わるいれい Incorrect Examples
●	⊘ ⊗ ◯ ◑ ⊖ ◓

もんだい 1

	1	2	3	4
れい	①	●	③	④
1	①	②	③	④
2	①	②	③	④
3	①	②	③	④
4	①	②	③	④
5	①	②	③	④
6	①	②	③	④
7	①	②	③	④

もんだい 2

	1	2	3	4
れい	●	②	③	④
1	①	②	③	④
2	①	②	③	④
3	①	②	③	④
4	①	②	③	④
5	①	②	③	④
6	①	②	③	④

もんだい 3

	1	2	3
れい	①	●	③
1	①	②	③
2	①	②	③
3	①	②	③
4	①	②	③
5	①	②	③

もんだい 4

	1	2	3
れい	①	②	③
1	①	②	③
2	①	②	③
3	①	②	③
4	①	②	③
5	①	②	③
6	①	②	③